T. 2280.
An-5.

20521.

ŒUVRES
DE MONSIEUR
DE SAINT-EVREMOND

Publiées sur les Manuscrits de l'Auteur.

Nouvelle édition revûë, corrigée & augmentée de la vie de l'Auteur.

TOME CINQUIE'ME.

A LONDRES,

Chez JACOB TONSON, Libraire, à *Grais-Inn-Gate*,

Et se vendent chez les Libraires François, dans le *Strand.*

M. DCCXXV.

TABLE
DES PIECES

Contenuës dans ce cinquiéme Tome.

I. Sur la Morale d'Epicure ; à la moderne Leontium.　page 1

II. A Madame la Ducheſſe Mazarin. Le Philoſophe étoit jadis heureux, &c.　11

III. Lettre de Mr. de la Fontaine à Mr. de Bonrepaux.　16

IV. Lettre de Mr. de la Fontaine à Madame la Ducheſſe de Boüillon.　25

V. Réponſe de Mr. de St. Evremond à la lettre de Mr. de la Fontaine à Madame la Ducheſſe de Boüillon.　32

VI. Réponſe de Mr. de la Fontaine à Mr. de St. Evremond.　39

VII. Sur la mort de Mr. le Maréchal de Crequi : Crequi dont le merite eut pour nous tant de charmes, &c. 47.

VIII. Lettre à Monſieur***. Je n'ai jamais vû de queſtion agitée ſi long-tems, &c.　ibid.

IX. Les nôces d'Iſabelle: Scene en Muſique. 49

TABLE

X. *A Madame la Duchesse de Boüillon, sur son départ d'Angleterre*; Vous nous avez sauvé les larmes, &c. 54.

XI. *Jugement sur les trois relations de Siam.* 57

XII. *Lettre à Mr. Justel*: Quoique vous ayez resolu de n'acheter jamais, &c. 59

XIII. *A Mr. le Comte de Grammont*: A ce fameux évenement, &c. 61

XIV. *Lettre à Madame la Duchesse Mazarin*: Je vous supplie de m'excuser, Madame, &c. 63

XV. *Le Pouvoir des Charmes de Madame la Duchesse Mazarin*: Demandez-vous à quel usage, &c. 66

XVI. *Lettre à Mr. de la Bastide*: Il n'est pas possible, Monsieur, de mieux, &c. 68

XVII. *A Madame la Duchesse Mazarin*: C'est un service bien douteux, &c. 71

XVIII. *Eloge de Mr. de Turenne.* 72

XIX. *Parallele de Mr. le Prince & de Mr. de Turenne, sur ce qui regarde la Guerre,* 85

XX. *Lettre à Madame la Duchesse Mazarin*: J'ai reçu la lettre que vous m'avez fait l'honneur, &c. 90

XXI. *A Madame la Duchesse Mazarin*: Vous

DES PIECES.

Vous ne savez que trop Hortence, &c. 93

XXII. *A la même, pour étrennes le premier jour de l'an* : La nature inéxorable, &c. 97

XXIII. *Lettre de Monsieur***. sous le nom de Madame Mazarin* : Je n'ai pas assez de consideration dans le monde, &c. 99

XXIV. *A Madame la Duchesse Mazarin* : Vous qui pensez que la nature, &c. 103

XXV. *Sur le commencement de la guerre de 1689.* D'interêts differens l'union mal formée, &c. 104

XXVI. *Lettre à Madame la Duchesse Mazarin* : J'envoïe savoir comment vous vous portez de vôtre blessure, &c. 106

XXVII. *A Mr. le Marquis de Miremont* : Illustre & nouveau Machabée, &c. 110

XXVIII. *Au même* : Miremont qui savez combattre, &c. 112

XXIX. *A Caliste* : Sœur Therese l'illuminée, &c. 113

XXX. *Lettre à Madame la Duchesse Mazarin* : Vous vous souvenez, Madame, du méchant & honteux succès, &c. 115

XXXI. *A Mr. Villiers* : Bannissons toute

TABLE

Viande noire, &c. 117
XXXII. *Au même* : Romains, nos Huitres feroient honte, &c. 119
XXXIII. *Scene de Baffette.* 120.
XXXIV. *Au Roi, sur sa Blessure* : Mars, ce Dieu renommé qui préside aux allarmes, &c. 125
XXXV. *Sur le Passage de la Boyne* : Animé de l'ardeur d'un genereux courage, &c. 127
XXXVI. *Dialogue entre Mr. de St. Evremond, Madame Mazarin, & Mademoiselle Beverweert.* 128
XXXVII. *A Madame la Duchesse Mazarin* : Aprés tant de soins assidus, &c. 130
XXXVIII. *Lettre de Mademoiselle de l'Enclos à Mr. de St. Evremond* : Je défie Dulcinée de sentir avec plus de joye, &c. 132
XXXIX. *A Mr. Hampden ; en stile de Marot* : J'avois dessein de vous écrire en prose, &c. 133
XL. *Au même ; en même stile* : Quand j'ai mangé ces excellentes perles, &c. 135
XLI. *Scene en Musique.* 136
XLII. *A Monsieur le Duc de Nevers, pour Madame la Duchesse Mazarin* : Si je pouvois postillonner, &c. 139

XLIII.

DES PIECES.

XLIII. Lettre à Monsieur ***. pour Madame la Duchesse Mazarin : Je ne suis pas étonné que M. Mazarin fasse, &c.   141

XLIV. Lettre à Monsieur *** au Nom de Madame la Duchesse Mazarin : L'on ne peut pas être plus sensible, &c.   143

XLV. Lettre à Madame la Duchesse de Nevers, au Nom de Madame la Duchesse Mazarin : Je n'ai jamais douté, Madame, que vous ne prisiez, &c.   144

XLVI. Lettre à Monsieur ***. au Nom de Madame la Duchesse Mazarin : J'ai toûjours crû ce que vous avez eu la bonté de m'écrire, &c.   145

XLVII. Jugement sur quelques Auteurs François.   147

XLVIII. Sur la Dispute touchant les Anciens & les Modernes : La France dans la Poësie, &c.   149

XLIX. Lettre à Madame la Duchesse Mazarin : Ayez la bonté de m'excuser, Madame, &c.   157

L. A la même : Flâté d'une douce espérance, &c.   158

LI. Sur la perte d'un Moineau blanc que Madame Mazarin aimoit beaucoup.   260

ã 4   LII.

TABLE.

LII. *Lettre de Mademoiselle de l'Enclos à Mr. de St. Evremond :* Monsieur de Charleval vient de mourir, &c. 263

LIII. *Dialogue sur la Maladie de Madame la Duchesse Mazarin.* 264

LIV. *Sur le Mois de Mars :* Mois si cher au Dieu des Hazards, &c. 277

LV. *Sur ce que Madame Mazarin envoya un matin à Mr. de St. Evremond demander de ses nouvelles, & lui fit dire qu'elle avoit songé qu'il étoit mort :* Malheureuse condition, &c. 278

LVI. *Prologue en Musique.* 280

LVII. *Billet à Madame la Duchesse Mazarin :* Quoique la Mort paroisse affreuse, &c. 288

LVIII. *Sur la Mort de Madame Middleton : Stances irrégulieres.* 289

LIX. *Epitaphe de Madame Middleton.* 290

LX. *Lettre à Madame la Duchesse Mazarin :* C'étoit assez, Madame, de nous priver de vôtre Table, &c. 291

LXI. *A la même :* A Bourbon où sont les Bains, &c. 294

LXII. *Lettre de Mademoiselle de l'Enclos à Mr. de St. Evremond :* J'étois dans ma Chambre toute seule, &c. 296

LXIII. *Réponse de Mr. de St. Evremond à Mademoiselle*

DES PIECES.

Mademoiselle de l'Enclos: Monsieur Turretin m'a une grande obligation, &c. 299

LXIV. Billet à *Madame la Duchesse Mazarin*: Je vous supplie, Madame, de témoigner à Mr. de Boüillon, &c. 301

LXV. Lettre à *Madame la Duchesse de Boüillon, sous le nom de Madame Mazarin*: Il me semble, ma chere Sœur, que je me suis expliquée. 302

LXVI. Billet à *Madame la Duchesse Mazarin*: L'Ami du Genre humain. 304

LXVII. *Sur la Mort de la Reine*: J'avois des Ennemis dès ma plus tendre Enfance, &c. 305

LXVIII. Epître de *Mr. l'Abbé de Chaulieu, à Madame la Duchesse Mazarin*. 306

LXIX. Réponse de *Mr. de St. Evremond à Mr. l'Abbé de Chaulieu*. 307

LXX. A *Madame la Duchesse Mazarin*: Beauté des Mortels cherie, &c. 310

LXXI. Lettre à *Mr. le Marquis de Miremont*: Il est permis à un Auteur de dire des Sentences. 312

LXXII. Lettre à *Madame la Duchesse Mazarin*:

TABLE.

zarin : Monsieur Berengani n'est point en peine, &c. 315

LXXIII. *Billet à la même*: Si vous avez eu dessein de reconnoître, &c. 317

LXXIV. *A Mr. le Chevalier Colt*: Comment payer les Taxes ordonnées, &c. 318

LXXV. *Lettre à Madame la Duchesse Mazarin*: Vous me reprochez ma negligence. 322

LXXVI. *A la même*: Les Lettres sont venuës. 324

LXXVII. *Billet à Madame la Duchesse Mazarin*: Je vous envoye un petit Livre. 325

LXXVIII. *A la même*: Je vous ai envoyé ce matin les Gazettes. 326

LXXIX. *Lettre à Madame la Duchesse Mazarin*: Jamais Lettre ne m'a donné tant de plaisir. 327

LXXX. *A la même*: Le bon Air de Chelley, &c. 329

LXXXI. *A Mr. le Marquis de Miremont*: On a fini la Campagne, &c. 330

LXXXII. *Sur le mal des Yeux de Madame Mazarin*: Il n'est qu'un Soleil dans les Cieux, &c. 332

LXXXIII. *Les Avantages de l'Angleterre*: Je soûtiens à Mr. Chardin, &c. 333

LXXXIV. *Au Roi, sur la découverte de la conspi-*

DES PIECES.

conspiration contre sa Personne : Rendons grace à la Providence, &c. 337

LXXXV. Fragment sur le même sujet. 338

LXXXVI. Lettre à M. Barbin : Je vous suis fort obligé, Monsieur, de la haute opinion, &c. 339

LXXXVII. Epitaphe de Mr. le Comte de Grammont, avec le Portrait de l'Auteur. 341

LXXXVIII. Lettre à Mademoiselle de l'Enclos : J'ai reçu la seconde Lettre que vous m'avez écrite, &c. 344

LXXXIX. Fragment d'une Lettre à Mr. le Comte de Grammont : Jusques ici vous avez été mon Héros. 346

XC. Sur l'Amour de la Vie : Poussé de son humeur guerriere, &c. 347

XCI. Lettre à Mr. le Marquis de Saissac, au Nom de Madame la Duchesse Mazarin : Il faut commencer ma Lettre par des remercimens, &c. 350

XCII. Billet à Madame la Duchesse Mazarin : Vous m'avez commandé d'écrire à Mr. de Saissac, &c. 352

XCIII. A la même : Le Mouton de Windsor cede au Mouton de Bath, &c. 353

XCIV. Réponse au Plaidoyé de Mr. Erard, pour Mr. le Duc Mazarin, contre Madame

TABLE

Madame la Duchesse son Epouse. 355

XCV. *Reglemens de Mr. le Duc Mazarin:* Nous Mazarin le pieux, &c. 384

XCVI. *Lettre à Mr. le Comte de Grammont:* Quand Mr. le Comte de Grammont m'accuse, &c. 385

XCVII. *Billet à Madame la Duchesse Mazarin:* Trois mots de vôtre Lettre valent trois volumes. 387

XCVIII. *A la même:* J'attendois à vous écrire que la poste, &c. 388

XCIX. *A la même:* Vôtre Letre, Madame, vaut mieux, 389

C. *Sur les Agrémens que peut trouver un Vieillard:* Choix d'agréable Compagnie, &c. 390

CI. *Le Concert de Chelsey; sur le bruit qui avoit couru de la Mort de Mr. le Duc Mazarin.* 392

CII. *Billet à Madame la Duchesse Mazarin:* En revenant de chez vous, Madame. 396

CIII. *A la même:* Je ne me consolerois pas, Madame, du déréglement. 397

CIV. *A la même:* Les vieillards ne dorment gueres. 398

CV. *A la même:* Il m'arrive aujourd'hui 399

CVI. *Lettre à Mademoiselle de l'Enclos:*

Il y a plus d'un an que je demande, &c, 400
CVII. *Chanson* : On dit que le premier des
Fous, &c. 402
CVIII. *Billet à Madame la Duchesse Mazarin* : Je n'ai rien oublié pour chercher, &c. 404
CIX. *A la même* : Si vous continuez dans
le dessein d'honorer, &c. 406
CX. *Réponse au Jugement de Mr. l'Abbé
Renaudot sur le Dictionaire Historique & Critique de Mr. Bayle,
&c.* 407
CXI. *Billet à Mr. Silvestre* : Ce que Mon-
sieur de Beauval vous écrit, &c.
410
CXII. *Jugement de Mr. de St. Evremond
sur la Critique de ses Ouvrages, &
sur leur Apologie, &c.* 412
CXIII. *Billet à Madame la Duchesse Mazarin* : Si je suis utile à vôtre service,
&c. 415
CXIV. *A la même* : Le plaisir de vous voir
est le plus grand, &c. ibid
CXV. *A la même* : Comme tout le monde
vous donne des fruits, &c. 416
CXVI. *Sur ce que Madame la Comtesse de
Sandwich avoit envoyé à Madame
Mazarin du Mouton & des Lapins de
Bath.* ibid.

Billet

TABLE

CXVII. *Billet à Madame la Duchesse Mazarin* : Il est arrivé un Exprés qui dit, &c. 419

CXVIII. *Au Roi, sur la Paix de Ryswich*: Tandis que nous parlons à Londres de la Paix, &c. ibid.

CXIX. *Lettre de Mademoiselle de l'Enclos à Mr. de St. Evremond* : J'apprens avec plaisir que mon ame vous est, &c. 422

CXX. *Les Poules de Lesbos. Fable Allegorique.* 424

CXXI. *Lettre à Mademoiselle de l'Enclos* : Je prens un plaisir sensible à voir, &c. 425

CXXII. *Réponse de Mademoiselle de l'Enclos à Monsieur de St. Evremond* : A quoi songez-vous de croire que la vûë, &c. 428

CXXIII. *Billet à Madame la Duchesse Mazarin* : Mylord Godolphin a fait passer, &c. 430

CXXIV. *A la même*: Vous aurez la bonté, s'il vous plaît, de vous trouver, &c. 431

CXXV. *Lettre de Mademoiselle de l'Enclos à Mr. de St. Evremond* : J'ai envoyé une réponse à vôtre derniere, &c. 432

CXXVI. *Sur le Quietisme.* 433

CXXVII.

DES PIECES.

CXXVII. *Sur le même sujet* : L'Amour divin à sa naissance, &c. 435

CXXVIII. *Dialogue sur le Quietisme.* 436

CXXIX. *Billet à Madame la Duchesse Mazarin* : Mylord Devonshire a dit à Brunet, &c. 441

CXXX. *A la même* : Mylord Godolphin ayant une affaire, &c. 443

CXXXI. *A la même* : C'est trop que d'être deux jours sans savoir, 444

CXXXII. *A Mylord Montaigu* : On admire avec raison, &c. 445

CXXXIII. *Lettre de Mademoiselle de l'Enclos à Mr. de St. Evremond* : Monsieur l'Abbé du Bois m'a rendu vôtre, &c. 448

CXXXIV. *Réponse de Mr. de St. Evremond à Mademoiselle de l'Enclos* : Je n'ai jamais vû de Lettre où il y eût tant, &c. 430

CXXXV. *Lettre de Mr. Julien à Mr. Silvestre* : J'écris à Mr. de St. Evremond, &c. 453

CXXXVI. *Lettre de Mr. Julien à Mr. de St. Evremond* : Vous m'avez fait la grace de me demander, &c. 454

CXXXVII. *Réponse de Mr. de St. Evremond à Mr. Julien* : Je vous avois prié de m'envoyer, &c. 456

CXXXVIII. *Billet à Madame la Duchesse Mazarin*:

TABLE

zarin: L'affreuse Retraite dont vous me parlez, &c. 458

CXXXIX. *Lettre de Mademoiselle de l'Enclos à Mr. de St. Evremond:* Mr. de Clerembaut m'a fait un sensible plaisir, &c. 459

CXL. *A Madame Hervart:* Ce ne fut point par un hazard, &c. 461

CXLI. *Lettre à Mr. Silvestre:* Madame Mazarin est assez indisposée, &c. 464

CXLII. *Sur la Mort de Madame la Duchesse Mazarin:* Enfin le Ciel l'a retirée, &c. 466

CXLIII. *Lettre de Mademoiselle de l'Enclos à Mr. de St. Evremond:* Quelle perte pour vous, Monsieur, &c. 470

CXLIV. *Lettre de Mr. de St. Evremond à Mr. le Marquis de Canaples:* Vous ne pouviez pas, Monsieur, me donner, &c. 472

CXLV. *Lettre de Mademoiselle de l'Enclos à Mr. de St. Evremond:* Vôtre Lettre Lettre m'a rempli de desirs inutils, &c. 474

CXLVI. *Réponse de Mr. de St. Evremond à Mademoiselle de l'Enclos:* La derniere Lettre que je reçois de Mademoiselle, &c. 476

CXLVII. *Lettre de Mr. de St. Evremond à Mr.*

DES PIECES.

Mr. le Marquis de Canaples: Je ne sai, Monsieur, si vous avez reçu la Lettre, &c. 478

CXLVIII. *Lettre de Mademoiselle de l'Enclos à Mr. de St. Evremond*: Le bel Esprit est bien dangereux, &c. 480

CXLIX. *Lettre à Mylord Montaigu*: On ne peut pas être plus sensible que je le suis, &c. 482

CL. *Lettre à Monsieur* ***. Vous ne sauriez croire, Monsieur, combien la Mort a trouvé de Partisans, &c. 484

CLI. *Eloge du Roi*. 488

CLII. *Sur le même sujet*: Veut-on loüer un Roi, &c. 489

CLIII. *Billet à Madame de la Perrine*: La beauté du jour, l'ennui de vôtre chambre, &c. 490

CLIV. *A la même*: Quittez, quittez, ma bonne prude, &c. 491

CLV. *Lettre à Mademoiselle de l'Enclos*: On m'a rendu dans le mois de Decembre, &c. 492

CLVI. *Billet à Mr. des Maizeaux*: Je vous renvoye le Livre qu'on vient d'imprimer, &c. 493

CLVII. *Lettre à Mylord Comte de Gallovay*: Je ne me suis point, &c. 495

CLVIII. *Billet à Madame de la Perrine*: J'envoye savoir de Betty comment vous,

TABLE

vous vous portez, &c. 498

CLIX. *Billet à Mr. Silvestre* : Contentez-vous, Monsieur, de vôtre merite, &c. 499

CLX. *Au même* : Si des incommoditez nouvelles, ou pour mieux dire, &c. 500

CLXI. *Huitain* : Enfin, j'ai reconnu la flâteuse imposture, &c. 502

CLXII. *A Madame de la Perrine* : Il ne faut point faire la belle, &c. 503

CLXIII. *Portrait de Madame de* ***. Galante sans amour, facile & vertueuse, &c. 504

CLXIV. *Billet à Mr. Silvestre* : Deux de vos amis me vinrent voir hier, &c. 505

CLXV. *Lettre à Mr. le Prince Maurice d'Auvergne* : J'avois toûjours oüi dire que l'amitié, &c. 506

CLXVI. *Portrait du Roi* : Etre puissant & juste, ambitieux & sage, &c. 508

CLXVII. *Lettre à Mr. Des Maizeaux* : Je suis fâché, Monsieur, de ne vous avoir pas renvoyé, &c. 509

CLXVIII. *Lettre de Mr. Des Maizeaux à Mr. de St. Evremond, sur le Roman de la Rose* : Voici, Monsieur, les particularitez, &c. 513

CLXIX. *Billet à Madame de La Perrine*.
J'en-

DES PIECES.

J'envoye savoir si la fatigue que vous eûtes, &c. 529

CLXX. *A la même*: J'ai d'excellent pain, &c. 530

CLXXI. *Lettre à Mr. Silvestre*: Vous ne sauriez croire la joïe que j'ai euë, &c. 531

CLXXII. *Billet à Madame de la Perrine*: Quand je joüe chez vous, je perds seurement, &c. 533

CLXXIII. *A la même*: Je croyois vous faire aller jusques aux Idées, &c. 534.

CLXXIV. *Billet à Mr. Silvestre*: Il y a environ dix ans que Mylord Montaigu, &c. 535

CLXXV. *Billet à Madame de la Perrine*: Je fais ce que je puis pour redevenir jeune, &c. 536

CLXXVI. *A la même*: Mr. Rouvieres a gagné vos bonnes graces, &c. 537

CLXXVII. *A Mr. Silvestre*: Docteur aux regards salutaires, &c. 538

CLXXVIII. *Billet à Madame de* ***. Je vous souhaite une bonne année, &c. 540

CLXXIX. *A la même*: Je suis bien faché de ne m'être pas trouvé au logis, &c. 541

CLXXX. *Sur la Tyrannie de la Raison*: La raison est d'un triste usage, &c. 542

CLXXXI.

TABLE DES PIECES.

CLXXXI. *Billet à Madame de la Perrine*: Mandez-moi si vous êtes dans la même résolution, &c.   543

CLXXXII. *A la même* : Madame Bond sera chez elle, &c.   544

CLXXXIII. *Lettre à Mr. le Comte Magalotti*: Que vous êtes heureux Monsieur, &c.   545

CLXXXIV. *Billet à Madame de la Perrine* : Aucun vin ne me fait envie, &c.   548

victoire;

SUR LA MORALE D'EPICURE
A la moderne.

LEONTIUM (1).

VOUS voulez savoir si j'ai fait ces RÉFLEXIONS SUR LA DOCTRINE D'EPICURE, qu'on m'attribuë. Je pourrois m'en faire honneur : mais je n'aime pas à me donner un merite que je n'ai point ; & je vous dirai ingenûment qu'elles ne sont pas de moi. J'ai un grand desavantage en ces petits traités qu'on imprime sous mon nom. Il y en a de bien faits que je n'avoüe point, parce qu'ils ne m'appartiennent pas ; & parmi les choses que j'ai faites, on a mêlé beaucoup de sottises, que

(1) *Mademoiselle Ninon*] de l'Enclos.
Tome V.

je ne prens pas la peine de défavoüer. A l'âge où je suis, une heure de vie bien ménagée, m'est plus considerable que l'interêt d'une mediocre réputation. Qu'on se défait de l'amour propre difficilement ! Je le quitte comme Auteur : Je le reprens comme philosophe, sentant une Volupté secrete à negliger, ce qui fait le soin de tous les autres.

Le mot de VOLUPTE' me rappelle Epicure; & je confesse que de toutes les opinions des philosophes touchant le souverain bien, il n'y en a point qui me paroisse si raisonnable que la sienne. Il seroit inutile d'apporter ici des raisons cent fois dites par les Epicuriens ; que l'amour de la volupté & la fuite de la douleur, sont les premiers & les plus naturels mouvemens qu'on remarque aux hommes : que les richesses, la puissance, l'honneur, la vertu peuvent contribuer à nôtre bonheur : mais que la seule joüissance du plaisir ; la volupté, pour tout dire, est la veritable fin où toutes nos actions se rapportent. C'est une chose assez claire d'elle-même, & j'en suis pleinement persuadé. Cependant, je ne connois pas bien qu'elle étoit la volupté d'Epicure ; car je n'ai jamais vû de sentimens si divers, que ceux qu'on a eu sur les mœurs de ce philosophe. Des philosophes, & de ses disciples même l'ont décrié comme un sensuel & un paresseux,

seux, qui ne sortoit de son oisiveté que par la débauche. Toutes les sectes se sont opposées à la sienne : des Magistrats ont consideré sa doctrine comme pernicieuse au public. Ciceron, si juste & si sage dans ses opinions ; Plutarque si estimé par ses jugemens, ne lui ont pas été favorables ; & pour ce qui regarde les Chrétiens, les Peres l'ont fait passer pour le plus dangereux de tous les impies. Voilà ses ennemis : voici ses partisans.

Métrodore, Hermacus, Ménécée, & beaucoup d'autres qui philosophoient avec lui, ont eu autant de veneration que d'amitié pour sa personne. Diogene Laërce ne pouvoit pas écrire sa vie plus avantageusement pour sa réputation. Lucrece a été son adorateur. Seneque, tout ennemi de sa secte qu'il étoit, a parlé de lui avec éloge. Si des Villes l'ont eu en horreur, d'autres lui ont érigé des statuës : & parmi les Chretiens, si les Peres l'ont décrié, Monsieur Gassendi & Monsieur Bernier le justifient.

Au milieu de toutes ces autorités opposées les unes aux autres, quel moyen y a-t-il de décider ? Dirai-je qu'Epicure est un corrupteur des bonnes mœurs, sur la foi d'un philosophe jaloux, ou d'un disciple mecontent, qui aura pû se laisser aller au ressen-

A 2   timent

timent de quelque injure? D'ailleurs, Epicure ayant voulu ruiner l'opinion qu'on avoit de la providence & de l'immortalité de l'ame, ne puis-je pas me perſuader raiſonnablement, que le monde s'eſt ſoûlevé contre une doctrine ſcandaleuſe; & que la vie du philoſophe a été attaquée pour décrediter plus facilement ſes opinions? Mais ſi j'ai de la peine à croire ce que ſes ennemis & ſes envieux en ont publié, auſſi ne croirai-je pas aiſément ce qu'en oſent dire ſes partiſans. Je ne croi pas qu'il ait voulu introduire une volupté plus dure que la vertu des Stoïques. Cette jalouſie d'auſterité me paroît extravagante dans un philoſophe voluptueux, de quelque maniere qu'on tourne ſa volupté. Beau ſecret de déclamer contre une vertu qui ôte le ſentiment au Sage, pour établir une volupté qui ne lui ſouffre point de mouvement! Le Sage des Stoïciens eſt un vertueux inſenſible; celui des Epicuriens un voluptueux immobile: le premier eſt dans les douleurs, ſans douleurs; le ſecond goûte une volupté ſans volupté. Quel ſujet avoit un philoſophe qui ne croyoit pas l'immortalité de l'ame, de mortifier ſes ſens? Pourquoi mettre le divorce entre deux parties compoſées de même matiere, qui devoient trouver leur avantage dans le concert & l'union de leurs plai-
ſirs?

firs ? Je pardonne à nos Religieux la triste singularité de ne manger que des herbes, dans la vûë qu'ils ont d'acquerir par-là une éternelle felicité : mais qu'un philosophe, qui ne connoît d'autres biens que ceux de ce Monde ; que le docteur de la volupté se fasse un ordinaire de Pain & d'Eau, pour arriver au souverain bonheur de la vie, c'est ce que mon peu d'intelligence ne comprend point.

Je m'étonne qu'on n'établisse pas la volupté d'un tel Epicure dans la mort ; car à considerer la misere de sa vie, son souverain-bien devoit être à la finir. Croyez-moi, si Horace & Petrone se l'étoient figuré comme on le dépeint, ils ne l'auroient pas pris pour leur maître dans la science des plaisirs. La pieté qu'on lui donne pour les dieux, n'est pas moins ridicule que la mortification de ses sens. Ces dieux oisifs, dont il ne voyoit rien à esperer ni à craindre ; ces dieux impuissans ne meritoient pas la fatigue de son culte : & qu'on ne me dise point qu'il alloit au Temple de peur de s'attirer les Magistrats, & de scandaliser les citoyens ; car il les eût biens moins scandalisés pour n'assister pas aux sacrifices, qu'il ne les choqua par des écrits qui détruisoient des dieux établis dans le monde, ou ruinoient au moins la confiance qu'on avoit en leur protection.

Mais quel fentiment avez-vous d'Epicure, me dira t-on ? Vous ne croyez ni fes amis, ni fes ennemis ; ni fes adverfaires, ni fes partifans. Quel peut être le jugement que vous en faites ? Je penfe qu'Epicure étoit un philofophe fort fage, qui felon les tems & les occafions, aimoit la volupté en repos, ou la volupté en mouvement ; & de cette difference de volupté eft venuë celle de la réputation qu'il a euë. Timocrate & fes autres ennemis l'ont attaqué par les plaifirs fenfuels : ceux qui l'ont défendu, n'ont parlé que de fa volupté fpirituelle. Quand les premiers l'ont accufé de la dépenfe qu'il faifoit à fes repas ; je me perfuade que l'accufation étoit bien fondée. Quand les autres ont fait valoir ce petit morceau de fromage qu'il demandoit, pour faire meilleure chere que de coûtume ; je croi qu'ils ne manquoient pas de raifon. Lors qu'on dit qu'il philofophoit avec Leontium (1) on dit vrai : lors qu'on foûtient qu'il fe divertiffoit avec elle, on ne ment pas. Il y a tems de rire, & tems de pleurer, felon Salomon : tems d'être fobre & tems d'être fenfuel, felon Epicure. Outre cela

un

____

(1) C'étoit une Dame d'Athenes, qui fe rendit fameufe par fes galanteries, & par fon application à la philofophie, qu'elle étudia fous Epicure. Voyez le DICTIONAIRE de Bayle.

un homme voluptueux l'est-il également toute sa vie ? Dans la religion, le plus libertin devient quelquefois le plus devot : dans l'étude de la sagesse, le plus indulgent aux plaisirs se rend quelquefois le plus austere. Pour moi, je regarde Epicure autrement dans la jeunesse & la santé, que dans la vieillesse & la maladie.

L'indolence & la tranquilité, (ce bonheur des Malades & des Paresseux), ne pouvoit pas être mieux exprimé qu'il l'est dans ses écrits : la volupté sensuelle n'est pas moins bien expliquée dans ce passage formel qu'allegue Ciceron expressément (1). Je sai qu'on n'oublie rien pour le détruire, ou pour l'éluder : mais des conjectures peuvent-elles être comparées avec le temoignage de Ciceron, qui avoit tant de connoissance des philosophes de la Grece & de leur Philosophie ? Il vaudroit mieux rejetter sur l'inconstance de la nature humaine l'inégalité de nôtre esprit. Où est l'homme si uniforme qui ne laisse voir de la contrarieté dans ses discours & dans ses actions ? Salomon merite le nom de SAGE autant qu'Epicure pour le moins, & il s'est démenti également dans ses sentimens & dans sa conduite.

(1) *Voyez* Ciceron, *Tusculanar.* Question. Lib. III. §. 18.

duite. Montagne étant jeune encore, a cru qu'il falloit penser éternellement à la mort pour s'y préparer. Approchant de la vieillesse, il chante, dit-il, la palinodie, voulant qu'on se laisse conduire doucement à la nature, qui nous apprendra assez à mourir.

Monsieur Bernier, ce grand partisan d'Epicure, avoüe aujourd'hui, qu'après avoir philosophé cinquante ans, il doute des choses qu'il avoit cru les plus assurées (1). Tous les objets ont des faces differentes, & l'esprit qui est dans un mouvement continuel, les envisage differemment selon qu'il se tourne; en sorte que nous n'avons, pour ainsi parler, que de nouveaux aspects, pensant avoir de nouvelles connoissances. D'ailleurs l'âge apporte de grands changemens dans nôtre humeur, & du changement de l'humeur, se forme bien souvent celui des opinions. Ajoûtez que les plaisirs des sens font mépriser quelquefois les satisfactions de l'esprit, comme trop sèches & trop nuës; & que les satisfactions de l'esprit délicates & rafinées, font mépriser à leur tour les voluptés des sens, comme grossieres. Ainsi l'on ne doit pas s'étonner que dans une si grande diversité de vûës & de mouvemens, Epicure qui a plus écrit qu'aucun philosophe,

___
(1) *Voyez les* DOUTES *de Bernier.*

phe, ait traité differemment la même chose, selon qu'il peut l'avoir differemment pensé ou senti. Quel besoin y a-t'il de ce raisonnement general, pour montrer qu'il a pû être sensible à toutes sortes de voluptés? Qu'on le considere dans son commerce avec les femmes, on ne croira pas qu'il ait passé tant de temps avec Leontium & avec Temista à ne faire que philosopher. Mais s'il a aimé la joüissance en voluptueux, il s'est ménagé en homme sage. Indulgent aux mouvemens de la Nature, contraire aux efforts; ne prenant pas toûjours la chasteté pour une vertu, comptant toûjours la luxure pour un vice; il vouloit que la sobrieté fût une économie de l'appetit, & que le repas qu'on faisoit ne pût jamais nuire à celui qu'on devoit faire: *Sic presentibus voluptatibus utaris ut futuris non noceas.* Il dégageoit les voluptés de l'inquietude qui les précede, & du dégoût qui les suit. Comme il tomba dans les infirmitez & dans les douleurs, il mit le souverain-bien dans l'indolence: sagement, à mon avis, pour la condition où il se trouvoit; car la cessation de la douleur est la felicité de ceux qui souffrent. Pour la tranquillité de l'esprit, qui faisoit l'autre partie de son bonheur, ce n'est qu'une simple exemption de trouble, mais celuy qui ne peut plus avoir de mouvemens agreables, est heureux

heureux de pouvoir se garantir des impressions douloureuses.

Après tant de discours, je conclus que l'indolence & la tranquillité devoient faire le souverain-bien d'Epicure infirme & languissant : pour un homme qui est en état de pouvoir goûter les plaisirs, je crois que la santé se fait sentir elle-même par quelque chose de plus vif que l'indolence ; comme une bonne disposition de l'ame veut quelque chose de plus animé qu'un état tranquille. Nous vivons au milieu d'une infinité de biens & de maux, avec des sens capables d'être touché des uns, & blessés des autres : sans tant de philosophie, un peu de raison nous fera goûter les biens aussi délicieusement qu'il est possible, & nous accommoder aux maux aussi patiemment que nous le pouvons.

A MADAME
LA DUCHESSE
MAZARIN.

LE philosophe étoit jadis heureux,
Non pas de ce vrai bien qu'Epicure conseille :
De ce bien indolent, l'insensible merveille
Ne se trouva jamais le sujet de ses vœux.
Son bonheur consistoit au bout de vôtre oreille ;
Le baiser, & sentir l'odeur de vos cheveux,
 Etoit pour lui volupté sans pareille :
Ne vous offensez pas du mot de volupté ;
C'est la seule avec vous qu'il ait jamais goûté.
  Un doux souvenir de ma gloire
  Me flate encore quelquefois :
  Hier j'en rappellai la memoire,
Quand le dieu du sommeil vous tenoit sous ses
  loix.
  Là, dans le fort d'une musique,
Que le profond repos vous faisoit entonner ;
  Et qui m'eût fait abandonner
De voix & d'instrumens un concert angelique :
Là, le vieux philosophe à demi transporté,
  Alloit quelque chose entreprendre
  Sur vôtre dormante beauté.
Eveillée, accordez ce qu'il auroit sû prendre ;
Et n'apprehendez point le trop d'avidité,
Son larcin amoureux eût été limité.
Je me serois vengé sur vôtre belle bouche

De ſes deſobligeans diſcours,
Par autant de baiſers que l'aimable farouche
Me dit impunément d'injures tous les jours.
Quand vous me verrez ſeul, ô beaux yeux que j'adore !
Dormez, dormez encore :
Je punirai ce charme ambitieux,
Dont la nouvelle audace
Veut diſputer la place
Qu'amour dans tous les tems a donnée aux beaux yeux.
L'on n'a jamais parlé de la bouche d'Helene,
Si Paris dans ſes yeux n'eût trouvé plus d'appas,
Ilion ſe verroit peut-être dans la plaine,
Où les Grecs ont donné jadis tant de combats.
Sypax auroit vêcu ſans peine,
Exemt de tous perils, de ſoins & d'embarras,
Si des yeux ennemis de la grandeur romaine,
N'avoient pas inſpiré leur haine
A ce Roi malheureux qui perdit ſes Etats.
Ceſar pour de beaux yeux arrête ſa victoire,
Il ſuſpend ſon ambition,
Prêt à défigurer l'honneur de ſa memoire,
Pour ſe reſſentir trop de leur impreſſion:
C'eſt la fameuſe Cléopatre,
Pour qui l'on vit Antoine abandonner ſes dieux ;
Elle qui revint en ces lieux,
Pour animer nôtre théatre
De l'amour de ſon idolâtre,
Et de la gloire de ſes yeux.
Antoine auprès des yeux d'une Reine ſi belle,
N'a plus que pour l'amour l'uſage de ſon cœur :
De brave, audacieux, rendu tendre & fidelle,
Enchanté de ſa molle erreur,
Il aime mieux mourir, que de ſe voir ſans elle
Maître de *Rome* & d'*Auguſte* vainqueur,
& reliſez ces illuſtres ouvrages,

Qui, pour venir à nous, ont percé tous les âges :
Lisez des nations les poëmes divers,
  Vous ne trouverez point de vers,
  Où la bouche d'une maîtresse
Ait les traits dangereux, dont un amant se blesse.
N'ayant rien à conter de ses propres attraits,
Elle parloit des maux que les yeux avoient faits;
Asservie à des cœurs, qui sentoient des atteintes,
Elle formoit pour eux les soupirs & les plaintes;
  Simple interpréte des amans,
Qui souffrent en amour de rigoureux tourmens.
Sous l'empire des yeux, tout sujet est fidele,
  La servitude est éternelle,
Et plus on est esclave, on hait la liberté :
De celui que la bouche a voulu reconnoître,
  Elle se fait un maître,
Dont elle sent bien-tôt l'injuste autorité.
Telle peut s'exenter, d'un traitement si rude,
Qui tombe dans l'ennui d'une longue habitude,
Indolente, insensible en sa fade langueur :
Heureux, heureux le tems où tout plaît, où tout flate!
Qu'on s'attende en perdant la qualité d'ingrate,
De perdre tous les droits qu'on avoit sur un cœur,
Là, se perdent nos soins, nos respects, nos services,
  Le dévouëment, les sacrifices,
  La triste plainte, & les tendres soupirs :
Celles dont les rigueurs nous ont coûté des larmes,
Aux dernieres faveurs se gardent peu de charmes,
  Et nous laissent moins de desirs.
Un amour délicat pense avoir tout à craindre,
Il hait dans les tourmens qui le veut consoler;
  Ou le respect le fait contraindre,
  Ou la douleur le fait parler;
  Mais malgré toute sa souffrance
  Il subsiste, on le voit durer.
Son malheur le plus grand est dans la recompense ;
A peine l'obtient-il, qu'il lui faut expirer.

         Jamais

Jamais la brillante figure,
Qui fait toute chose anoblir,
N'a daigné la bouche embellir
Par l'éclat de son imposture :
Jamais bouche n'obtint de la comparaison
Plus grand, & plus précieux don,
Que de baiser en tourterelle,
Ou de gemir, douloureuse comme elle.
Cependant on voyoit ériger les beaux yeux
En astres plus brillans que les astres des cieux :
L'on en faisoit sortir des flâmes,
Qui consumoient toutes les ames ;
Et tandis qu'ils brûloient nos cœurs ;
Tandis qu'ils nous donnoient de mortelles langueurs
Que l'amour en dépôt leur laissoit sa puissance,
Pour exercer sa violence,
Et dispenser ses dures loix,
Dans les cours, les champs, & les bois ;
La bouche se gardoit pour la ceremonie ;
D'un baiser de salut en quelque compagnie ;
Et l'on ne comptoit pas pour son moindre agré-
ment
La grace qu'elle avoit à faire un compliment.
Mais de ce vain merite à present rebutée,
A de nouveaux emplois nous la voyons portée,
Afin de mieux gagner le suffrage des gens,
Cent fois elle s'entr'ouvre, & nous montre ses
dents :
Pour trois ou quatre mots qu'elle voudra nous dire,
Mille fois sans sujet on la verra soûrire,
Elle produit par tout son petit attirail
De fossetes, façons, de levres de corail.
Dormez, ô beaux yeux que j'adore,
Dormez, dormez encore,
Je saurai bien punir les charmes impudens
De fossetes, lévres & dents.

Lors que j'ai parlé de la bouche,
   Hortence, je songeois à vous :
Vous pouviez vous mettre en courroux,
Car c'est vous que la chose touche :
   Ne rejettez point sur autrui
   Ce qu'on dit pour vous aujourd'hui.
Vous avez les façons, vous avez les fossetes,
Vous nous montrez des dents saines, blanches & nettes,
   Pour accomplir mieux l'attirail,
Vous produisez par tout des lévres de corail,
Et pour cinq ou six mots qu'on vous entendra dire,
Cent fois malignement on vous verra soûrire :
   Mais je puis jurer sûrement,
   Qu'un baiser de ceremonie,
   Suivi d'un grave compliment
   En serieuse compagnie,
   N'a pas le vrai goût, proprement,
Que vous demanderiez aux douceurs de la vie.
Qu'on ne me prenne point pour un seditieux,
Qui voudroit allumer une guerre civile
   Entre vôtre bouche & vos yeux ;
Je prétens que la bouche en sujette, docile,
Reconnoisse par tout un pouvoir glorieux,
Qui fait d'un seul regard ou severe, ou facile,
La peine, ou le plaisir des jeunes & des vieux.
Aprés avoir des yeux bien établi l'empire,
De l'emploi de la bouche il nous faut disposer,
Que les yeux en tyrans fassent nôtre martyre,
Que la bouche soûmise ait soin de l'appaiser.
Les yeux, ces beaux tyrans ont déja fait ma peine,
Ils me coûtent des maux pires que le trépas ;
   La bouche qui doit être humaine
   Sait le tourment, & ne l'appaise pas.

LETTRE

LETTRE
DE MONSIEUR
DE LA FONTAINE,
A MONSIEUR
DE BONREPAUX (1).

JE ne croyois pas, Monsieur, que les négociations & les traités vous laissassent penser à moi. J'en suis aussi fier que si l'on m'avoit érigé une statuë sur le sommet du Mont Parnasse. Pour me revancher de cet honneur, je vous place en ma memoire auprés de deux Dames qui me feront oublier les traités & les négociations; & peut-être les Rois aussi. Je voudrois que vous vissiez presentement Madame Hervart : On ne parle non plus chez elle ni de vapeurs, ni de toux, que si ces ennemies du genre-humain s'en étoient allées dans un autre Monde. Cependant leur regne est encore de celui-ci. Il n'y a que Madame Hervart qui les ait congediées

---

(1) On a cru devoir mettre ici cette lettre, parce qu'elle sert à l'intelligence de celles qui suivent.

diées pour toûjours. Au lieu d'hôtesses si mal plaisantes, elle a retenu la gayeté & les graces, & mille autres jolies choses que vous pouvez bien vous imaginer. Je me contente de voir ces deux Dames ; Elles adoucissent l'absence de celles de la ruë Saint-Honoré, qui veritablement nous negligent un peu ; je n'ai osé dire qu'elles nous negligent un peu trop. Monsieur de Barillon se peut souvenir que ce sont de telles enchanteresses, qu'elles faisoient passer du vin médiocre, & une aumelette au lard, pour du nectar & de l'ambrosie. Nous pensions nous être repus d'ambrosie ; & nous soûtenions que Jupiter avoit mangé l'aumelette au lard. Ce tems-là n'est plus. Les graces de la ruë Saint-Honoré nous negligent. Ce sont des ingrates, à qui nous presentions plus d'encens qu'elles ne vouloient. Par ma foi, Monsieur, je crains que l'encens ne se moisisse au Temple. La divinité qu'on y venoit adorer, en écarte tantôt un mortel, & tantôt un autre ; & se moque du demeurant, sans considerer ni le Comte, ni le Marquis, aussi peu le Duc.

Tros Rutulusve fuat, nullo discrimine habebo :

Voilà la Devise. Il nous est revenu de Montpelier une des premieres de la troupe ; mais je ne voi pas que nous en soyons plus forts.

Toute persuasive qu'elle est, & par son langage & par ses manieres, elle ne relevera pas le parti. Vous êtes un de ceux qui ont le plus de sujet de la loüer. Nous savons Monsieur, qu'elle vous écrivit il y a huit jours. Aussi je n'ai rien à vous mander de sa santé, sinon qu'elle continuë d'être bonne, à un rhume près, que même cette Dame n'est point fâchée d'avoir ; car je tâche de lui persuader qu'on ne subsiste que par les rhumes ; & je croi que j'en viendrai à la fin à bout. Autre fois je vous aurois écrit une lettre qui n'auroit été pleine que de ses loüanges : non qu'elle se souciât d'être loüée ; elle le souffroit seulement, & ce n'étoit pas une chose pour laquelle elle eût un si grand mépris. Cela est changé.

J'ai vû le tems qu'Iris (& c'étoit l'âge d'or
  Pour nous autres gens du bas monde)
J'ai vû, dis-je, le tems qu'Iris goûtoit encor,
Non cet encens commun dont le Parnasse abonde:
  Il sen toûjours, au sentiment d'Iris,
  D'une odeur importune ou plate ;
  Mais la loüange délicate
  Avoit auprès d'elle son prix.
Elle traite aujourd'hui cet art de bagatelle ;
Il l'endort, & s'il faut parler de bonne foi,
  L'éloge & les vers sont pour elle,
  Ce que maints sermons sont pour moi.
J'eusse pû m'exprimer de quelque autre maniere;
Mais puis que me voilà tombé sur la matiere,
Quand le discours est froid, dormez-vous pas aussi?
        Tout

Tout homme sage en use ainsi ;
Quarante beaux esprits (1) certifiront ceci :
Nous sommes tout autant, qui dormons comme d'autres
Aux Ouvrages d'autrui ; quelquefois même aux nôtres.
Que cela soit dit entre nous.
Passons sur cet endroit : si j'étendois la chose,
Je vous endormirois, & ma lettre pour vous,
Deviendroit en vers comme en prose,
Ce que maints sermons sont pour tous.

J'en demeurerai donc-là pour ce qui regarde la Dame qui vous écrivit il y a huit jours. Je reviens à Madame Hervart dont je voudrois bien aussi vous écrire quelque chose en vers. Pour cela il lui faut donner un nom de Parnasse. Comme j'y suis le Parain de plusieurs belles, je veux & entens qu'à l'avenir Madame Hervert s'appelle Silvie dans tous les domaines que je possede sur le double Mont, & pour commencer,

C'est un plaisir de voir Silvie :
Mais n'esperez pas que mes vers
Peignent tant de charmes divers,
J'en aurois pour toute ma vie.
S'il prenoit à quelqu'un envie
D'aimer ce chef-d'œuvre des dieux,
Ce quelqu'un, fût-il Roy des cieux,
En auroit pour toute sa vie.
Vôtre ame en est encor ravie :

J'en.

(1) *Les Quarante de L'Academie Françoise.*

J'en suis sûr ; & dis quelquefois,
„ Jamais cette beauté divine
„ N'affranchit un cœur de ses loix :
„ Nôtre Intendant de la Marine
„ A beau courir chez les Anglois ;
„ Puis qu'une fois il l'a servie,
„ Qu'il aille & vienne à ses emplois,
„ Il en a pour toute sa vie.
Que cette ardeur, où nous convie
Un objet si rare & si doux,
Ne soit de nulle autre suivie ;
C'est un sort commun pour nous tous ;
Mais je m'étonne de l'Epoux,
Il en a pour toute sa vie.

J'ay tort de dire que je m'en étonne, il faudroit au contraire s'étonner que cela ne fût pas ainsi. Comment cesseroit-il d'aimer une femme souverainement jolie ; complaisante ; d'humeur égale ; d'un esprit doux ; & qui l'aime de tout son cœur ? Vous voyez bien que toutes ces choses se rencontrant dans un seul sujet, doivent prévaloir à la qualité d'Epouse. J'ai tant de plaisir à en parler, que je reprendrai une autre fois la matiere. Que Madame Hervart ne prétende pas en être quitte.

Je devrois finir par l'article de ces deux Dames. Il faut pourtant que je vous mande, Monsieur, en quel état est la Chambre des Philosophes. Ils sont cuits (1), & embellissent

---

(1) La Fontaine | avoit fait jetter en moule

sent tous les jours, J'y ai joint un autre ornement qui ne vous déplaira pas, si vous leus faites l'honneur de les venir voir, avec ceux de vos amis qui doivent être de la partie.

 Mes Philosophes cuits, j'ai voulu que Socrate
  Et Saint-Diez, mon fidele Achate,
  Et de la gent porte écarlate
Hervart tout l'ornement, avec le beau Berger.
   Verger.
  Pûssent avoir quelque Musique
  Dans le séjour philosophique.
  Vous vous moquez de mon dessein :
  J'ai cependant un clavessin.
Un clavessin chez moi ! ce meuble vous étonne :
  Que direz-vous si je vous donne
  Une Cloris de qui la voix
  Y joindra ses sons quelquefois ?
La Cloris est jolie, & jeune : & sa personne
  Pourroit bien ramener l'amour
  Au philosophique séjour.
Je l'en avois banni, si Cloris le ramene :
  Elle aura chansons pour chansons.
Mes vers exprimeront la douceur de ses sons.
Qu'elle ait à mon égard le cœur d'une inhumaine,
Je ne m'en plaindrai point, n'étant bon désormais
Qu'à chanter les Cloris, & les laisser en paix.
Vous autres Chevaliers tenterez l'avanture,
Mais de la mettre à fin, fût-ce le beau Berger
Qu'Oenone eut autrefois le pouvoir d'engager (1)
  Ce n'est pas chose qui soit sure.

         J'allois

de terre tous les plus grands Philosophes de l'Antiquité, qui faisoient l'ornement de sa Chambre.
(1) *Paris.*

J'allois fermer cette lettres, quand j'ai reçû celle que vous m'avez fait l'honneur de m'écrire ; & ce que je dis au commencement n'est qu'une réponse à quelque chose qui me concerne dans la vôtre à Madame de la Sabliere. Si j'eusse vû le témoignage si ample d'un souvenir à quoi je ne m'attendois pas, j'aurois poussé bien plus loin la figure & l'étonnement ; ou peut-être que je me serois tenu à une protestation toute simple, qu'il ne me pouvoit rien arriver de plus agréable que ce que vous m'avez écrit de Windsor. Il y a plusieurs choses considerables, entre autre vos deux Anacreons, Monsieur de Saint-Evremont & Monsieur Waller, en qui l'imagination & l'amour ne finissent point. Quoi ! être amoureux, & bon poëte à quatre-vingt-deux ans ! Je n'espere pas du ciel tant de faveurs : c'est du ciel dont il est fait mention au pays des fables que je veux parler ; car celui qu'on prêche à présent en France veut que je renonce aux Cloris, à Bacchus, & à Apollon, trois divinitez que vous me recommandez dans la vôtre. Je concilierai tout cela le moins mal, & le plus long-tems qu'il me sera possible, & peut-être que vous me donnerez quelque bon expédient pour le faire, vous qui travaillez à concilier des interêts opposés & qui en savez si bien les moyens. J'ai tant entendu
dire

dire de bien de Monsieur Waller, que son approbation me comble de joye. S'il arrive que ces vers-ci ayent le bonheur de vous plaire (ils lui plairont par consequent) je ne me donnerai pas pour un autre; & continuerai encore quelques années de suivre Cloris, Bacchus, Apollon, & ce qui s'ensuit avec la modération requise, cela s'entend.

Au reste, Monsieur, n'admirez-vous point Madame de Boüillon, qui porte la joye par tout; Ne trouvez-vous pas que l'Angleterre a de l'obligation au mauvais génie qui se mêle de tems en tems des affaires de cette Princesse ? Sans lui ce climat ne l'auroit point vûë; & c'est un plaisir de la voir, disputant, grondant, joüant, & parlant de tout avec tant d'esprit, que l'on ne sauroit s'en imaginer davantage. Si elle avoit été du tems des payens, on auroit déïfié une quatriéme grace pour l'amour d'elle. Je veux lui écrire, & invoquer pour cela Monsieur Waller. Mais qui est le philosophe qu'elle a mené en ce pays-là ? La description que vous me faites de cette riviere, sur les bords de laquelle on va se promener, après qu'on a sacrifié long-tems au sommeil; cette vie mêlée de philosophie, d'amour, & de vin, sont aussi d'un poëte, & vous ne le pensiez peut-être pas être. La fin de vôtre lettre, où vous dites que Monsieur Waller & Monsieur de de Saint-Evremond ne font contens, que parce qu'ils ne connoissent pas nos deux Dames, me charme. Aussi je trouve cela très-galant, & le ferai valoir dès que l'occasion s'en présentera. Sur tout je suivrai vôtre conseil, qui m'exhorte de vous attendre à Paris, où vous reviendrez aussi-tôt que les affaires le permettront. Monsieur Hessein a la fièvre, qui lui a duré continuë pendant trois ou quatre jours, & puis a cessé ; puis il est venu un redoublement que nous ne croyons pas dangereux. Il avoit été saigné trois fois jusqu'au jour d'hier. Je ne sai pas si depuis on y aura ajoûté une quatriéme saignée. Il n'y a nul mauvais accident dans sa maladie. Je ne doute point que les Hervarts & les Saint-Diez ne fassent leur devoir de vous écrire. Ce seront des lettres de bon endroit, & si bon que je n'en sai qu'un qui se puisse dire meilleur. Je vous le souhaite : cependant, Monsieur, faites-moi toûjours l'honneur de m'aimer, & croyez que je suis, &c.

A Paris, le 31. d'Aoust 1687.

LETTRE

LETTRE IV.

DE MONSIEUR DE LA FONTAINE, A MADAME LA DUCHESSE DE BOUILLON.

MADAME,

Nous commençons ici de murmurer contre les Anglois, de ce qu'ils vous retiennent si long-tems. Je suis d'avis qu'ils vous rendent à la France avant la fin de l'Automne, & qu'en échange nous leur donnions deux ou trois Isles dans l'Ocean. S'il ne s'agissoit que de ma satisfaction, je leur cederois tout l'Ocean même ; mais peut-être avons-nous plus de sujet de nous plaindre de Madame vôtre sœur, que de l'Angleterre. On ne quitte pas Madame la Duchesse Mazarin comme l'on voudroit. Vous êtes toutes deux environnées de ce qui fait oublier le reste du Monde ; c'est-à-dire, d'enchantemens, & de graces de toutes sortes.

Moins d'amours, de ris & de jeux.

Cortége de Venus, sollicitoient pour elle,
    Dans ce différend si fameux,
    Où l'on declara la plus belle
    La Déesse des agrémens.
Celle aux yeux bleus & celle aux bras blancs
Furent au Tribunal par Mercure conduites :
    Chacun étala ses talens.
Si le même debat renaissoit en nos tems,
    Le procès auroit d'autres suites,
Et vous & vôtre sœur emporteriez le prix
    Sur les clientes de Paris.
    Tous les citoyens d'Amatonte
    Auroient beau parler pour Cypris,
    Car vous avez selon mon conte,
    Plus d'amours, de jeux, & de ris :
    Vous excellez en mille choses :
Vous portez en tous lieux la joye & les plaisirs,
Allez en des climats inconnus aux zephirs,
    Les champs se vétiront de roses.
Mais comme aucun bonheur n'est constant dans son
        cours,
Quelques noirs Aquilons troublent de si beaux jours.
C'est-là que vous savez témoigner du courage,
Vous envoyez au vent ce fâcheux souvenir ;
Vous avez cent secrets pour combattre l'orage,
Que n'en aviez-vous un qui le sût prévenir !

On m'a mandé que vôtre Altesse étoit admirée de tous les Anglois, pour l'esprit, pour les manieres, & pour mille qualités qui se sont trouvées de leur goût. Cela vous est d'autant plus glorieux que les Anglois ne sont pas de fort grands admirateurs : je me suis seulement apperçu qu'ils connoissent le vrai merite, & en sont touchez.

Vôtre

Vôtre Philosophe a été bien étonné, quand on lui a dit que Descartes n'étoit pas l'inventeur de ce systême, que nous appellons la Machine des animaux : & qu'un Espagnol l'avoit prévenu (1). Cependant quand on ne lui en auroit point apporté de preuve, je ne laisserois pas de le croire, & ne sai que les Espagnols qui pûssent bâtir un Château tel que celui-là. Tous les jours je découvre ainsi quelque opinion de Descartes, répanduë de côté & d'autre dans les ouvrages des anciens, comme celle-cy ; qu'il n'y a point de couleurs au monde. Ce ne sont que de differens effets de la lumiere sur de differentes superficies. Adieu les lis & les roses de nos Amintes. Il n'y a ni peau blanche, ni cheveux noir : nôtre passion n'a pour fondement qu'un corps sans couleur : & après cela, je ferai des vers pour la principale beauté des femmes ?

Ceux qui ne seront pas suffisamment informés de ce que sait vôtre Altesse, & de ce qu'elle voudroit savoir, sans se donner d'autre peine que d'en entendre parler à table, me croiront peu judicieux de vous entretenir ainsi de philosophie ; mais je leur apprend que toutes sortes de sujets vous conviennent, aussi-bien

(1). *Voyez le* DICTIONAIRE *de* Bayle, *à l'Article* PEREIRA.

bien que toutes sortes de livres, pourvû qu'ils soient bons.

Nul auteur de renom n'est ignoré de vous,
  L'accés leur est permis à tous.
Pendant qu'on lit leurs vers vos chiens ont beau se
    battre,
Vous mettez les hola en écoutant l'auteur;
  Vous égalez ce Directeur,
  Qui dictoit tout d'un tems à quatre.

C'étoit, ce me semble Jules-Cesar. Il faisoit à la fois quatre dépêches sur quatre matieres differentes. Vous ne lui devez rien de ce côté-là; & il me souvient qu'un matin vous lisant des vers, je vous trouvai en même tems attentive à ma lecture, & à trois querelle d'animaux. Il est vrai qu'ils étoient sur le point de s'étrangler: Jupiter le conciliateur n'y auroit fait œuvre. Qu'on juge par-là, Madame, jusqu'où vôtre imagination peut aller, quand il n'y a rien qui la détourne. Vous jugez de mille sorte d'ouvrages; & en jugez bien.

Vous savez dispenser à propos vôtre estime;
  Le pathétique, le sublime
  Le sérieux & le plaisant,
  Tour à tour vous vont amusant.
  Tout vous duit, l'histoire & la fable,
  Prose & vers, latins, françois.
  Par Jupiter je ne connois
  Rien pour nous de si souhaitable.
  Parmi ceux qu'admet à sa cour,
Celle qui des Anglois embellit leur sejour,
Partageant avec vous tout l'Empire d'amour.
                              Anacréon,

Anacreon, & les gens de sa sorte,
Comme Wvaller, Saint-Evremond, & moi,
Ne se feront jamais fermer la porte.
Qui n'admettroit Anacreon chez soi ?
Qui banniroit Wvaller & la Fontaine ?
Tous deux sont vieux, Saint-Evremond aussi ;
Mais verrez-vous aux bords de l'Hippocrene,
Gens moins ridés dans leurs vers que ceux-cy ?
 Le mal est que l'on veut ici.
De plus sevéres moralistes :
Anacreon s'y tait devant les Jansenistes.
Encore que leurs leçons me semblent un peu
 tristes,
 Vous devez priser ces Auteurs,
 Pleins d'esprit, & bons disputeurs.
Vous en sçavez goûter de plus d'une maniere ?
Les Sophocles du tems, & l'illustre Moliere,
Vous donnent toûjours lieu d'agiter quelque
 point
 Sur quoi ne disputez-vous point ?

 A propos d'Anacreon, j'ai presque envie d'évoquer son ombre ; mais je pense qu'il vaudroit mieux le ressusciter tout-à-fait. Je m'en irai pour cela trouver un Gymnosophiste de ceux qu'alla voir Apollonius Thyaneus. Il apprit tant de choses d'eux, qu'il ressuscita une jeune fille. Je ressusciterai un vieux poëte. Vous & Madame Mazarin nous rassemblerez. Nous nous rencontrerons en Angleterre, Monsieur Wvaller, Monsieur de Saint-Evremond, le vieux Grec & moi. Croyez-vous, Madame, qu'on pût trouver quatre poëtes mieux assortis, ni meilleurs patrocinans de Bacchus & de quelque autre divinité ?

Il nous feroit beau voir parmi de jeunes gens,
Inspirer le plaisir, la tristesse combattre,
Et de fleurs couronnés ainsi que le Printems,
 Faire trois cens ans à nous quatre.

Aprés une entrevûë comme celle-là, & que j'aurai renvoyé Anacreon aux champs Elisées, je vous demanderai mon audience de congé. Il faudra que je voye auparavant cinq ou six Anglois, & autant d'Angloises, (les Angloises sont bonnes à voir, à ce que l'on dit.) Je ferai souvenir nôtre Ambassadeur de la rüe-neuve des Petits-champs, & de la devotion que j'ay toûjours eüe pour lui. Je le prierai, & Monsieur de Bonrepaux, de me charger de quelques dépêches. Ce sont à peu-prés toutes les affaires que je puis avoir en Angleterre. J'avois fait aussi dessein de convertir Madame Hervart, Madame de Gouvernet, & Madame Eland, parce que ce sont des personnes que j'honore ; mais on m'a dit que je ne trouverois pas les sujets encore assez disposés. Or je ne suis bon non plus que Perrin Dandin (1), que quand les parties sont lasses de contester. Une chose que je souhaiterois avant toutes,

---

(1) *Voyez* RABELAYS, | *Liv. III. Cap.* 39.

ce seroit que l'on me procurât l'honneur de faire la reverence au Monarque, mais je ne l'oserois esperer. C'est un Prince qui merite qu'on passe la mer afin de le voir, tant il a de qualitez convenables à un Souverain, & de veritable passion pour la gloire. Il n'y en a pas beaucoup qui y tendent, quoi que tous le dûssent faire en ces places mêmes.

    Ce n'est pas un vain phantôme
    Que la gloire & la grandeur :
    Et STUART en son Royaume
    Y court avec plus d'ardeur,
    Qu'un amant à sa maîtresse.
    Ennemi de la mollesse,
    Il gouverne son Etat
    En habile Potentat.
    De cette haute science
    L'original est en France,
    Jamais on n'a vû de Roy
    Qui sût mieux se rendre maître;
    Fort souvent jusques à l'être,
    Encore ailleurs que chez soi.
    L'art est beau, mais toutes têtes
    N'ont pas droit de l'exercer :
    LOUIS a sû s'y tracer,
    Un chemin par ses conquêtes
    On trouvera ces leçons,
    Chez ceux qui feront l'histoire :
    J'en laisse à d'autres la gloire,
    Et revient à mes moutons.

Ces moutons, Madame, c'est vôtre Altesse, & Madame Mazarin. Ce seroit ici le lieu de faire aussi son éloge, afin de le joindre au vôtre : mais comme ces sortes d'éloges sont une matiere un peu délicate, je croi qu'il vaut mieux que je m'en abstienne. Vous vivez en sœurs, cependant il faut éviter la comparaison.

 L'or se peut partager, mais non pas la loüange;
 Le plus grand orateur, quand ce seroit un Ange,
 Ne contenteroit pas en semblables desseins,
 Deux belles, deux heros, deux auteurs,
  ni deux saints.

Je suis avec un profond respect, &c.

V. RÉPONSE
DE MONSIEUR
DE St-EVREMOND.
A LA LETTRE
DE MONSIEUR
DE LA FONTAINE,
A Mad. la Duchesse de BOUILLON

SI vous étiez aussi touché du merite de Madame de Boüillon, que nous en sommes charmés, vous l'auriez accompagnée en Angleterre, où vous eussiez trouvé des Dames qui vous connoissent autant par vos ouvrages

vrages, que vous êtes connu de Madame de la Sablière, par vôtre commerce & vôtre entretien. Elles n'ont pas eu le plaisir de vous voir, qu'elles souhaitoient fort : mais elles ont celui de lire une lettre assez galante, & assez ingénieuse pour donner de la jalousie à Voiture, s'il vivoit encore. Madame de Boüillon, Madame Mazarin, & Monsieur l'Ambassadeur ont voulu que j'y fisse une espece de réponse. L'entreprise est difficile, je ne laisserai pas de me mettre en état de leur obéïr.

 Je ne parlerai point des Roix ;
Ce sont des dieux vivans que j'adore en silence :
Loüés à nôtre goût & non pas à leur choix,
 Ils méprisent nôtre éloquence.
Dire de leur valeur ce qu'on a dit cent fois
Du mérite passé, de quelqu'autre vaillance ;
Donner un tour antique à de nouveaux exploits ;
C'est des vertus du tems ôter la connoissance.
J'aime à leur plaire en respectant leurs droits
 Rendant toûjours à leur puissance,
 A leurs volontés, à leurs loix,
 Une parfaite obéïssance.
Sans moi leur gloire a sû passer les mers,
 Sans moi leur juste renommée
 Par toute la terre est semée :
 Ils n'ont que faire de mes vers.

Madame de Boüillon se passeroit bien de de ma prose, aprés avoir lû le bel éloge que vous lui avez envoyé. Je dirai pourtant qu'elle a des graces qui se répandent sur tout

tout ce qu'elle fait, & sur tout ce qu'elle dit;
qu'elle n'a pas moins d'acquis que de naturel ; de savoir que d'agrément. Dans
ses conversations ordinaires elle dispute toûjours avec esprit ; souvent, à ma honte, avec
raison ; mais une raison animée qui paroît
de la passion aux connoisseurs mediocres, &
que les délicats même auroient peine à distinguer de la colere dans une personne moins
aimable. Je passerai le chapitre de Madame
Mazarin, comme celui des Rois, dans le
silence d'une secrette adoration. Travaillez,
Monsieur, tout grand poëte que vous êtes;
travaillez à vous former une belle idée ; &
malgré l'effort de vôtre esprit, vous serez
honteux de ce que vous aurez imaginé,
quand vous verrez une personne si admirable.

  Ouvrages de la fantaisie,
  Fictions de la poësie,
  Dans vos chef-d'œuvres inventés,
Vous n'avez rien d'égal à ses moindres beautés.
  Loin d'ici figures usées,
  Loin, comparaisons méprisées:
Ce seroit embellir la lumiere des cieux,
Que de la comparer à l'éclat de ses yeux.
  Belle Greque, fameuse Heléne,
  Ne quittez point les tristes bords
  Où regne vôtre ombre hautaine ;
  Vous êtes moins mal chez les morts,
  Vous ne souffrez pas tant de peine
Que vous en souffririez à voir tous les trésors

Que nature, d'une main plaine,
A répandu fur ce beau corps.
Qnand le ciel vous rendroit vôtre forme premiere,
Que vos yeux aujourd'hui reverroient la lumiere,
A quoi vous serviroient & ces yeux & ce jour,
Qu'à vous en faire voir qui donnent plus d'amour ?
Vous passez vôtre tems, en vos demeures sombres,
A conter aux nouvelles ombres,
Amour, avantures, combats,
A les entretenir là-bas
De la vieille guerre de Troye,
Qui sert d'amusement au défaut de la joye.
Mais ici que trouveriez-vous
Qui n'excitat vôtre courroux ?
Vous verriez devant vous des charmes,
Maître de nos soûpirs, & de nos tendres larmes ?
Vous verries sumer leurs autels
De l'encent de tous les mortels,
Tandis que morne & solitaire,
L'ame triste, & l'esprit confus,
Vous vous sauveriez chez Homere
Et passeriez les nuits avec nos Vossius,
A chercher dans un Commentaire
Vos merites passés qu'on ne connoîtroit plus.
Belle Grecque, fameuse Heléne,
Ne quittez pas les tristes bords
Où regne vôtre ombre hautaine ;
Tout regne est bon, & fût-ce chez les morts.
Et vous, beautés, qu'on loüe en son absence,
Attraits nouveaux, doux & tendres appas,
Qu'on peut aimer où Mazarin n'est pas,
Empêchez-la de revenir en France :
Par tous moyens traversez son retour ;
Jeunes beautés tremblez au nom d'Hortence ?
Si la mort d'un époux la rend à vôtre cour,
Vous ne soûtiendrez pas un moment sa présence.
Mais à quoi bon tout ce discours.

Que

Que vous avez fait sur Heléne.
Combats, avantures, amours,
Ces tristes bords, & cette ombre
   hautaine ?

Sans vous donner excuse ni détours,
Je vous dirai, Monsieur de La Fontaine,
Que tels propos vous sembleroient bien courts,
Si tel objet animoit vôtre veine.
La regle gêne, on ne la garde plus,
On joint Heléne au docte Vossius,
Comme souvent, de loisir, sans affaires,
On fait dicter à quatre secretaires.
Les premieres Beautés ont droit au merveilleux,
La basse verité se tient indigne d'elles :
Il faut de l'incroyable, il faut du fabuleux,
   Pour les heros, & pour les belles.

La solidité de Monsieur l'Ambassadeur l'a rendu assez indifferent pour les loüanges qu'on lui donne : mais quelque rigueur qu'il tienne à son mérite ; quelque sévére qu'il soit à lui-même, il ne laisse pas d'estre touché secretement de ce que vous avez écrit pour lui. Je voudrois que ma lettre fût assez heureuse pour avoir le même succès auprès de vous.

Vous possedez tout le bon-sens.
Qui sert à consoler des maux de la vieillesse
Vous avez plus de feu que n'ont les jeunes gens,
Eux, moins que vous de goût & de justesse.

Après avoir parlé de vôtre esprit, il faut dire quelque chose de vôtre morale.

S'accom-

S'accommoder aux ordres du destin ;
Aux plus heureux ne porter point d'envie ;
Du faux esprit que prend un libertin,
Avec le tems, connoître la folie,
Et dans les vers, jeu, musique bon vin,
Passer en paix une innocente vie,
C'est le moyen d'en reculer la fin.

M. Waller, dont nous regretons la perte, a poussé la vigueur de l'esprit jusqu'à l'âge de quatre-vingt-deux ans (1).

Et dans la douleur que m'apporte
Ce triste & malheureux trépas,
Je dirois en pleurant que toute muse est morte,
Si la vôtre ne vivoit pas.
O vous nouvel Orphée ! ô vous de qui la veine
Peut charmer des enfers la noire souveraine,
Et le dieu son époux si terrible, dit-on,
Daignez, tout-puissant La Fontaine,
Des lieux obscurs, où nôtre sort nous mene,
Tirer Vvaller au lieu d'Anacreon.

Mais il n'est permis de demander ces sortes de soulagemens qu'en Poësie ; on sait qu'aucun merite n'exempte les hommes de la necessité de mourir, & que la vertu d'aucun charme, aucune priere, aucuns regrets, ne peuvent les rendre au monde, quand ils en sont une fois sortis.

Si la bonté des mœurs, la beauté du genie,
Pouvoient sauver quelqu'un de cette tyrannie,

Que

(1) Vvaller mourut le 31 Octobre 1687.

> Que la mort exerce sur tous ;
> Wvaller, vous seriez parmi nous
> Arbitre délicat, en toute compagnie,
> Des plaisirs les plus doux.

Je passe de mes regrets pour la muse de M. Waller, à des souhaits pour la vôtre.

> Que plus long-tems vôtre muse agreable
> Donne au public ses ouvrages galans !
> Que tout chez vous puisse être CONTE & FABLE,
> Hors le secret de vivre heureux cent ans !

Il ne seroit pas raisonnable que je fisse tant de vœux pour les autres, sans en faire quelqu'un pour moi.

> Puissent de la beauté le plus parfait modelle,
> A mes vers, à mes soins, laisser leurs foibles droits !
> Que l'avantage heureux de vivre sous ses loix !
>   Me tienne lieu de merite auprès d'elle !
> Que le feu de ses yeux m'inspire les esprits
> Qui depuis si long-tems m'ont conservé la vie !
> Qu'une secrete ardeur anime mes écrits !
> Que me serviroit-il de parler d'autre envie ;
>   Où cesse l'amoureux desir
> Il faut que la raison nous serve de plaisir.

RÉPONSE

RÉPONSE

DE MONSIEUR
DE LA FONTAINE,
A MONSIEUR
DE St. EVREMOND.

NI vos leçons ni celles des neuf sœurs,
N'ont su charmer la douleur qui m'accable.
Je souffre un mal qui résiste aux douceurs
Et ne saurois rien penser d'agréable.
Tout rhumatisme, invention du diable,
Rend impotant & de corps & d'esprit ;
Il m'a falu, pour forger cet écrit,
Aller dormir sur la tombe d'Orphée,
Mais je dors moins que ne fait un proscrit,
Moi, dont l'Orphée étoit le dieu Morphée.
Si me faut-il répondre à vos beaux vers,
A vôtre prose, & galante & polie :
Deux déïtés par leurs charmes divers,
Ont d'agrément vôtre lettre remplie.
Si celle-ci n'est autant accomplie,
Nul ne s'en doit étonner à mon sens ;
Le mal me tient, Hortence vous amuse,
Cette déesse, outre tous vos talens,
Vous est encore une dixiéme muse :
Les neuf n'ont dit adieu jusqu'au printems.

Voilà, Monsieur ce qui m'a empêché de
vous remercier aussi-tôt que je le devois de
l'honneur

l'honneur que vous m'avez fait de m'écrire. Moins je meritois une lettre si obligeante, plus j'en dois être reconnoissant. Vous me loüez de mes vers & de ma morale, & cela de si bonne grace que la morale a fort à souffrir ; je veux dire la modestie.

 L'Eloge qui vient de vous,
Est glorieux & bien doux :
Tout le monde vous propose
Pour modele aux bons auteurs ;
Vos beaux ouvrages sont cause,
Que j'ai sû plaire aux neuf sœurs.
Cause en partie, & non toute ;
Car vous voulez bien sans doute,
Que j'y joigne les écrits
D'aucuns de nos beaux esprits.
J'ai profité dans Voiture ;
Et Marot, par sa lecture,
M'a fort aidé, j'en conviens :
Je ne sai qui fut son Maître
Que ce soit qui le peut être ;
Vous êtes tous trois les miens.

J'oubliois Maître François (1), dont je me dis encore le disciple, aussi-bien que celui de Maître Vincent, & celui de Maître Clement. Voilà bien des Maîtres pour un écolier de mon âge. Comme je ne suis pas fort savant en certain art de railler, où vous excellez, je prétens en aller prendre de vous des leçons sur les bords de l'Hippocrene ;
        (bien

_____
(1) Rabelais.

(bien entendu qu'il y a des bouteilles qui rafraîchissent.) Nous serons entourés de Nymphes & de nourrissons du *Parnasse*, qui recüeilliront sur leurs tablettes les moindres choses que vous direz. Je les vois d'ici qui apprennent dans vôtre école à juger de tout avec pénétration & avec finesse.

 Vous possedez cette science;
Vos Jugemens en sont les regles & les loix;
Outre certains écrits que j'adore en silence,
Comme vous adorez Hortence & les deux Rois.

Au même endroit, où vous dites que vous voulez rendre un culte secret à ces trois puissances, aussi-bien à Madame Mazarin qu'aux deux Princes; vous me faites son portrait, en disant qu'il est impossible de le bien faire, & en me donnant la liberté de me figurer des beautés & des graces à ma fantaisie. Si j'entreprens d'y toucher, vous défiez en son nom la verité & la fable, & tout ce que l'imagination peut fournir d'idées agréables & propres à enchanter. Je vous ferois mal ma cour, si je me laissois débuter par de telles difficultés. Il faut vous représenter vôtre héroïne autant que l'on peut. Ce projet est peu vaste pour un génie aussi borné que le mien. L'entreprise vous conviendroit mieux qu'à moi, que l'on a crû jusqu'ici ne savoir représenter que des animaux. Toutefois, afin de vous plaire, & pour rendre ce portrait le plus approchant qu'il sera possible, j'ai parcouru le pays des muses, & n'y ai trouvé en effet que de vieilles expressions que vous dites que l'on méprise. De-là j'ai passé au pays des graces, où je suis tombé dans le même inconvenient. Les jeux & les ris sont encore des galanteries rebattuës, que vous connoissez beaucoup mieux que je ne fais. Ainsi le mieux que je puisse faire est de dire tout simplement que rien ne manque à vôtre héroïne de ce qui plaît, & de ce qui plaît un peu trop.

  Que vous dirai-je davantage,
  Hortense eut du ciel en partage
La grace, la beauté, l'esprit, ce n'est pas tout :
Les qualités du cœur, ce n'est pas tout encore :
Pour mille autres appas le Monde entier l'adore,
  Depuis l'un jusqu'à l'autre bout.
L'Angleterre en ce point le dispute à la France :
Vôtre heroïne rend nos deux peuples rivaux :
  Où vous, le chef de ses dévots,
  De ses dévots à toute outrance,
  Faites-nous l'éloge d'Hortense !
Je pourrois en charger le dieu du double Mont,
  Mais j'aime mieux Saint-Evremond.

Que direz-vous d'un dessein qui m'est venu dans l'esprit ? Puisque vous voulez que la gloire de Madame Mazarin remplisse tout l'Univers, & que je voudrois que celle de Madame de Boüillon allât au-delà, ne dormons

DE SAINT-EVREMOND.

mons ni vous, ni moi, que nous n'ayions mis à fin une si belle entreprise. Faisons-nous Chevaliers de la table ronde ; aussi-bien est-ce en Angleterre que cette chevalerie a commencé. Nous aurons deux tentes en nôtre équipage & au haut de ces deux tentes les deux portraits des divinités que nous adorons.

Au passage d'un pont, ou sur le bord d'un bois,
Nos héros publieront ce ban à haute voix :
MARIANNE *sans pair*, HORTENCE *sans seconde*,
   Veulent les cœurs de tout le monde.
Si vous en êtes cru, le parti le plus fort
   Panchera du côté d'Hortence ;
Si l'on m'en croit aussi, Marianne d'abord
   Doit faire incliner la balance.
Hortence ou Marianne, il faut y venir tous ;
   Je n'en sai point de si profane.
   Qui d'Hortence, évitant les coups,
   Ne cede à ceux de Marianne.
Il nous faudra prier Monsieur l'Ambassadeur
   Que sans égard à nôtre ardeur,
Il fasse le partage ; à moins que des deux belles
   Il ne puisse accorder les droits,
Lui dont l'esprit foisonne en adresses nouvelles
   Pour accorder ceux des deux Rois.

Nous attendrons le retour des feüilles, & celui de ma santé ; autrement il me faudroit chercher en litiere les avantures. On m'appelleroit le Chevalier du Rhumatisme ; Nom qui, ce me semble, ne convient guére à un Chevalier errant. Autrefois que toutes saisons m'étoient bonnes, je me serois embarqué sans raisonner.

Rien ne m'eût fait souffrir, & je crains toute chose:
En ce point seulement je ressemble à l'amour:
Vous savez qu'à sa mere il se plaignit un jour
   Du pli d'une fouille de rose.
Ce pli l'avoit blessé; par quels cris forcenés
   Auroit-il exprimé sa plainte,
Si de mon rhumatisme il eût senti l'atteinte;
Il eût été puni de ceux qu'il a donnés.

C'est dommage que Monsieur Waller nous ait quittés, il auroit été du voyage. Je ne devrois peut-être pas le faire entrer dans une lettre aussi peu serieuse que celle-ci. Je croi toutefois être obligé de vous rendre compte de ce qui lui est arrivé au-delà du Fleuve d'Oubli. Vous regarderez cela comme un songe, & ç'en peut-être un; cependant la chose m'est demeurée dans l'esprit comme je vais vous la dire.

 Les beaux esprits, les sages, les amans,
 Sont en débat dans les champs élisées:
 Ils veulent tous en leurs départemens,
 Vvaller pour hôte, ombre de mœurs aisées.
 Pluton leur dit, J'ai vos raisons pesées,
 Cet Homme sut en quatre Arts exceller,
 Amour, & vers, sagesse & beau parler;
 Lequel d'eux tous l'aura dans son domaine;
,, Sire Pluton, vous voilà bien en peine.
,, S'il possedoit ces quatre arts en effet,
,, Celui d'amour, c'est chose toute claire,
       ,, Doit

,, Doit l'emporter ; car quand il est parfait,
,, C'est un métier qui les autres fait faire.

J'en reviens à ce que vous dites de ma morale, & suis fort aise que vous ayez de moi l'opinion que vous en avez. Je ne suis pas moins ennemis que vous du faux air d'esprit que prend un libertin. Quiconque l'affectera, je lui donnerai la palme du ridicule.

 Rien ne m'engage à faire un livre,
 Mais la raison m'oblige à vivre
En sage citoyen de ce vaste Univers ;
Citoyen qui voyant un Monde si divers,
 Rend à son auteur les hommages
 Que meritent de tels ouvrages.
Ce devoir aquitté, les beaux vers, les beaux sons,
 Il est vrai, sont peu necessaires ;
 Mais qui dira qu'ils soient contraires
 A ces éternelles leçons ?
On peut goûter la joye en divers façons,
Au sein de ses amis répandre mille choses;
Et recherchant de tous les effets & les causes,
A table ; au bord d'un bois ; le long d'un clair ruisseau ;
Raisonner avec eux sur le bon, sur le beau,
Pourvû que ce dernier se traite à la legere ;
 Et que la nymphe ou la bergere
N'occupe nôtre esprit & nos yeux qu'en passant.
 Le chemin du cœur est glissant ;
Sage Saint-Evremond le mieux est de m'en taire,
Et sur tout n'être plus croniqueur de Cythére,
 Logeant dans mes vers les Cloris,
 Quand on les chasse de Paris.
 On va faire embarquer ces belles,

Elles

Elles s'en vont peupler l'Amérique d'amours. (1)
    Que maint auteur puisse avec elles,
    Passer la ligne pour toûjours.
    Ce seroit un heureux passage !
Ah ! si tu les suivois, tourment qu'à mes vieux
    jours
L'Hyver de nos climats promet pour appanage !
Triste fils de Saturne, hôte obstiné d'un lieu,
Rhumatisme, va-t'en, suis-je ton heritage ?
Suis-je un Prélat ? Crois-moi, consent à nôtre
    adieu :
Déloge enfin, ou dis que tu veux être cause
Que mes vers comme toi deviennent mal-plaisant.
S'il ne tient qu'à ce point bien-tôt l'effort des ans,
Fera sans ton secours, cette métamorphose ;
De bonne heure il faudra s'y resoudre sans toi.
Sage Saint-Evremond, vous vous moquez de moi,
De bonne heure ! est-ce un mot qui me convienne
    encore !
A moi qui tant de fois ai vû naître l'aurore,
Et de qui les soleils se vont précipitant
Vers le moment fatal que je vois qui m'attend ?

Madame de La Sabliere se tient extrêmement honorée de ce que vous vous êtes souvenu d'elle, & m'a prié de vous en remercier. J'espere que cela me tiendra lieu de recommandation auprés de vous, & que j'en obtiendrai plus aisément l'honneur de vôtre amitié. Je vous la demande, Monsieur, & vous

(1) Dans le tems que Mr. de la Fontaine écrivit cette lettre, on fit enlever à Paris un grand nombre de courtisannes qu'on envoya peupler l'Amerique.

vous prie de croire que personne n'est plus veritablement que moi, Vôtre, &c.

A Paris, ce 18 Decembre 1687.

SUR LA MORT DE Mr. LE MARECHAL DE CREQUI. (1).

VII.

CREQUI, dont le merite eut pour nous tant de charmes,
Dont la valeur faisoit l'ordinaire entretien ;
   Honneur des lettres & des Armes ;
Contre nos ennemis le plus ferme soûtien,
Et pour eux un sujet d'éternelles allarmes ;
De tant de qualités il ne te reste rien ;
   CREQUI, nos soupirs & nos larmes,
Nos regrets aujourd'hui sont ton unique bien.

(1) *Le Maréchal de Crequi mourut en 1687.*

LETTRE A MONSIEUR ***.

VIII.

JE n'ai jamais vû de question agitée si long-tems, & si fortement que celle de l'Honneur, & de la Raison l'a esté chez Madame

Madame Mazarin ; & ce qu'il y a eu de merveilleux, c'est que les disputans ont passé l'un & l'autre dans le parti de leur adversaire sans y penser.

Monsieur de Villiers, le tenant de l'honneur & de la raison, a soutenu son sentiment avec tant d'ardeur & de vehémence, qu'il sembloit favoriser les passions par ses propres mouvemens. Madame Mazarin qui faisoit l'office de l'assaillant, attaquoit les ennemis jurés des plaisirs avec tant de sang froid, qu'elle sembloit être dans l'interêt de la raison. Elle ne laissoit pas de demander à Monsieur de Villiers ce que c'étoit que l'Honneur & la Raison : Monsieur de Villiers repondoit que c'étoit assez pour lui qu'il y eût telles choses dans le monde, sans qu'il eût besoin de les définir. Il ne laissa pas d'apporter quelques définitions un peu vagues ; & comme il voyoit que la compagnie ne s'en contentoit pas trop, il alloit passer aux exemples, quand la musique vint à propos pour finir la contention, & appaiser des esprits, qui commençoient plus que raisonnblement à s'échauffer.

LES NOCES D'ISABELLE:

Scene en musique.

UN VIEUX POETE, UN JEUNE MUSICIEN, ISABELLE, MILONIO.

LE POETE à ISABELLE.

ON vous trouve belle,
Chacun vous le dit,
Mais être cruelle,
Nourrie à Madrid,
C'est, Dame Isabelle,
Chose assez nouvelle,
Qui sur mon esprit,
A peu de crédit.

Les Violons repetent l'air entier.

LE MUSICIEN.

Chassons de nôtre ame
L'amoureux tourment,
Heureuse une dame,
Heureux un amant,
Qui donne à sa flâme
Prompt contentement

Les Violons répetent l'air entier.

ISABELLE.

Que dure en nôtre ame
L'amoureux tourment ;
Heureuse une dame,
Heureux un amant,
Qui garde sa flâme
Eternellement !

Les Flutes.

LE POETE.

Bien que chaque jour un rhume me mette
En vieillard caduc proche du trépas ;
J'espere au brasier de l'Espagnolette,
Aux feux soûterrains, au fond des appas,
Que je trouverai la vigueur secrete,
Qu'un plus jeune ailleurs ne trouveroit pas.

LE MUSICIEN.

Avant que de tenter la douteuse carriere
Tu devrois imiter les dévots Amadis,
   En faisant au ciel ta priere
Comme ces preux faisoient au tems jadis.

LE POETE.

Pourquoi d'inutiles paroles
Irois-je fatiguer les cieux ?
Avec les dames Espagnoles,
Il n'est gens ni foibles, ni vieux.

LE MUSICIEN.

Si la vertu de tes paroles

N'obtient

DE SAINT-EVREMOND.

N'obtient un miracle des cieux ;
Avec tes dames espagnoles
Tu seras bien foible & bien vieux.

UN TRIO.

Voix, instrumens,
Agréable harmonie,
De nos sons differens,
Soit la douceur unie.

ISABELLE.

Faites que vos tendres accens,
Expriment bien nos desirs innocens.

LE POETE.

Jeunes & vieux, chantons tous qu'une belle,
Née à Madrid doit être moins cruelle :
Que chacun tâche à flater ses desirs,
Par des amours, des jeux & des plaisirs.

Les Violons.

ISABELLE.

L'Espagnolette
N'est point coquette :
C'est flater en vain ses desirs,
Que d'en esperer des plaisirs.

Les Flutes.

LE POETE & LE MUSICIEN *ensemble.*

L'Espagnolette
N'est point coquette :
Mais sans trop flater nos desirs
Nous en esperons des plaisirs.

Les Violons.

UN TRIO.

Non, non, c'est flater vos desirs,
Que d'en esperer des plaisirs;
Non, non, non, non, c'est flater vos desirs
Que d'en esperer des plaisirs.

ISABELLE.

Que Don Milonio s'apprête ;
Sans lui, point d'amoureuse fête
Pour trouver un moment si doux
Il faut devenir mon époux.

MILONIO.

Parlez, vieillard, parlez, paisible (1),
Gouterez-vous un plaisir si sensible ?

LE POETE.

Je veux bien lui donner ma foi.

LE MUSICIEN.

Je veux bien vivre sous sa loi.

MILONIO.

Et pour vous, Madame Isabelle.

ISABELLE.

Autant que je pourrai je leur serai fidelle.

LE POETE & LE MUSICIEN *ensemble.*

Dépêchez-vous, le temps se perd.

(1) *Fameux musicien.*

MILONIO

DE SAINT-EVREMOND.
MILONIO.

Conjungo vos tout le concert,
Et dure à jamais l'alliance
Entre la Castille & la France.

LE CHOEUR.

Et dure à jamais l'alliance
Entre la Castille & la France.

ISABELLE.

Que d'époux à Londres, à Paris,
Pluralité soit établie :
Pour venger les femmes d'Asie,
Ayons ici des serrails de maris.

LE CHOEUR.

Chantons tous aux nôces d'Isabelle
  Chose nouvelle !
    Chantons tous,
  Pluralité d'époux.
  Le vieillard fournira tous les jours
Oilles, perdrix, & vin nouveau pour elle,
  Paisible aura soin des amours
  Pour servir à toute heure la belle.

Les violons & les voix.

LES MARIÉS & LA MARIÉE.

Pour jamais unissons nos vœux,
Et conservons de si beaux nœuds.

Les Violons & les Hautbois.

LE CHOEUR.

Chantons tous aux nôces d'Isabelle,

Chose nouvelle !
Chantons tous
Pluralité d'époux.

LES MARIÉS & LA MARIÉE.
Pour jamais unissons nos vœux,
Et conservons de si beaux nœuds.

A MADAME
LA DUCHESSE
DE BOUILLON,
Sur son départ d'Angleterre.

VOus nous avez sauvé les larmes,
 Qu'on répand aux tristes adieux ;
 Mais le souvenir de vos charmes,
 Tous les jours en coûte à nos yeux.
Monsieur l'Ambassadeur a bien voulu paroître
 Capable de ce déplaisir,
 Quand les soins de servir son maître,
De pouvoir s'affliger, lui laissoient le loisir.
Monsieur de Bonrepaux a loüé le merite
 De vôtre resolution ;
Et parle hautement à la Cour, en visite,
 Du brio de vôtre action.
Un heros tout à vous, & sur mer & sur terre, (1)
Retourne glorieux d'avoir eu dans son sein,

La

---

(1) Le Marquis de | Miremont.

La confiance d'un deffein,
Qui fentoit la rufe de guerre.
Tel fur qui vous avez, dites-vous, le cœur net, (1)
A fait cent & cent vœux pour vôtre heureux paffage,
Pour fes propres perils il garde fon courage,
De vos moindres dangers il paroît inquiet.
 La belle & dolente Duchesse
 Porte dans le jeu fa langueur,
 Et nous découvre la triftesse,
Que vôtre prompt départ a laiffé dans fon cœur.
Là, par amufement, tentant une fortune
Qui l'attire en public, en fecret l'importune :
Là, voyant des metteurs l'étrange emportement,
Rêveufe elle s'attache à vôtre éloignement,
Et malgré qu'elle en ait, la douleur & les larmes
Qu'elle voudroit cacher, embelliffent fes charmes.
 Dans un état fi languiffant,
 Elle empoche quelques guinées
 Du jeu prudemment détournées,
Pour fe donner entiere à l'ennui qu'elle fent.
Helas ! que ne peut point l'amitié fur une ame !
 Elle fe retire à l'inftant :
 Je connois vôtre cœur, Madame,
 Vous en feriez, pour elle, autant.
 Ce n'eft plus que condoleance,
 Mademoifelle (2) s'attendrit,
 Et fait paffer pour impudence
 L'air libre de quiconque rit.
 La douleur fait la bienféance,
 Le ton lugubre eft en crédit,
 Par tout où pleure vôtre abfence,
 Hors chez les Banquiers, où l'on dit
 Qu'il paroît beaucoup de conftance.

---

(1) Le Comte de Roye.   (2) Mademoifelle de Bevervveert.

Le ponte ici déconcerté
　　　Va demandant à tout le monde,
Si l'appui des metteurs s'est enfin absenté :
» N'aurons - nous plus, dit - il, d'autorité qui
　　　gronde
» Un tailleur insolent prêt à nous désoler;
» Et, si nous le volons, qui fiérement réponde,
» Et soutienne les droits qu'a le ponte à voler ?
Dix Femmes, comme échos, repetent à la ronde,
En soutenant les droits qu'a le ponte à voler.
Le spectateur oisif, & sterile en guinées,
Attendant du souper le desiré moment,
　　　Se joint à ces infortunées,
Heureux de pouvoir dire un mot impunément.
De nos joüeurs d'échez les ames condamnées
　　　A rêver éternellement,
De leur profond silence ont été détournées,
Et tous les corps unis ont crié hautement,
　　　Qu'elle revienne promptement.
　　　Je me ressens de la misere
　　　Où les pontes sont destinés,
　　　Monsieur Mata me désespere,
Madame, au nom de Dieu, Madame, revenez.

JUGE-

JUGEMENT
SUR LES TROIS RELATIONS
DE SIAM.
A Mr. LE FEBURE (1).

J'AI lû avec soin les trois relations de SIAM que vous m'avez envoyées, & voici le jugement que je fais de leurs auteurs.

Monsieur le Chevalier de Chaumont nous apprend peu de chose des nations qu'il a vûës. Occupé de son caractere, il n'a pû contenter sa curiosité dans le voyage, ni satisfaire la nôtre à son retour : mais quiconque aspire à l'honneur de l'ambassade, ne sauroit apprendre de personne mieux que de lui,

---

(1) *Fils de N. le Févre, si connu par son* Traité de la Chimie. *Mr. le Févre a sû joindre aux lumieres d'un habile & judicieux Medecin, toutes les qualitez d'un galant homme. Son honnêteté, sa politesse, & son antique vertu, l'ont fait estimer & cherir de tout le monde : & particulierement de Mr. de S. Evremond, à qui il a continué ses soins jusqu'à la mort.*

lui, la hauteur & l'exactitude qu'on doit avoir aux moindres cérémonies.

Le Pere Tachard a les talens de missionnaire pour toutes sortes de religions ; capable de planter la foi des Orientaux dans l'Europe, comme celle des Européens dans l'Orient ; aussi propre à faire des Talapoins à Paris, que des Jesuites à Siam.

Monsieur l'Abbé de Choisi m'ennuye fort avec son Journal de vents & de routes ; mais les lettres où il parle de lui me réjoüissent. Je suis ravi de le voir se faire Prêtre, pour avoir l'occupation de dire la Messe dans l'inutilité où il se trouve sur le vaisseau. Il écrit naturellement ; & à lui rendre justice, il n'y a point de voyageur moins entêté qu'il est du faux merveilleux. Il n'est pas fâché de paroître sur un grand éléphant ; de se trouver devant le Roi avec Monsieur l'Ambassadeur, & Monsieur l'Evêque ; d'entretenir en particulier Monsieur Constance : mais il n'en juge pas la symphonie de ce Pays-là moins détestable ; la comedie Chinoise & l'opera Siamois ne l'en accommodent pas mieux ; il n'en trouve pas la peinture meilleure que la musique. Pour les rafraîchissemens & pour les regales, poules, canards, cochons, ris éternel : chose triste au goût de Monsieur l'Abbé, malgré l'esprit de mortification que lui donne sa condition nouvelle !

Le Tonquin & la Cochinchine sont peu de chose : ces Royaumes-là ont besoin d'être embellis par des imaginations amoureuses des merveilles étrangeres. J'ai passé de ces relations au livre de CONFUCIUS, le plus ennuyeux moral que j'aye jamais lû. Ses sentences sont au dessous des QUATRAINS de Pibrac, où il est intelligible : au dessus de l'APOCALYPSE, où il est obscur.

LETTRE XII.
A Mr. JUSTEL.

QUOIQUE vous ayez resolu de n'acheter jamais de livres, je vous conseille de faire la dépense de celui d'Orobio, Juif celebre, & de Monsieur Limborch, Chrétien savant. (1) On n'a rien vû de plus fort, de plus spirituel, de plus profond sur cette matiere. Monsieur Gaumin (2) auroit dit sur Limborch ;

Si

---

(1) *Ce livre est intitulé* DE VERITATE Christianæ Religionis Amica Collatio cum Erudito Judæo. *Voyez la* BIBLIOTHEQUE UNIVERSELLE. *Tom. VII. pag. 289.*

(2) *Maitre des Requêtes. Voy. sur son sujet les me-* langes *de Colomiés, les lettres de Mr. Patin, & les* JUGEMENS DES SAVANS *de Mr. Baillet, & les* REMARQUES *sur le* COLOMESIANA, *dans le IV. vol. contenant les Oeuvres meslées ou le Recueil des pieces attribuées à Mr. de St. Evremond.*

Si pergama dextrâ
Defendi possent, etiam hac defensa fuissent.
Et je dirai sur *Orobio*,
Si Pergama dextrâ
Everti possent, etiam hac aversa fuissent.

Vous aurez bien-tôt la relation du Pere Magaillans, attenduë impatiemmeut par les amateurs des merveilles étrangeres. Ces Messieurs trouveront à se consoler des verités simples & sensées du Pere Couplet, dans les exagerations du Portugais, plus entêté du merveilleux, qu'attaché séverement au veritable. Ils verront dans ce livre curieux, les douze Excellences de la Chine, à l'exemple des douze Excellences de Portugal, que l'auteur a bien voulu donner aux Chinois (1).

Quel pays que cette Chine, à ce que j'ai appris du sincere & judicieux Pere Couplet (2). Point de blé à *Pekin*, point de vin dans tout l'Empire, point d'huile d'olive, point

---

(1) *Le Pere Magaillans Jesuite Portugais avoit intitulé sa relation,* LES DOUZE EXCELLENCES DE LA CHINE, *& l'avoit divisée en douze Chapitres, dont chacun traitoit d'une de ces choses excellentes qu'il y avoit remarquées; par opposition à douze raretés de son pays qu'il avoit apportées à la Chine.*

(2) *Mr. de St. Evremond avoit vû le Pere Couplet en Angleterre.*

point de beurre, point d'huitres ! On y trouve de la peinture sans ombre, de la musique sans parties, des palais de bois sans architecture ; beaucoup de sciences perduës, à ce qu'on dit ; une ignorance presque de toutes choses, à ce qu'on voit ; un alphabet de soixante mille lettres ; une langue toute de monosyllabes. Il n'y auroit point de géometrie, point d'astronomie, si le zele des conversions n'y faisoit aller des Jesuites, qui doivent la tolerance de nôtre religion, après la grace de Dieu, au calendrier & aux almanacs. Vous voyez qu'il manque bien des choses à ce pays si renommé : mais en récompense la morale y est bonne, la politique excellente, le peuple innombrable, les sujets obéïssans, & le plus grand des Empereurs moderé.

A Mr. LE COMTE DE GRAMMONT (1).

XIII.

A Ce fameux évenement,
Pour témoigner l'excès de son contentement,
 La Cour de France nous envoye
        Celui

---

(1) *Mr. le Duc d'Orleans l'avoit envoyé en Angleterre (en 1688.)* | *pour complimenter le Roi Jaques II. sur la naissance du Prince de Galles.*

Celui-même qui fait sa joye :
Lui qui chasse pleurs & soûpirs
Dans un vrai sujet de tristesse,
Et qui dans les tems d'allegresse
Augmente encore les plaisirs.
Il est vrai que son enjoûment
Auprès de l'Archiduc n'eut pas beaucoup à faire,
Le bon Prince rioit fort difficilement :
Une gravité trop severe,
Estimoit mediocrement,
Le merite agréable, & le talent de plaire.
Comte, vous n'aurez point d'Archiduc en ces lieux,
Le goût délicat de la Reine
Vous est un gage précieux,
Que tous vos agrémens seront connus sans peine.
Ajoûtons aux talens de Cour,
D'avoir couru toute la terre;
Donné trente étés à la guerre,
Et quarante hivers à l'amour.
Faut-il un Gouverneur ? on a l'experience ;
Faut-il un envoyé ? l'on a la suffisance ;
Et sans nous amuser en discours superflus,
Le Ministre succede au heros qui n'est plus.
Celui qui se plaisoit au tumulte des armes ;
Qu'on voyoit intrepide au milieu des alarmes,
Comme tout change avec le tems,
Laisse aller le Roi dans ses camps ;
Et l'attend au retour pour lui parler d'affaire,
Quand il est necessaire.
Je ne reconnois plus la martiale ardeur
De son héroïque genie ;
Nonce, Ministre, Ambassadeur,
Sont aujourd'hui sa compagnie.

LETTRE

LETTRE XIV.

A MADAME LA DUCHESSE MAZARIN.

JE vous supplie de m'excuser, Madame, si je ne me trouve pas au repas où vous me faites l'honneur de me convier : un infirme ne doit pas estre souffert dans la compagnie des gens qui se portent bien. Je m'en abstiendrai donc par la justice que je me fais, & que vous avez la bonté de ne me pas faire. Mon infirmité est assez connuë ; la santé de vos autres conviés ne l'est pas moins : je commencerai par l'heureuse constitution de Monsieur l'Ambassadeur (1).

Monsieur l'Ambassadeur a la santé d'athlete,
    Habitude pleine & parfaite,
Selon nôtre Hippocrate à craindre quelquefois ;
Cependant il pourra se passer d'Esculape,
Un austere discours des herbes de la Trape,
Servira de diéte une ou deux fois le mois.

    Malgré cette rude bataille
    Que nature essuye en la taille,
Canaple a conservé son visage fleuri,
    Sa vigueur n'est pas redoutable.

(1) *Mr de Barillon.*

Mais il est assez agréable,
Pour alarmer encore un timide mari.
Comte (1), galant, époux, & pere même,
Qui possedez dans un degré suprême
Plus de talens & de perfections
Qu'il n'en faudroit pour vingt conditions,
Aimable Comte, à qui les destinées
Laissent l'humeur des plus jeunes années,
Que tenez-vous de l'arriere-saison,
Qu'un peu plus d'ordre, un peu plus de raison?
Vous retenez de vôtre premier âge
Un tendre cœur qu'aisément on engage;
Vous retenez une ardeur pour le jeu,
A quoi l'amour oppose en vain son feu;
Puisque Morin a les soins & les veilles,
Que refusez à dames sans pareilles,
C'est assez fait pour le jeu, pour l'amour,
Et l'esprit mûr merite bien son tour.
De tems en tems certain air de sagesse
Qu'un politique auroit en sa vieillesse,
Un entretien sérieux, ou sensé,
Montre le fruit de vôtre âge avancé :
Si mon heros demandoit davantage
Que d'être amant, d'estre joüeur & sage,
    Ajoûtons-y l'original,
    Qui n'aura jamais son égal :
    Ajoûtons-y la noble vie,
    tant admirée & peu suivie,
    Afin qu'on trouve ramassés,
    Eloges presens & passés.
Vous l'entendez sans qu'on la nomme,
Celle que je veux dire, en disant la beauté ;
Jamais expression n'eut moins d'obscurité ;
C'est l'honneur de la France & la gloire de Rome.

_____

(1) *Monsieur le Comte* | *de Grammont.*

La beauté qu'avec tant de soin,
Jadis la nature a formée,
Eut pour resister au besoin,
Lors qu'elle seroit alarmée,
Une raison exquise, & par tout estimée :
Tout philosophe en seroit le témoin.
Du plus savant & du plus sage,
Cette raison confondroit le discours,
Mais elle trahit son usage
En faisant naître nos amours.
Au parti des appas l'infidele s'engage ;
Plaît, comme eux, & charme toujours.
Pour l'illustre Mademoiselle (1)
Vertueuse & spirituelle,
(Concert que l'on voit rarement)
Elle fait mon étonnement.
Son jeu n'est pas une foiblesse :
Par le moyen du paroli,
Elle sauve son cœur d'une folle tendresse,
Dont il pourroit être rempli ;
Et l'ame, de l'ennui d'une longue sagesse.
Le pauvre corps enseveli
Dans sa vertueuse paresse,
Descendroit promptement au noir fleuve d'oubli ;
Si l'esprit quelquefois n'égayoit la sagesse,
Par la paix & le paroli.
Jadis la Greque & la Romaine
S'amusoient à filer la laine ;
On ne file plus aujourd'hui ;
C'est amour, jeu, repas, ou bien mortel ennui.

J'ai commencé ma lettre par des excuses de ne me point trouver à vôtre repas : je la finis,

(1) *Mademoiselle de* Beverweert.
Tom. V.   E

finis, Madame, par de trés-humbles remercimens de l'honneur que vous m'avez fait de m'y convier.

XV. LE POUVOIR DES CHARMES
de Madame la Duchesse MAZARIN.

Demandez-vous à quel usage
Hortence aime à porter des fleurs ?
C'est pour effacer leurs couleurs
Par celles de son beau visage.
Le teint de nos jeunes Philis,
N'ose exposer roses, ni lis ;
Les plus beaux yeux baissés de honte,
Trouvent un feu qui les surmonte :
L'étude des ajustemens,
La richesse des ornemens,
L'artifice de la parure,
Tout se perd, ou se défigure,
Auprès de ses charmes puissans,
Dont le vrai naturel est maître de nos sens.
Ah ! qu'il nous coute cher de la trouver si belle !
Nous perdons le plaisir de la diversité ;
Il n'est plus pour nos cœurs d'impression nouvelle,
Par trop d'attachement à la même beauté.
On ne sauroit plus aimer qu'elle ;
De ce charme une fois goûté,
L'habitude continuelle,
Devient une necessité.
Quand la devotion a son ame tentée
Par la triste douceur de ses dolens appas,
Et que l'esprit du ciel enfin l'a dégoûtée
Des plaisirs naturels que l'on trouve ici bas ;

On la suivroit au monastere,
Avec elle on prendroit la haire,
Et ce qui doit être compté
Pour le grand coup d'autorité,
Miremont auroit de la joye
De renoncer à la Savoye (1),
A sa suite, à toute sa Cour,
Pour lui témoigner son amour.
Par mille endroits cette beauté nous frape;
Qui n'oseroit en amant s'atendrir (2),
Parle en dévot des herbes de la Trape,
Dont avec elle il voudroit se nourrir.
Quelqu'un sans murmure & sans plainte,
Souffre sa douloureuse atteinte;
L'autre impétueux en discours,
La maudit & l'aime toûjours.
Tel à qui ses beaux yeux feront toûjours la guerre
Se cache autant qu'il peut sa secrete langueur,
Et se prend à l'air d'Angleterre
Des maux dont la source est au cœur (3).
Son propre sexe y rencontre sa peine;
Une orgüeilleuse liberté
Qui se mocquoit de toute chaîne,
A soûmis enfin sa fierté.
Qu'avez-vous fait, Mademoiselle,
De ce cœur jadis si rebelle?
A la honte de la raison
Qui vous avoit si bien servie,
Vous éprouvez la tyrannie
Du charme impérieux qui nous tient en prison.
Vainement à ses yeux j'oppose ma sagesse.

Espe-

(1) Eglise que Charles II. donna (en 1661.) aux protestans françois à Londres, dans le vieux- Palais de la Savoye.
(2) Mr. de Barillon.
(3) M. le Marquis de Saissac.

Esperant que mon cœur en sera défendu ;
,, Helas ! me dit-elle sans cesse,
,, N'ai-je pas assez combattu ?
,, Puis que celui de Lot aujourd'hui s'est rendu,
,, C'est en vain que pour vous la raison s'interesse

LETTRE

A MONSIEUR DE LA BASTIDE (1).

Ne quicquam Deus abscidit
  Prudens Oceano dissociabili
Terras, si tamen impiæ
  Non tangenda rates transiliunt vada (2).

IL n'est pas possible, Monsieur, de mieux expliquer la question que vous l'avez expliquée ; mais il paroît que vous la decidez plutôt par raport au génie d'Horace, que par les vrayes notions qu'on peut avoir de la

---

(1) Mr. de la Bastide s'est fait estimer par sa RÉPONSE à Mr. l'Evêque de Meaux, par sa révision des PSEAUMES de Marot & de Beze, & par quelques autres ouvrages. Il sortit de France en 1687. & mourut à Londres le 15. de Mars 1704.

(2) Horat. ODAR. Lib. I. Od. 3.

la chose dont il s'agit. Croyez-vous que si Malherbe avoit souhaité à quelqu'un de ses amis un heureux passage de Caën à Londres, il eût eu d'autre objet que la mer qui sépare la France de l'Angleterre? Il auroit pû s'étendre poëtiquement sur les tempêtes, les gouffres, les bancs : sur toutes sortes d'écüeils ; mais toûjours par raport au trajet que son ami auroit eu à faire.

Le génie moderne qu'une nature moins élevée a laissé dans la dépendance de l'ordre & de la raison ; ce génie n'auroit pas la hardiesse de s'élever tout d'un coup à la création du monde, & à la séparation de la terre d'avec les eaux. En effet il n'est pas besoin d'aller aux Indes pour se noyer, & soixante lieües de mer auroient suffi pour animer Malherbe contre l'inventeur de la navigation.

Je vous parle en homme qui n'a que des vûës basses & communes. Pour vous, Monsieur, qui connoissez Horace parfaitement (1), vous pouvez croire que ses enthousiasmes le mettoient en droit de quitter si brusquement la moitié de son ame (2), & de passer de

―――――――――――

(1) Mr. de la Bastide avoit traduit en françois quelques ODES d'Horace, & entr'autres celles dont on parle ici.

(2) C'est ainsi qu'Horace appelle Virgile.

de la tendresse de son amour au merveilleux d'une seconde GENESE. A parler serieusement, si quelque chose me fait souffrir vôtre opinion, c'est que celui qui retourne à la guerre des géans n'a guere plus de chemin à faire pour aller à la création de l'univers.

Toutes choses considerées, je me trompe, ou les deux sentimens sont soutenables; celui de Monsieur de Barillon plus naturel, vient d'un bon sens qui juge des choses par elles-mêmes; & le vôtre est peut-être assez conforme au goût d'Horace, qui se détourne de son sujet fort aisément. La beauté de son génie lui donne un privilege pour des hardiesses heureuses, pour de nobles extravagances, que nôtre imagination gênée par un scrupule de justesse ne se permet pas. Mais quelque sens qu'on veüille donner aux paroles d'Horace, son ODE est également belle & extraordinaire: je pense qu'on n'a jamais vû à aucun poëte un cœur si tendre, & un esprit si libre dans le même tems.

A MADAME LA DUCHESSE MAZARIN.

C'Est un service bien douteux
Que celui de votre excellence !
Daniel & la Forêt chassés comme peteux
    Nous en font voir l'experience,
    Et montrent en vain l'air piteux
    De leur malheureuse innocence.
    Par sa grande fidelité
La doüairiere est bien peu regardée ;
    Peut-être moins recommandée
    Par sa catholique bonté :
    Par où donc est-elle gardée ?
    D'où peut venir sa sureté ?
    C'est pour souffrir d'être grondée
    Avec toute docilité.
Isabelle au teint noir, du Soleil si chérie,
    Qu'elle confondroit la beauté
    De la blonde la plus fleurie
    Par sa brune vivacité ;
    Pour avoir manqué de souplesse,
    N'avoir pas soûmis son esprit
    Aux volontés de sa maîtresse,
Va reporter son cœur aux amans de Madrid ;
De l'humide froideur du climat qu'elle laisse,
    peu satisfaite, à ce qu'on dit.
Tirons de ce discours un avis salutaire :
En nos états divers, puis qu'il faut la servir,
Valets, amis, amans, apprenons que bien faire
Auprès d'elle vaut moins que savoir bien souffrir.

ELOGE

ELOGE
DE MONSIEUR
DE TURENNE.

XVIII.

JE ferois tort à la naissance de Monsieur de Turenne, si je songeois à instruire le public d'une maison aussi illustre, & aussi considerable dans toute l'Europe que la sienne. Je ne m'amuserai point à dépeindre tous les traits de son visage; les caracteres des grands hommes n'ont rien de commun avec les portraits des belles femmes; mais je puis dire en gros qu'il avoit quelque chose d'auguste & d'agréable; quelque chose en sa physionomie qui faisoit concevoir je ne sai quoi de grand en son ame & en son esprit. On pouvoit juger à le voir, que par une disposition particuliere, la nature l'avoit préparé à faire tout ce qu'il a fait.

Né d'un pere aussi autorisé dans le parti protestant que Monsieur de Boüillon l'étoit, il en prit les sentimens de religion, sans zele indiscret pour la sienne, sans aversion pour celle des autres; précautionné contre une séduction secrete, qui fait voir de la charité pour le prochain, où il n'y a qu'un
excés

excès de complaisance pour son opinion. Comme il n'y a rien de bas dans les emplois de la guerre, il passa par les plus petits ; par les mediocres, toûjours jugé digne de plus grands que ceux qu'il avoit : toûjours distingué par sa naissance, la seule distinction de ses services l'a fait monter par degrés au commandement des armées ; & l'on peut dire sans exagerer, que pour arriver aux postes qu'il a eû, jamais homme n'a tant dû à son merite, & si peu à la fortune.

Je ne m'étendrai point à parler de ses actions, me bornant à quelques particularités peu connuës, qui contribuëront à former son caractere. Tant qu'il a servi avec Monsieur le Prince en Allemagne, Monsieur le Prince lui a donné la principale gloire de tout ce qu'on y faisoit ; & l'estime qu'il avoit pour lui, alla si loin, que s'entretenant avec quelqu'un, de tous les generaux de son tems, « Si j'avois à me changer, dit-il, je voudrois « être changé en Monsieur de TURENNE, « & c'est le seul homme qui me puisse faire « souhaiter ce changement-là. » On ne sauroit croire l'application qu'avoit Monsieur le Prince à l'observer, cherchant à profiter non-seulement de ses actions, mais de ses discours.

Il me souvient qu'il lui demandoit un jour, quelle conduite il voudroit tenir dans la la guerre de Flandre. » Faire peu de sièges, répondit Monsieur de Turenne, & donner beaucoup de combats. Quand vous aurez rendu vôtre armée superieure à celle des ennemis, par le nombre & par la bonté des troupes ; (ce que vous avez presque fait par la bataille de Rocroi ;) quand vous serez bien maître de la campagne, les villages vous vaudront des places ; mais on met son honneur à prendre une Ville forte, bien plus qu'aux moyens de conquerir aisément une Province. Si le Roi d'Espagne avoit mis en troupes ce qu'il lui a coûté d'hommes & d'argent à faire des sieges & à fortifier des places, il seroit aujourd'hui le plus considerable de tous les Rois.

La premiere maxime de Monsieur de Turenne pour la guerre, est celle qu'on attribuë à Cesar, qu'il ne falloit pas croire avoir rien fait, tant qu'il restoit quelque chose à faire. A peine Philisbourg avoit capitulé, qu'il se détacha avec ses troupes pour tomber sur le petit corps que Savelli & Coloredo commandoient : il y tomba, il le défit, il marcha à Spire, à Worms, à Mayence, qui se rendirent ; & tout cela fut executé en six ou sept jours. Il consideroit plus les actions par leurs suites que par elles-mêmes. Il estimoit plus un general qui conservoit

servoit un pays après avoir perdu une bataille, que celui qui l'avoit gagnée, & n'avoit pas fû en profiter.

Venons à nos guerres civiles ; c'est-là qu'on a mieux connu Monsieur de Turenne, pour avoir été plus exposé aux observations des courtisans. On sait qu'il a sauvé la Cour à Gergeau, & qu'il l'a empêché de tomber entre les mains de Monsieur le Prince à Gien. Il a conservé l'Etat quand on le croyoit perdu ; il en a augmenté la gloire & la grandeur, lors qu'à peine on osoit en esperer la conservation.

Mais un des plus considerables services que Monsieur de Turenne ait rendu, a été sans doute celui qu'il rendit à Gien. La Cour y croyoit être dans la derniere sûreté, quand Monsieur le Prince qui avoit traversé une partie du Royaume, lui septiéme, pour venir joindre Monsieur de Beaufort, & Monsieur de Nemours ; quand Monsieur le Prince ne les eût pas si-tôt joints, qu'il marcha à Monsieur d'Hocquincourt, & tombant au milieu de ses quartiers, les enleva tous l'un après l'autre. Vous ne sauriez croire la consternation que cette malheureuse nouvelle mit à la Cour. On n'osoit demeurer dans la Ville : on n'osoit s'en éloigner ; ne voyant aucun lieu où l'on pût être un peu surement. Toute la ressource étoit en Monsieur de Turenne,

renne, qui se trouvoit dans un aussi grand embarras. » Jamais, a-t-il dit depuis, il ne » s'est presenté tant de choses affreuses à l'i- » magination d'un homme, qu'il s'en pré- » senta à la mienne. Il n'y avoit pas long- » tems que j'étois raccommodé avec la Cour, » & qu'on m'avoit donné le commandement » de l'armée, qui en devoit faire la sureté. » Pour peu qu'on ait de consideration & de » mérite, on a des ennemis & des envieux. » J'en avois qui disoient par tout que j'avois » conservé une liaison secrete avec Monsieur » le Prince. Mr. le Cardinal ne le croïoit pas ; » mais au premier malheur qui me fût arri- » vé, peut-être auroit-il eu le même soupçon » qu'avoient les autres. De plus, je connois- » sois Monsieur d'Hocquincourt, qui ne » manqueroit pas de dire que je l'avois ex- » posé, & ne l'avois point secouru. Toutes » ces pensées étoient affligeantes ; & le plus » grand mal, c'est que Monsieur le Prince » venoit à moi le plus fort, & victorieux.

Dans ce méchant état que Monsieur de Turenne a dépeint lui-même, il rassembla ses quartiers le mieux qu'il pût, & marcha, plus par conjecture que par connoissance, du côté que Monsieur le Prince pouvoit venir. La nuit étoit extrêmement noire ; & il n'a- voit pour guides que des fuyards, plus ca- pables d'effrayer ses troupes que de le con- duire.

duire. Heureusement il se trouva le matin à la tête d'un défilé, qu'il falloit passer necessairement à Monsieur le Prince, s'il vouloit aller à Gien. Monsieur de Navailles proposa de jetter l'infanterie dans un bois qui bordoit le défilé: Monsieur de Turenne rejetta la proposition, sachant bien que les ennemis, qui étoient les plus forts l'en auroient chassée, & que dans le desordre où ils l'auroient mise, il lui eût fallu se retirer à Gien avec la seule cavalerie. Le parti qu'il prit fut de mettre toutes ses troupes sur une ligne, & de s'éloigner cinq ou six cens pas du défilé. Monsieur le Prince croyant qu'il se retiroit veritablement, fit passer quatorze escadrons, qui alloient être suivis de l'armée entiere: alors Monsieur de Turenne tournant avec toutes ses forces, chargea, rompit, fit passer le defilé à ces escadrons dans un desordre incroyable. Monsieur le Prince le voyant en cette posture, crut le passage du défilé impraticable, comme en effet il l'étoit; & on ne fit autre chose le reste de la journée que se canonner. Monsieur de Turenne fortifié du débris de l'armée de Mr. d'Hocquincourt, & de quelques gens frais, se retira le soir à Gien, où il reçût les applaudissemens sinceres que donne une Cour, qui n'est pas encore bien rassurée du peril qu'elle a couru.

Un détail de ses services rendroit le caractere languissant : un seul tiendra lieu de tous les autres. Il trouva la Cour si abandonnée, qu'aucune ville ne la vouloit recevoir : les Parlemens s'étoient declarés contre elle ; & les peuples prévenus d'une fausse opinion du bien public, s'attachoient aveuglément à leurs déclarations. Monsieur le duc d'Orleans étoit à la tête des Parlemens, Monsieur le Prince à celle Troupes : Fuensaldagne s'étoit avancé jusqu'à Chauni avec vingt mille hommes ; & Monsieur de Lorraine n'en étoit pas bien éloigné. Tel étoit l'état de cette Cour malheureuse, quand Monsieur de Turenne, après quelques sieges & quelques combats, dont je laisse le recit aux historiens, quand Monsieur de Turenne la ramena malgré elle à Paris, où le Roi ne fut pa si-tôt, que son rétablissement dans la capitale fit reconnoître son autorité par tout le Royaume. La sureté du Roi bien établie au dedans, Monsieur de Turenne fit sentir sa puissance au dehors, & reduisit l'Espagne à demander une paix qui fut son salut, ne pouvant continuer une guerre qui eût été sa ruine.

Revenons des faits de Monsieur de Turenne à une observation plus particuliere de sa conduite, de ses qualitez, de son genie. Aux bons succés, il poussoit les avantages aussi loin qu'ils pouvoient être poussés : aux mauvais, il trouvoit toutes les ressources qu'on pouvoit trouver. Il préféroit toûjours la solidité à l'éclat ; moins sensible à la gloire que ses actions lui pouvoient donner, qu'à l'utilité que l'état en recevoit. Le bien des affaires alloit devant toutes choses : on lui a vû essuyer les mauvais offices de ses envieux ; les injures de ses ennemis ; les dégoûts de ceux qu'il servoit, pour rendre un veritable service. Modeste en ce qu'il faisoit de plus glorieux, il rendoit les Ministres vains & fiers avec lui par les avantages qu'ils tiroient de ce qu'il avoit fait : severe à lui-même, il comptoit tous ses malheurs pour des fautes : indulgent à ceux qui avoient failli, il faisoit passer leurs fautes pour des malheurs.

Il semble qu'il donnoit peu à la fortune pour les évenemens ; & le voulant convaincre par son propre exemple, du pouvoir qu'elle a dans les occasions, on lui dit qu'il n'avoit peut-être jamais mieux fait qu'à Mariandal & à Rethel ; cependant qu'il avoit perdu ces deux combats pour avoir été malheureux. Je suis content de moi, répondit-il dans l'action ; mais si je voulois me faire justice un peu severement, je dirois que l'affaire de Mariandal est arrivée, pour m'être laissé aller mal-à-propos à

» portunité des Allemands qui demandoient
» des quartiers ; & que celle de Rethel est
» venuë de m'être trop fié à la lettre du
» gouverneur, qui promettoit de tenir qua-
» tre jours, le jour même qu'il se rendit :
à quoi il ajoûta : » Quand un homme se vante
» de n'avoir point fait de fautes à la guerre,
» il me persuade qu'il ne l'a pas faite long-
» temps. » Il lui ressouvint toûjours de l'impor-
tunité de Rosen à demander des quartiers,
& de la facilité trop grande qu'il avoit euë
à les accorder. Cette reflexion lui fit changer de conduite à l'égard des officiers : il
continua les bons traitemens qu'il avoit accoûtumé de leur faire, mais il ne voulut
plus se trouver en état d'en être gêné pour
le service.

Le premier embarras dont il se défit, fut
celui des disputes de l'infanterie : cette
vieille habitude fondée sur une apparence
d'honneur, étoit comme un droit que tous
les corps vouloient maintenir : l'opposition
fut grande, mais le general en vint à bout;
& Puysegur, le plus intelligent & le plus
difficultueux des officiers ; Puysegur, ennemi de tous les generaux qu'il ne gouvernoit pas, fut obligé de vendre son régiment, & de se retirer avec sa capacité incommode, à sa maison. Le tour ordinaire
des officiers dans les détachemens, leur

rang

rang aux ordres de bataille ne furent plus obſervés; c'eſt ce qu'on vit à la bataille de Dunkerque, où Monſieur du Turenne choiſit le marquis de Crequi, pour commander l'aîle oppoſée à Monſieur le Prince, ſans aucun égard à l'ancienneté des lieutenans generaux.

Aprés avoir changé ces vieilles coûtumes, il changea, pour ainſi dire, le génie des nations: il fit perdre aux étrangers une activité qui ne leur étoit pas naturelle: il fit perdre aux françois la legereté & l'impatience que leur nation avoit toûjours euë: il fit ſouffrir la fatigue ſans murmurer: il fit oublier la Cour aux courtiſans qui avoient de l'emploi, comme s'il n'y avoit plus eu d'autre métier que la guerre. Voilà quelle fut la conduite de Monſieur de Turenne pour les officiers. Voyons ſon procedé à l'égard de Monſieur le Cardinal.

Dans le temps que Monſieur le Cardinal étoit le plus malheureux, que ſes amis cherchoient des prétextes pour l'abandonner, & ſes ennemis des occaſions pour le perdre, Monſieur de Turenne eut pour lui les mêmes déferences, les mêmes reſpects qu'on avoit eû dans ſa plus haute fortune. Quand ſon éminence eut rétabli ſon pouvoir, qu'elle regnoit plûtôt qu'elle ne gouvernoit, il garda plus de dignité avec elle, qu'il n'en

avoit

avoit gardé dans ses malheurs. Ce fut le premier qui osa faire sa cour au Roi: toutes les personnes considerables ayant leur application entiere à Monsieur le Cardinal. Il ne sollicita point de graces, & les avantages qu'il obtint, parurent des effets du service rendu à l'Etat, sans attachement au ministere.

Jamais les vertus des particuliers n'ont été si bien unies avec les qualités des heros, qu'en la personne de Monsieur de Turenne. Il étoit facile dans le commerce, délicat dans la conversation, fidele dans l'amitié. On l'a accusé de ne s'employer pas assez fortement pour ses amis à la Cour; mais il ne s'y employoit pas davantage pour lui-même; une gloire secrete l'empêchant de demander ce qu'il n'étoit pas sûr d'obtenir. Il faisoit tout le plaisir qu'il pouvoit faire par lui-même. Les amis d'ordinaire pensent qu'on a plus de crédit qu'on n'en a, & qu'on leur doit plus qu'on ne leur doit.

Monsieur de Turenne n'étoit pas incapable d'avoir de l'amour. Sa vertu n'étoit point de ces vertus seches & dures, qu'aucun sentiment de tendresse n'adoucit: il aimoit plus qu'il ne croyoit, se cachant, autant qu'il lui étoit possible, une passion qu'il laissoit connoître aux autres.

Si les singularités sont des especes de défauts

fauts dans la societé, Monsieur de Turenne en avoit deux qu'on reproche à bien peu de gens ; un désinteressement trop grand, lors qu'on voyoit regner un esprit d'interêt universel ; & une probité trop pure dans une corruption generale.

Son changement de religion fut sensible à tous les protestans : ceux qui l'ont connu ne l'ont attribué ni à l'ambition, ni à l'interêt. Dans tous les tems il avoit aimé à parler de religion, particulierement avec Monsieur d'Aubigny, disant toûjours que les réformés avoient la doctrine plus saine, mais qu'ils ne devoient pas se séparer, pour la faire prendre insensiblement aux Catholiques. Quand on avoüe qu'on a eu tort de « sortir d'une Eglise, reprit Monsieur d'Au- « bigni, on est bien prêt d'y rentrer ; & si « je survis à Madame de Turenne, je vous « verrai dans la nôtre. « Monsieur de Turenne soûrit, & ce soûris n'expliquoit pas assez, si c'étoit pour se moquer de la prédiction de Monsieur d'Aubigny, ou pour l'approuver. Dans l'une ou dans l'autre religion, il alloit toûjours au bien. Huguenot, il n'avoit rien d'opposé à l'interêt des catholiques : Converti, il n'avoit point de zele préjudiciable à la sûreté des huguenots. Dans la déference qu'avoit le Roy pour son grand sens, il est à croire qu'il l'auroit suivi, & que les ministres huguenots n'auroient pas à se plaindre de leur ruine, ni le Clergé Catholique à se repentir de son zele.

Ceux qui l'ont suivi dans ses dernieres campagnes, disent qu'il avoit une valeur plus vive qu'aux précedentes ; qu'il étoit plus hazardeux à entreprendre & à se commettre qu'auparavant. Un coup de canon finit une vie si glorieuse (1) ; mort desirable (puis qu'il faut mourir) à un si grand homme. Sa perte fut pleurée de tous les françois ; regrettée de tous les indifferens ; sa personne loüée des ennemis, sa vertu admirée de tout le monde. Le Roi qu'il avoit si bien servi, voulut qu'il fût enterré à Saint Denis avec les Rois ses prédecesseurs : se croyant aussi obligé a celui qui lui avoit conservé son Royaume, qu'à ceux qui le lui avoient laissé.

PARA-

_____
(1) Le 27. de Juillet 1675.

PARALLELE DE Mr. LE PRINCE, ET DE Mr. DE TURENNE.

XIX.

Sur ce qui regarde la guerre (1).

Vous trouverez en Monsieur le Prince la force du génie, la grandeur de courage, une lumiere vive, nette, toûjours presente. Monsieur de Turenne a les avantages du sang-froid, une grande capacité, une longue experience, une valeur assurée.

Celui-là jamais incertain dans les conseils: irrésolu dans ses desseins: embarrassé dans ses ordres: prenant toûjours son parti mieux qu'homme du monde: celui-ci se faisant un plan de sa guerre, disposant toutes choses à sa fin, & les conduisant avec un esprit aussi éloigné de la lenteur que de la précipitation.

L'activité du premier se porte au-delà des choses necessaires, pour ne rien oublier qui puisse être utile: l'autre, aussi agissant qu'il le doit être, n'oublie rien d'utile: ne fait rien de

---

(1) *Mr de* St. Evremond *fit ce* PARALLELE en 1673. *mais il le retencha dans la suite.*

de superflu ? maître de la fatigue & du repos, il travaille à ruiner l'armée des ennemis : il songe à la conservation de la sienne.

Monsieur le Prince, fier dans le commandement ; également craint & estimé : Monsieur de Turenne plus indulgent, & moins obéï par l'autorité qu'il se donne, que par la veneration qu'on a pour lui.

Monsieur le Prince plus agréable à qui sait lui plaire ; plus fâcheux à qui lui déplaît ; plus severe quand on manque ; plus touché quand on a bien fait. Monsieur de Turenne plus concerté, excuse les fautes sous le nom de malheurs, & réduit souvent le plus grand merite à la simple loüange de faire bien son devoir. Satisfait du service qu'on lui rend, il ne l'est pas toûjours de l'éclat qu'on se donne ; & faisant valoir avec plaisir les plus soûmis, il regarde avec chagrin les industrieux qui cherchent leur réputation sous lui, & leur élevation par les ministres.

Monsieur le Prince s'anime avec ardeur aux grandes choses, joüit de sa gloire sans vanité, reçoit la flaterie avec dégoût. S'il prend plaisir qu'on le loüe, ce n'est pas la loüange de ses actions ; c'est la délicatesse de la loüange qui lui fait sentir quelque douceur. Monsieur de Turenne va naturellement aux grandes & aux petites choses, selon le rapport qu'elles ont à son dessein : rien
ne

ne l'éleve dans les bons succès, rien ne l'abat dans les mauvais.

Il n'est point assez de précautions contre les attaques du premier; son audace & sa vigueur rendant foible ce qu'on s'imaginoit de plus fort: le second se dégage de tout danger; il trouve le moyen de se garantir dans toutes les apparences de sa perte.

Quelques troupes que vous donniez à Monsieur le Prince, vieilles ou nouvelles, connuës ou inconnuës, il a toûjours la même fierté dans le combat; vous diriez qu'il sait inspirer ses propres qualités à toute l'armée; sa valeur, son intelligence, son action semblent lui répondre de celle des autres. Avec beaucoup de troupes dont Monsieur de Turenne se défie, il cherche ses suretés: avec peu de bonnes qui ont gagné sa confiance, il entreprend comme aisé ce qui paroît impossible.

Quelque ardeur qu'ait Monsieur le Prince pour les combats, Monsieur de Turenne en donnera davantage, pour s'en préparer mieux les occasions: mais il ne prend pas si bien dans l'action ces tems imprévûs, qui font gagner pleinement une victoire; c'est par-là que ses avantages ne sont pas entiers. Quand l'affaire est contestée, le plan de sa guerre lui revient dans l'esprit, & il remet à une conduite plus sure ce qu'il voit difficile & douteux

teux dans le combat. Monsieur le Prince a les lumieres plus presentes, & l'action plus vive: il remedie lui-même à tout, rétablit ses desordres, & pousse ses avantages. Il tire des troupes tout ce qu'on en peut tirer ; il s'abandonne au péril, & il semble qu'il soit resolu de vaincre, ou de ne pas survivre à sa défaite. Ce n'est pas assez pour lui de n'être pas vaincu, il fait sa honte de ne vaincre pas.

Chez Monsieur de Turenne tout cede au bien des affaires. Il essuye le murmure des envieux ; les mauvais offices de ses ennemis ; le dégoût de ceux qu'il sert, pour rendre un veritable service. Monsieur le Prince a plus d'égards pour les ordres de la Cour jusqu'aux occasions qui se presentent ; là il n'écoute que sa valeur, & ne se tient responsable de ses actions qu'à sa gloire.

Pour Monsieur le Prince victorieux, le plus grand éclat de la gloire ; pour Monsieur le Prince malheureux, jamais de honte: ce peut être un préjudice aux affaires, & jamais à sa réputation. La réputation de Monsieur de Turenne est toûjours attachée au bien des affaires. Ses actions n'ont rien de particulier qui les distinguë, pour être égales & continuës : toute sa conduite a moins d'éclat pour attirer l'applaudissement des peuples, que de solidité pour occuper les réflexions des habiles gens. Tout ce que dit,
tout

tout ce qu'écrit, tout ce que fait Monsieur de Turenne, à quelque chose de trop secret pour ceux qui ne sont pas assez pénétrans. On perd beaucoup de ne le comprendre pas assez nettement; & il ne perd pas moins de n'être pas assez expliqué aux autres. La nature lui a donné le grand sens, la capacité, le fond du merite autant qu'à homme du monde; & lui a dénié ce feu de génie, cette ouverture, cette liberté d'esprit, qui en fait l'éclat & l'agrément. Il faudra le perdre pour connoître bien ce qu'il vaut, & il lui coûtera la vie pour se faire une juste & pleine réputation.

La vertu de Monsieur le Prince n'a pas moins de lumiere que de force; elle est funeste aux ennemis, qui en ressentent les effets, & brillante pour ceux qui en tirent les avantages : mais à dire la verité elle a moins de suite & de liaison que celle de Monsieur de Turenne; ce qui m'a fait dire il y a long-tems, que l'un est plus propre à finir glorieusement des actions, l'autre à terminer utilement une guerre. Dans le cours d'une affaire, on parle plus avantageusement de ce que fait Monsieur le Prince : l'affaire finie, on joüit plus long-tems de ce que Monsieur de Turenne a fait.

J'ajoûterai encore cette difference : Monsieur de Turenne est plus propre à servir un

Roi qui lui confiera son armée ; Monsieur le Prince à commander la sienne, & à se donner de la considération par lui-même.

LETTRE
A MADAME LA DUCHESSE
MAZARIN.

J'AI reçû la lettre que vous m'avez fait l'honneur de m'écrire, où j'ai trouvé fort peu de douceur, pour me servir des termes plus doux que les vôtres. Je ne m'étonne point, Madame, qu'un vieux visage tout défiguré m'attire du mépris, & vous inspire du chagrin quand il se presente : mais qu'une affection à vôtre service aussi pure que la mienne, me fasse recevoir un traitement semblable quand vous ne me voyez pas, c'est ce que je ne comprens point.

Je ne disputerai point de capacité avec Monsieur de Bonrepaux : qu'il ne dispute pas aussi de zele & de soin avec moi, sur ce qui vous regarde. Vous me reprochez comme un crime ma dissipation ; j'ai vû deux ou trois fois Madame de la P***, encore étoit-ce ailleurs que chez elle : mais elle chante bien. Je voi Baillon : il joüe bien du clavessin. Je voi bien des refugiés qui savent beaucoup. Je joüe avec Mylord Cassel aux échets : je le gagne. A mon âge, on ne peut être nulle part si desavantageusement que chez soi-même. Il faut nous faire des amusemens, qui nous dérobent, pour ainsi dire, à nos tristes imaginations.

Au reste, Madame, ma discretion est toûjours la même, avec un attachement inviolable au gouvernement present des pays où je vis. Je suis si peu de chose, qu'il n'importe à personne de savoir mes sentimens. Vous m'obligez à parler de moi : je ne saurois parler de vous que je ne vous loüe ; & dans l'humeur où vous êtes contre moi, vous seriez peut-être offensée de mes loüanges. Le serieux dure trop, l'enjoüement vous déplairoit.

Je dinai hier à Parson-Green avec Monsieur Villiers. Sa maison se pourroit dire une maison enchantée, n'étoit qu'on y boit, & qu'on y mange fort bien. Mylord Montaigu a besoin d'embellir encore ses logemens de Wite-Hall, s'il veut pousser à bout la resolution qu'il a faite, de faire crever Monsieur Villiers. Je connoissois autrefois une autre maniere de crever, qui venoit reglément au mois de Septembre. Les figues, les melons, les pêches, les muscats, les cailles, les perdreaux devenoient les maîtres du goût,

& le goût de la sobrieté; en sorte que le mois de Septembre arrivant, on disoit: voici le tems où il faut crever. Prenez garde de vous crever d'eaux, Madame: de toutes les manieres de crever, c'est la plus mauvaise. Vôtre maison de saint-James, vulgairement nommée par vos courtisans, le petit palais, sera une merveille: il n'y a rien de si propre. Vous aurez bientôt Madame Fitzharding & Mademoiselle de Beverweert; quand Madame la duchesse Mazarin & ses deux amies seront ensemble, je défie les trois Royaumes de fournir rien de pareil. S'il vient un petit tailleur, & que l'argent ne manque pas, le plaisir des anges de Madame de Choisi n'étoit rien au prix du vôtre.

A MADAME LA DUCHESSE MAZARIN.

STANCES IRREGULIERES.

XXI.

Vous ne savez que trop, Hortense,
Que je vous sers sans récompense ;
Peut-être ne savez-vous pas
Ce que je pers, en servant vos appas.

Sans vous une lente vieillesse,
Me donneroit l'air de sagesse :
Sans vous le fardeau de mes ans,
Sembleroit le poids du bon sens.

Parlant des affaires publiques
Avec de graves politiques
Quelque vieil exemple apporté,
Quelques articles d'un traité ;
Une maxime, une sentence,
Me tiendroient lieu de suffisance.

Sans vous, mû d'un esprit divin,
Sur les traces de Van-Beuning,
Moins fort en raison qu'en génie ;
J'irois dans la philosophie
Chercher cette immortalité,
Qu'il prouve par la volonté.

Sans

Sans vous en homme d'importance,
Banni pour sa vertu de France,
Je parlerois de probité
Avec un ton d'autorité.

Des gens d'honneur j'aurois le titre ;
Je m'érigerois en arbitre :
Et de tous nos François errans
J'accorderois les différens.

Sans vous, voilà mon avantage ;
Avec vous, voici mon partage :
J'ai voulu devenir amant,
On me veut ami seulement :
Ami, traité d'une maniere,
Quelquefois douce & familiere ;
Mais indignement rebuté
S'il prend la moindre liberté.

Au secours, Lot, *à ma défense*,
Loi ; qui veille en dragon, s'avance,
Et me dit, la severe *Lot*,
„ Mangez vos barbes de turbot.

„ Vraiment il sied bien à vôtre âge,
„ d'être touché d'un beau visage ;
„ Allez, allez, c'est bien à vous
„ D'aimer des gorges & des cous.

Cependant la severe baise
Les yeux & la bouche à son aise ;
Et collée à vos doux appas,
Demande en soûpirant, si vous ne l'aimez pas.

Laissons la pudique tendresse
De nôtre nouvelle *Lucrece*,

Et parlons un peu du mépris
Que m'attirent des cheveux gris.

Je suis pour vous rendre service
En affection sans égal ;
Il n'est ordre où je n'obéïsse,
Fût-il en faveur d'un rival.

Belle Hortence, si je vous quitte,
Vous reconnoîtrez mon merite :
La charge de tout endurer,
Sans qu'on entende murmurer,
Fâcheuse, difficile à faire,
Et chez vous assez necessaire,
Cette charge, si je la rends,
Ne se remplira de long-tems.

Qui feroit tant de personnages ?
Qui seroit bon à tant d'usages ?
Qui porteroit le petit chien ?
Comme en carosse le vieux sage,
Que nous a dépeint Lucien,
Le portoit toûjours au voyage :

Quand le Calabrois à son rang,
Vous met les échez dans la tête,
Quelle autre main est si-tôt prête
A vous pousser le pion blanc.

Et lors qu'un saint remors vous frappe,
Que l'humeur de devotion
Pour un peu de tems vous attrape ;
Qui sert vôtre conversion,
Et vous lit un mort de la Trape
Avec tant de soûmission ?

Cependant

Cependant grondeuse & farouche,
Vous employez la belle bouche,
Qui me doit ses meilleures dents,
A m'insulter devant les gens.

Sur le point de perdre la vie,
Ne vous ai-je pas garantie
De ces honnêtes assassins,
Que l'on appelle Medecins.

J'en attendois la récompense :
Et je voi pour reconoissance,
Qu'on soupçonne ma bonne foi ;
Qu'on juge toûjours contre moi.

A l'ombre je prens le spadille,
Je me donne baste, ou manille,
Au piquet je marque les as,
Moi, malheureux, qui ne voi pas ;
Qui des mains ai perdu l'usage
Par la caducité de l'âge ;
Toûjours distrait ou negligent,
Moi qui pers toûjours mon argent.

Seigneur, Seigneur, donne-moi patience,
Qu'on a de mal à servir Dame Hortence (1) ;
Mais si je m'éloignois de ses divins appas,
Que faire ! comment vivre, en ne la voyant pas ?

Lors qu'il me faut souffrir l'aigreur d'une parole
La bouche qui la dit me plaît & me console ;
De ses fiers traitemens le plus injurieux,
Me semble une douceur quand je voi ses beaux
    yeux.

Ses

_____
(1) Imitation de Marot.

Ses regards animés du feu de la colere,
Ont l'ordre de fâcher, & le secret de plaire ;
Car le Ciel favorable a fait de ses beautés,
Un remede aux amans contre ses cruautés.
Le plus grand des malheurs est celui de l'absence ;
On garde ses rigueurs, en perdant sa présence ;
On emporte l'injure, & le cœur affligé,
Par le plaisir des yeux n'est jamais soulagé.

Au milieu des chagrins, des soupçons, des allarmes,
Il n'a soulagement que celui de ses larmes :
Pleurer le mal qu'il souffre, & regretter son bien,
De ce cœur malheureux est l'unique entretien.

A tort je me plaindrois de la voir inhumaine.
Je la voi ; c'est assez pour supporter ma peine.
Absens infortunés, je connois vos douleurs,
C'est à vous plus qu'à moi de répandre des pleurs.

A LA MESME. XXII.

Pour étrennes, le premier jour de l'an.

La nature inexorable,
Ne laisse à des gens si vieux,
Aucun trait qui soit aimable,
Rien qui plaise à de beaux yeux :
La fortune assez semblable,
N'a laissé dans mon pouvoir,
Aucun bien considerable,
Que vous puissiez recevoir.

Si ma muse avoit la puissance
Que les muses de Grece ont fait voir autrefois,
Je ferois une guerre où les dieux pour Hortence,
Combattroient à l'envi des heros & des Rois.
  Mercure plus leger qu'Eole,
  Fendroit les airs, tout glorieux
  De vous porter une parole
  De la part du maître des dieux :
  Et lorsque Jupiter s'ennuye
  Avec l'importune Junon,
Je le ferois sur vous descendre en cette pluye,
Dont vous ne connoissez presque plus que le nom,
Le Ciel qui prit plaisir à vous former si belle,
Oublia la faveur de vous rendre immortelle :
   Erigée en divinité,
Vous joüiriez par moi de l'immortalité.
  Mais aujourd'hui la pauvre muse,
  Après avoir fait tous les dieux,
  Ne parle qu'en tremblant des cieux ;
  Humble & rampante, elle s'amuse
  A discourir sur les hameaux,
  Les bergers & les troupeaux :
  Que cela me serve d'excuse,
  Si vous n'avez rien que le don
   d'une chanson.

LE TITRE

LETTRE
DE MONSIEUR
Sous le nom
DE MADAME MAZARIN.

JE n'ai pas assez de consideration dans le monde, pour me croire obligée à lui rendre compte de mes affaires; mais je suis assez reconnoissant de la part que vous prenez à mes interêts, pour vouloir contenter vôtre curiosité sur la condition où je me trouve. Je crains seulement que la longueur de ma lettre ne vous importune ; car je ne prétens pas vous instruire de l'état où je suis, sans vous faire souvenir en beaucoup d'endroits de celui où j'ai été. Je ne parlerai point des avantages que j'avois, par modestie ; je me tairai des qualités de Monsieur Mazarin, par discretion : mais laissant au public à faire le jugement de nos personnes, je dirai hardiment que je n'ai contribué en rien à la dissipation des biens que je lui ai apportés ; & que les moindres de ses domestiques en ont tiré de quoi s'enrichir, quand il m'a dénié les choses necessaires simplement pour vivre.

J'ai demeuré plus que je ne devois, & aussi long-tems que j'ai pû avec un mari qui m'étoit si opposé : à la fin je me suis dégagée par raison, d'un homme avec qui je m'étois laissée lier par obéïssance. Un dégagement si juste m'a coûté ces biens qui ont fait tant de bruit dans le monde : mais la liberté ne coûte jamais trop cher à qui se délivre de la tyrannie. Quoi qu'il en soit, je me vis dépoüillée de toutes choses. Je me vis sans aucun moyen de subsister, jusqu'à ce que le Roi, par un principe de justice, me fit donner une pension sans le consentement de Monsieur Mazarin, que Monsieur Mazarin m'a ôtée il y a dix ans, avec le consentement de Sa Majesté. Ce changement des bontés du Roi ne doit point s'attribuer à celui de ma conduite ; car je n'ai jamais entré en rien qui pût lui déplaire. Mais il est difficile aux plus grands Rois de bien démêler l'imposture des méchans offices, d'avec les verités dont il est besoin qu'on les informe. La raison feroit trop de violence à nôtre inclination & à nôtre humeur, s'il falloit toûjours nous défier de ceux que nous aimons, ou qui nous plaisent ; & naturellement on ne se donne point la gêne de ces précautions-là, contre des personnes agréables, pour des indifferentes qu'on ne voit pas. Ainsi je ne m'étonne point que l'on m'ait rûë telle qu'on m'a dépeinte : le Roi eût
été

été assez juste pour augmenter la pension qu'on m'a ôtée, si j'avois été assez heureuse pour être connuë de lui telle que je suis.

Cependant, malgré ce retranchement, & toutes les dettes qui en sont venuës, je ne laissois pas de subsister honorablement, par les graces & les bienfaits des Rois d'Angleterre : mais à cette révolution extraordinaire, qui fera l'étonnement de tous les tems, je me suis vûë abandonnée, réduite à ne chercher de ressource qu'en moi-même où je n'en trouvois point ; exposée à la fureur de la populace ; sans commerce qu'avec des gens également étonnés, qui tâchoient de s'assurer les uns les autres ; ou avec des malheureux, moins propres à se consoler, qu'à se plaindre ensemble. Après tant de troubles, la tranquillité enfin s'est rétablie ; mais les desordres cessés ne m'ont rendu l'esprit plus libre, que pour mieux voir la désolation de mes affaires. Nul bien de moi ; nulle assistance où je suis ; nulle esperance d'ailleurs ; ne recevant du peu d'amis que j'ai où vous êtes, que des complimens au lieu de secours, & de tous les autres que des injures, pour être demeurée dans un lieu, d'où je ne sai comment sortir, voyant moins encore où pouvoir aller.

Jusqu'ici on a condamné les fautes, & plaint les malheurs : je fais changer toutes choses. La misere, ce triste ouvage de ma

fortune,

fortune, me donne des ennemis, excite l'aigreur & l'animosité de ceux qui me devoient être les plus favorables. Je n'exagere point le malheur de ma condition, à quoi je suis d'autant plus sensible, que je reçois des reproches, quand j'attendois des consolations. Vous êtes assez raisonnable, Mr, pour n'approuver pas un procedé si injuste; & assez constant dans l'amitié, pour me conserver toûjours la vôtre. Si elle n'est pas secourable autant que vous le souhaitez, elle est aussi honnête que je le saurois desiter. Mon étoile me fait trouver de la bonne volonté, où il y a de l'impuissance; & de l'opposition, où se rencontre le pouvoir : mais enfin la malignité de l'influence n'est pas entiere, puisque dans les infortunes qu'elle me cause, elle me laisse des amis, qui font leur possible pour me consoler.

A MADAME LA DUCHESSE MAZARIN.

XXIV

VOus qui pensez que la nature,
   a fait toutes choses pour vous :
Présomptueuse créature,
Apprenez que vous-même, êtes faite pour nous :
   Ce qu'à l'univers d'admirable,
   Nous prête un secours charitable ;
Ce qu'ont formé les dieux avec le plus de soin,
Sert à nôtre plaisir comme à nôtre besoin.
Le Soleil au matin entre dans sa carriere,
Pour épancher sur tout la commune lumiere,
Et l'aimable clarté que répandent ses feux,
N'attend pour se donner, ni prieres, ni vœux.
La terre avec amour expose à nôtre vûë,
Les appas renaissans dont le Ciel l'a pourvûë ;
Elle donne ses fleurs, pour le plaisir des yeux,
Elle fournit au goût, ses fruits délicieux.
La mer, par le commerce aux lieux les plus ste-
       riles,
Communique les biens qu'ont les terres fertiles ;
Et servant de lien aux peuples opposés,
Sait comme réünir ceux qu'elle a divisés.
D'une belle riviere on aime un cours paisible :
   Les fiers torrens précipités,
   Font de leurs sauvages beautés,
Un aspect à nos yeux agréable & terrible.
   Les fontaines & les ruisseaux,
Coulent pour nous offrir le crystal de leurs eaux;

Les amoureux zephirs, de leurs douces haleines,
Temperent la chaleur qui brûleroit nos plaines :
    Enfin tout donne en l'univers ;
    Il n'est pas jusques aux hyvers
    Dont nous ne recevions des graces :
    C'est d'eux que nous tenons les glaces,
    Qui font dans l'ardeur de l'été
    La plus exquise volupté.
    Et vous, que le Ciel a formée
    Pour faire le bonheur de tous,
    On vous voit toûjours animée
    De chagrins, dépits, & courroux.
    Ingrate, injuste créature,
    Vous tenez tout de la nature,
    Tout vôtre esprit, tous vos appas :
    Qui vous rend à ses loix contraire ?
    Pourquoi ne l'imitez-vous pas
    Aux faveurs qu'elle nous fait faire ?

XXV. *Sur le commencement de la guerre de* M. DC. LXXXIX.

D'Interets differens l'union mal formée,
N'amassoit autrefois qu'une confuse armée ;
Qui trop lente à la marche, & trop vaste au dessein,
Vouloit passer la Seine & demeuroit au Rhein.
Mais d'un Roi (1) tout contraire aux interêts de
    France,
La vertu, la valeur, la nouvelle puissance,
Des Etats rétablis par une longue paix ;
Une pleine abondance à ne manquer jamais ;
                                De

---

(1) Guillaume III. | Roi d'Angleterre.

De l'Espagne outragée, & pas assez soûmise,
L'espoir d'une ressource où tout la favorise,
Des Princes de l'Empire & de chaque Electeur,
La jonction sincere avec leur Empereur ;
Du Saint Pere irrité la haine Catholique ;
Du huguenot chassé sous le nom d'hérétique
Le soin infatigable à nuire, à se venger ;
De nouveaux convertis que l'on a fait changer
L'impatient desir d'échapper à la feinte,
Qui gêne leur esprit, & tient leur foi contrainte :
Enfin de cet amas d'interêts differens,
De toutes passions en des motifs si grands,
De craintes, de soupçons, de haine, de vengeance,
Se font comme des nœuds qui serrent l'alliance ;
Et ces engagemens nous font voir l'appareil
Le plus grand qui jamais parut sous le soleil.
Dans cet affreux état où la France est réduite,
On lui trouve pourtant, & vigueur & conduite :
Elle arme ; elle prévient ; elle fait animer ;
Et ses forces de terre, & ses forces de mer ;
Et n'étoit qu'elle a vû les tristes funerailles
De ceux qui lui faisoient gagner tant de batailles ;
N'étoit que ces grands chefs aujourd'hui ne sont
    plus,
Son char pourroit traîner encore des vaincus.
Pour son malheur Turenne a perdu la lumiere,
Condé nôtre heros n'a plus de part au jour,
Crequi vient d'achever son illustre carriere,
St Schomberg vit encor, c'est pour une autre Cour.
    Par leur valeur, par leur prudence,
    L'état florissant de la France,
    Ne craignoit point les changemens ;
    Il ne craignoit disgrace aucune ;
    Mais par leur perte la fortune
Va rentrer dans ses droits sur les évenemens.
Il n'a tenu qu'à toi de conquerir le monde,
France, ou de l'asservir dans une paix profonde :
                              Oüi

Oui, par un plan nouveau de ton ambition,
Tu pourrois disposer de chaque nation.
Tous ces confederés que l'Espagne interesse,
Desunis, & rendus à leur propre foiblesse,
Iroient dans tes états chercher leurs suretés,
Ou presser un secours à leurs necessités.
Sous le nom d'allié, l'un seroit tributaire,
L'autre prêt à servir, ou soigneux de te plaire,
Les premiers potentats éloignés courtisans,
Flateroient ta grandeur par respects & presens.
Il n'a tenu qu'a toi de conquerir le monde,
France, ou de l'asservir dans une paix profonde.

XXVI. LETTRE A MADAME LA DUCHESSE MAZARIN.

J'ENVOYE savoir comment vous vous portez de vôtre blessure (1); pour moi, je me porte fort bien de toutes mes pertes. Le souper de Madame Harvey, le pâté royal, & la mélancolie de la dolente Boufete, mirent mon esprit dans une assez bonne situation. La nuit a été encore plus heureuse : j'ai crû être Mademoiselle de Beverweert toute cette nuit. J'avois une grande com-

---

(1) Madame Mazarin étoit tombée, & s'étoit fait un grand mal à la cuisse.

complaisance de mon merite d'honnête & de raisonnable fille ; mais vôtre confiance faisoit le plus doux avantage de mon nouveau sexe. Vous m'avez montré vôtre blessure. Passons legerement tout ce que j'ai vû : j'ai autant de sujet de me loüer de vous, comme Beverweert, que j'en ai de me plaindre comme Saint-Evremond. Heureux les sujets de n'avoir pas connu le danger qu'il y avoit à vôtre blessure ! leur apprehension les auroit fait mourir, & nous ne serions pas en état de nous réjoüir de vôtre guérison. Nôtre perte n'est pas seulement attachée à la vôtre ; une maladie dont vous guérirez est capable de donner veritablement la mort à tous les sujets de vôtre empire.

    Si du Ciel le courroux fatal
Faisoit durer encor quelques jours vôtre mal,
    Les sujets auroient tant de peine
    A voir souffrir leur belle reine,
    Que chacun d'eux pourroit mourir,
    Avant que vous pûssiez guérir ;
    Je perdrois le premier la vie,
Et de cent autres morts ma mort seroit suivie :
    Vôtre chere & fidele Lot
    Suivroit ma disgrace bien-tôt ;
    Vous la verriez avec des larmes
    Prendre congé de tous vos charmes,
    Et faire ses derniers adieux,
    Baisant vôtre bouche & vos yeux.
„ Adieu, je meurs, adieu, Madame :
„ Vous possediez mon cœur, je vous laisse mon
    „ ame, „ Et

,, Et trouve mon sort assez doux,
,, puis que je meurs à vos genoux.
,, Croyez que jamais la Comtesse...
,, La voix me manque & je vous laisse :
,, Que le dernier soûpir, qui va m'ôter le jour,
,, Est bien moins à la mort qu'il n'est à mon
      ,, amour;
   C'est ainsi que la VICE-REINE,
   Meurt aux pieds de sa SOUVERAINE;
   Jamais rien ne la sut charmer,
Mais on trouve à la fin qu'on est fait pour aimer;
   Et toute son indifférence,
   Devient amour sans qu'elle y pense.
La Bevervveert en prose, & Bevervveert en vers,
   N'ont pas des sentimens divers;
Celle de cette nuit, qui vous parloit en prose,
Pourroit dire en mourant toute la même chose.
   Si jamais vous vous portez mal,
Je meurs, & je vous fais un discours tout égal.
   Madame Harvey pleine d'impatience,
   De vous voir en cet état-là,
   Maudiroit jusques à la France,
Et pourroit détester même les opera.
   Je voi la douleur qui surmonte,
   Un sujet illustre, un grand Comte (1)
   Duras, Mylord impétueux,
   S'en arracheroit les cheveux,
   Et, chose incroyable à l'histoire,
   Ne voudroit ni manger, ni boire;
   Suspendant tout son appétit,
   Pour un accident si maudit.
Il pourroit arriver que maligne Boufete,
D'un sentiment commun avecque vôtre époux
Auroit de tous vos maux l'ame assez satisfaite;
   Au Nom de Dieu, conservez-vous.
                                    Comme

(1) Le Comte de Feversham.

Comme je dois mourir le premier, je veux ordonner nettement de ma sepulture, pour ne pas tomber dans l'inconvenient de Monsieur Doublet; & épargner la peine à Patru de faire un second plaidoyer, si un pasteur aussi attaché à ses droits que le Curé de Saint-Etienne, faisoit un arrêt sur mon pauvre corps (1). Pour prévenir donc pareils accidens, je declare en termes exprès, que je veux être enterré dans la tente de Milord Roscommon (2). Il me souvient d'avoir été à la guerre, & je serai bien aise que mon tombeau ait un air militaire. Mais ce n'est pas la premiere & la veritable raison qui m'oblige à choisir ce lieu-là; c'est pour être en vûë du PETIT PALAIS; & toutes les fois qu'on y jouera, la Reine est suppliée de dire les vers qui suivent, & que j'ai composés comme une espece d'épitaphe.

   » Celui dont nous p'aignons le sort
   » N'a pas dû voir la gloire de l'Olympe,
    » Mais je pense qu'après sa mort
» Il ne souffre pas tant, comme il souffroit à
   » Grimpe,

(1) Voyez le plaidoyer de Mr Patru pour la veuve & les enfans de Doublet, &c.

(2) Mylord Roscommon, colonel d'infanterie, devant passer en Irlande avec son régiment, avoit fait tendre sa tente dans le parc de Saint-James, assez pres de la Maison de Madame Mazarin, qu'on appelloit le Petit Palais.

» Lors

» Lors que Duras & moi, lui faisions tant de tort,
  » Je lui faisois mille injustices ;
  » Je lui faisois mille malices ;
  » Et malgré tout ce grand tourment,
  » Il perdoit assez noblement.
» S'il ne me plaisoit pas, il tâchoit de me plaire ;
  » Que la tombe lui soit legere !
  » Je souhaite que ses vieux os,
  » Trouvent un assez bon repos.

Si je ne vous demande pas davantage durant ma vie, que je vous demande à la mort, vous n'aurez pas sujet de vous plaindre de mon indiscretion.

XXVII.

A Mr. LE MARQUIS DE MIREMONT.

STANCES IRREGULIERES.

Illustre & nouveau Machabée,
Qui de ton église tombée,
Veut être le restaurateur ;
Miremont, dans ton entreprise (1)
Pren ce beau mot pour ta devise ;
Ou Martyr, ou Liberateur.

L'Euhrate

(1) Mr. de Miremont devoit aller en Piémont avec quelques régimens de françois refugiés, pour joindre les vaudois, & entrer en France.

DE SAINT-EVREMOND.

L'Euphrate n'a point vû tant de meres captives ;
   Tant de femmes, tant de maris,
   Verser des pleurs, pousser des cris,
  Qu'en avoit le Gigeou (1) sur ses rives.

A Londres tes sujets, tout le jour dispersés,
Se trouvent le matin au caffé ramassés ;
Là, chacun à son tour, t'adresse la parole :
  « Ferme pilier de nôtre foi,
  » PRINCE dont l'aspect nous console,
  » PRINCE, nous n'esperons qu'en toi.

Esperance des Grecs, honneur de la Savoye, (2)
Ton peuple marchera sur tes pas avec joye,
Pour l'accomplissement de ta prédiction (3),
Ta sainte nation depuis long-tems errante
Sur les bords de Gigeou se verra triomphante,
Et chantera sous toi la gloire de SION.

                                                            AU

---

(1) Ruisseau qui passe autour du château de la Caze, appartenant à Monsieur le Marquis de Malauze, frere de Mr. de Miremont.

(2) Eglise à Londres, où l'on avoit d'abord fait le service grec, & qui appartient présentement aux françois refugiés.

(3) Les PROPHETIES de Mr. Jurieu.

xxxviii

AU MESME (1).

STANCES.

MIREMONT qui savez combattre,
Aussi bien que faire des vers,
Vous allez sûrement abatre
Tous les dragons de l'univers.

Jeune Prince, marche, cours, vole,
On entend déja le coucou.
Il est tems de tenir parole
Aux pauvres captifs du *Gigeou*.
Mais ne me parle point de faire
Des vers qui chantent tes exploits ;
Tu seras l'*Achille* & l'*Homere*,
De *Mars* & d'*Apollon* digne Fils à la fois.

A CA.

(1) Quelqu'un ayant fait une réponse aux Stances précédentes, & Mr. de Saint-Evremond ayant crû qu'elle étoit de Monsieur de Miremont, il lui envoya ces vers.

DE SAINT-EVREMOND.

A CALISTE.

SOEUR Therese l'illuminée,
Eut peine à se sauver d'un jugement honteux,
Après avoir été trois fois examinée :
    Ce nom est un nom malheureux ;
    Sœur Therese l'a détronée (1)
    Eut un accident bien fâcheux :
    Mais n'en soyez pas étonnée,
    Ne craignez jamais le malheur
    Qu'éprouva cette pauvre sœur.
Non, vos moindres appas meritent la loüange
De ne laisser jamais la liberté du change :
Cet excès de plaisir, ce grand ravissement,
N'auroit pû se trouver qu'avec vous seulement.
    Mais nôtre premiere Therese
    Vous mettroit fort mal à vôtre aise,
    Si son exemple decevant,
    Vous jettoit en quelque convent.
    Craignez donc qu'une sainte rate,
    En vos quietes oraisons,
    De quelque vapeur délicate,
Ne forme en vôtre esprit beaucoup d'illusions.
Une troupe d'YNCAS (2) en ces lieux assemblée,
Demande incessamment où vous êtes allée ;
Ces enfans du soleil, de leurs riches palais,

---

(1) *Voyez* le Tableau dans les CONTES de la Fontaine.

(2) Caliste avoit lû peu de tems auparavant l'HISTOIRE DES YNCAS DU PEROU, de Garcilasso de la Vega : elle étoit charmée de la magnificence de ces Princes, & en parloit fort souvent.

De tout l'or qu'ils eurent jamais,
Ne vous offriroient pas une inutile image,
Si l'avare Espagnol eût laissé davantage.
    Pour les desolés Amadis
    Que vous avez aimé jadis,
    Ils viennent les yeux pleins de larmes,
    vous offrir leurs anciens charmes :
    Les captifs vous portent leurs fers,
    Dans les combats on vous reclame ;
L'on vous offre par moi la tour de l'univers,
Logement aussi beau que le château de l'ame (1)
    Mais vous aimez le saint repos,
    Dont joüissent tous les dévots :
    » Eh ! N'avons-nous pas nos hermites,
    Répond le pieux Amadis,
    » plus simples que ces hypocrites
    » Qui parlent tant du Paradis ?

CALISTE.

    Chevaliers, je vous remercie,
Depuis que sœur Therese a pris soin de ma vie,
    J'abandonne vos visions
    Pour ses divines unions.
J'aimai le merveilleux des Yncas, des Yncases :
Aujourd'hui je me tourne à celui des extases ;
Sœur Therese m'apprend comment elles se font,
    Pour en montrer à Miremont.

(1) Voyez les MEDITA- | TIONS de Ste Therese.

LETTRE XXX.

A MADAME LA DUCHESSE MAZARIN.

Vous vous souvenez, Madame, du méchant & honteux succès de mon dessein, lors que je cherchai inutilement quelque défaut en vôtre visage & en vôtre esprit (1). Plus fâché que rebuté de mon entreprise, je me suis attaché à vôtre humeur. Mademoiselle Bragelogne (2) & Mr. de Miremont se sont jettés dans mes intérêts contre elle ; mais Monsieur de Miremont a eu tort : la qualité de PRINCE-COLONEL, & les extases étudiées en sa faveur, devoient l'empêcher de prendre parti si impetueusement pour les habitans du Gigeou. Mademoiselle Bragelogne est née pour souffrir : si je suis rebuté aujourd'hui, je serai bien traité demain ; & cette inégalité est assez obligeante pour une vieillesse comme la mienne, qu'on pourroit avec raison

---

(1) Voyez Tom. IV. Piece XI. p. 74 le Portrait de Madame Mazarin.

(2) Demoiselle de Madame Mazarin.

son mépriser toûjours. Il m'a donc fallu laisser l'humeur en repos, l'abandonnant à l'injustice de Mr. de Miremont, & aux larmes de Mademoiselle de Bragelogne. Mais il n'y a rien dont la perseverance ne vienne à bout : j'ai tourné ma curiosité chagrine sur vôtre goût pour le chant, & j'ai trouvé heureusement de quoi verifier le proverbe, qu'*il n'y a rien de parfait en ce monde*. Vous l'allez voir, Madame, dans les vers que je vous envoye ; & j'espere que vous ne voudrez pas démentir une sentence établie & autorisée depuis si long-tems.

    Vous êtes la reine des belles,
    La reine des spirituelles ;
    Mais sur vôtre goût pour le chant,
    Nous ne vous admirons pas tant.
    L'expression avec justesse,
    Qui n'a dureté, ni mollesse,
    La maniere, la propreté,
    Tems, mouvement, & quantité ;
    Toute syllabe longue, breve ;
    Connoître avec discernement ;
    Et prononcer diversement
    Le sens qui commence ou s'acheve ;
    Tout cela ne fait rien pour vous,
    Et vous avez pitié de nous.
    » O la chose mélancolique
    » Qu'un opera toûjours unique,
    » Où l'on voit ce couple éternel,
    » Rochoüis & Baumaviel,
    » Point de jeunes gens, point de belles
    » Et moins encor de voix nouvelles !

"A Venise rien n'est égal ;
"Sept opera le carnaval ;
"Et la merveille, l'excellence,
"Point de chœurs & jamais de danse :
"Dans les maisons souvent concert,
"Où tout se chante à livre ouvert.
O vous ! chantres fameux, grand maîtres d'Italie,
Qui de ce livre ouvert faites vôtre folie,
Apprenez que vos chants pour leur perfection,
Demanderoient un peu de répetition.
Si vous n'entassiez point passage sur passage ;
A chanter proprement si vous donniez vos soins ;
Les méchans connoisseurs vous admireroient moins;
Mais aux gens de bon goût vous plairiez davantage.

Suprême, divine beauté,
Dont tout le monde est enchanté,
Profond savoir, esprit sublime,
Qu'en mes vers à peine j'exprime,
Permettez-nous que sur le chant
Nous ne vous admirions pas tant.

A MR. VILLIERS. XXXI

BANNISSONS toute viande noire,
N'en souffrons plus à nos repas,
Hors deux à qui on doit la gloire
De plaire à tous les délicats.
Venez, ornement des cuisines,
Oiseaux qu'on ne peut trop aimer ;
Alloüetes & becassines,
Est-il besoin de vous nommer ?
J'entens comme un secret murmure
De nos huîtres de Colchester,

Qui

Qui pensent qu'on leur fait injure
De leur vouloir rien contester,
Cette massive couverture
Qui les fait par tout arrêter,
Cette maison pesante & dure
Où nous les voyons habiter;
N'a pas si-tôt une ouverture,
Qu'en mérite de goût on leur voit surmonter
  Toute volante créature;
Tout gibier; tout ragoût; tout ce que peut vanter
Le celebre inventeur du tombeau d'Epicure (1)
 Huitres, vous l'avez emporté:
Les truffes seulement seront plus estimées;
 Mais ici vous serez nommées
 Les premieres dans mon traité.
 Ce n'est point de l'astronomie
 Que je traite en observateur;
 Ce n'est point de philosophie
 En Cartésien professeur;
 Moins encore en theologie,
 Ou de medecine en docteur;
 La gourmande geographie,
 Dont je suis comme l'inventeur,
 Est l'ouvrage que j'étudie:
 Il a besoin d'un protecteur,
 Monsieur de Villiers, je vous prie,
 De favoriser son auteur.

(1) C'est un ragoût qu'on | a inventé en France

AU MESME. XXXLI.

ROMAINS, nos huitres feroient honte
A vos huitres du lac Lucrin :
Pétrone en tenoit trop de compte
D'en faire l'honneur d'un festin ;
Il ne les auroit pas souffertes,
S'il avoit pû manger des vertes,
Qu'on mange ici soir & matin.
Ces modernes tant estimées,
A qui, dit-on, rien n'est égal,
Que Venise tient enfermées
Cherement dans son Arsenal ?
Ce sont des huitres à l'écaille
Qu'on pourroit crier dans Paris ;
(Paris n'en a point qui les vaille)
Mais Londres les verroit avec un grand mépris.

L'heureux séjour : l'heureuse terre,
Que vous seriez, chere Angleterre,
Si vous aimiez vôtre poisson
Autant que vôtre venaison !
Par mes vers, reine de toute isle,
Vous commanderiez la Sicile,
L'Archipel dépendroit de vous,
Candie auroit à vos genoux
La posture de suppliante,
Chipre seroit vôtre suivante :
Par moi du levant au ponent,
Et tout ce qui n'est continent;
Vous rendroit humblement hommage ;
Et vous perdez tant d'avantage,
Pour n'avoir chassé de chez vous
Les daims, aussi-bien que les loups.

SCENE

XXXIII. SCENE DE BASSETTE

Me MAZARIN, Me MIDDELTON, MONSIEUR VILLIERS, Mr. BOWCHER.

Me. MAZAIN à Madame MIDDELTON.

UNissons nos malheurs ; Unissons-nou
   bergere,
Et ne pouvant gagner, au moins ne perdons guére
Va trois :

Mr. BOVVCHER.

Trois a gagné.

Me. MAZARIN.

Payez.

Me MIDELETON

Faites Alpie
Je dois beaucoup, Madame, & j'ai beaucoup perdu
Je voudrois bien gagner de quoi payer mes dettes ;
Mais comment l'esperer, joüant comme vous faites
Dans le plus grand bonheur vous ne poussez jamais
Vôtre dernier effort est de faire la paix.

Me MAZARIN.

Quoi ! perdre tout d'un coup, pour avoir la misere
De demeurer, après tout le soir sans rien faire !

DE SAINT-EVREMOND.

Me. MIDDLETON.

Madame, je vous prie, encore sur le trois.

Me. MAZARIN.

Sur le trois.

Mr. BOUCHER.

Le trois perd.

Me. MAZARIN *à Madame* **MIDDLETON.**

Ce sont là de vos choix.
Muſtapha (1), donne-moi quelque carte bien sûre.

Me. MIDDLETON.

Mettez sur le valet ; il gagnera, j'en jure.

Mr. BOUCHER.

La face.

Me. MAZARIN.

Nôtre argent, étoit fort bien placé ;
Le beau valet de neige !

Me. MIDDLETON.

Est seulement facé.

Me. MAZARIN.

Vôtre démangeaison de parler est terrible ;
Et gagner avec vous n'est pas chose possible.

Me. MIDDLETON.

Je ne puis dire un mot sans la mettre en courroux :
O Lord !

---

(1) Petit Turc de Madame Mazarin.

O Lord ! Monsieur Villiers : ô Lord ! que ferons-
    nous ?
Dites-nous qui des deux vous semble la plus belle ;
De Mesdames Grafton & Lichfield, laquelle ?

Mr. VILLIERS.

Commencez ; dites-moi, Madame Middleton,
Vôtre vrai sentiment sur Madame Grafton.

Me. MIDDLETON.

De deux doigts seulement faites-la-moi plus grande ;
Il faut qu'à sa beauté, toute beauté se rende.

Mr. VILLIERS.

L'autre n'a pas besoin de cette faveur-là.

Me. MIDDLETON.

Elle est grande, elle est droite.

Mr. VILLIERS.

                Eh bien ! après cela ?

Me. MIDDLETON.

Madame Lichfield un peu plus animée,
De tous ceux qu'elle voit, se verroit fort aimée.

Mr. VILLIERS.

Vous ne me parlez point de Madame Kildair.

Me. MIDDLETON.

I never savv personne avoir un meilleur air.

Mr. VILLIERS.

Vôtre Mistriss Mafton, autrefois si prônée,

Me semble maintenant assez abandonnée :
Je ne vous entens pas parler de ses appas ?

Mr. MIDDLETON.

Monsieur Villiers, *indeed* elle n'en manque pas ;
Je ne l'ai jamais crûë une beauté parfaite......
Mais allons voir un peu comment va la bassete.

Me. MAZARIN.

Vos beaux discours d'appas, de grace, de beauté,
Nous coûtent nôtre argent ; il ne m'est rien resté.
Cherchez d'autres moitiez, comme d'autres oreilles,
Pour pétarder l'Anglois sur toutes vos merveilles :
Et vous, Monsieur Villiers, gardez pour d'autres
    gens,
D'honneur & de raison vos rares sentimens (1).

Me. MIDDLETON.

Je ne vous croyois pas tout-à-fait si colere,
Un discours de beauté ne doit pas vous déplaire :
Qui, tant que vous, Madame, a de part aux at-
    traits ?

Me. MAZARIN.

Si je le crois, du moins je n'en parle jamais.

Me. MIDDLETON.

Nous n'avons pas appris à garder le silence,
Comme vous avez fait en vos convens de France.
Monsieur, Monsieur Villiers, allons nous consoler ;
Il est d'autres maisons où l'on pourra parler.

                  Me.

---

(1) Monsieur Villiers un des receveurs de l'E-chiquier, ne parloit jamais que d'honneur, de raison, & de raisonnable.

Mr. MAZARIN.

Enseignez-moi, Madame, enseignez-moi l'école,
Où je pourrois apprendre à discourir sur rien,
Et passer sans sujet de parole en parole,
A ce merite usé d'un aimable entretien.

Mr. MIDDLETON.

Abandonnons Madame à sa nouvelle étude,
Pour nous mettre à couvert d'un discours assez rude.
Sortons, sortons d'ici, l'on y tient en prison
La grace & la beauté.

Mr. VILLIERS.

L'honneur & la raison.

LE CHOEUR *en musique*.

Sortons, sortons d'ici, l'on y tient en prison
La grace, la beauté, l'honneur & la raison.

AU ROY,

Sur sa Blessure (1).

STANCES IRREGULIERES.

MARS, ce dieu renommé, qui préside aux alarmes,
Destine ses canons, ses effrayantes armes,
Pour ceux qu'un soin prudent éloigne un peu des coups :
Eh ! comment auroit crû le dieu de la vaillance,
Qui vous vit approcher avec tant d'assurance,
Que les coups de canon dûssent être pour vous ?
 C'est des piques, & des épées,
 De ces armes de sang trempées,
 Où vous vous exposez toûjours ;
 C'est des coups tirez tête à tête,
 Quand un fier escadron s'arrête,
 Qu'il a sû garantir vos jours.

Je sai bien que des Rois les personnes sacrées,
Peuvent être à couvert prudemment retirées,

---

(1) Le Roi Guillaume s'étant avancé au bord de la Boyne, le dernier de Juin 1680. fut legerement blessé d'un boulet de canon, qui lui effleura la peau entre les deux épaules. Cela ne l'empêcha pas de monter à cheval le lendemain, de passer la riviere, & de battre l'armée du Roi Jacques.

Pour donner un bon ordre aux plus pressans be-
 soins,
Et hâter les secours qu'on attend de leurs soins :
Mais quelques Rois héros, tels qu'on voit dans
 l'histoire,
Pour dire mieux encor, Rois héros comme vous,
Ne menagent pas moins l'interêt de leur gloire,
Que le salut commun, & le bonheur de tous.
En roi juste & prudent, vous reglez toute chose :
En héros, la valeur chaque jour vous expose :
Le soleil qui voit tout, jusqu'ici n'a pû voir,
Tant de vertu s'unir avec tant de pouvoir.

Ah ! prenez plus de soin d'une si belle vie ;
Tout combat, tout peril fait vôtre empressement :
Que nous serions heureux si vous n'aviez envie,
Que de vous exposer au canon seulement !
Encore avons-nous fait la triste expérience,
Que nous n'aurions par-là qu'une foible assurance,
Grand Prince, revenez : nôtre timide amour
Ne voit de sureté qu'en vôtre seul retour.

Si d'un faux accident la fâcheuse nouvelle
Venoit imprudemment occuper nos esprits,
A Londres on verroit plus de douleurs mortelles,
Qu'on n'a vû de transports & de joye à Paris (1) :
Quand vous courez hazard, vos dangers sont les
 nôtres ;
Devant nos propres maux, nous ressentons les
 vôtres :
De ce coup dont le ciel a voulu vous guérir,
Nous étions plus que vous en état de mourir.

(1) Sur la fausse nouvelle qui a couru en France de la mort du Roi Guillaume, on fit à Paris, & à Versailles même, des feux de joye & des réjouïssances extraordinaires.

Tant

Tant & de si hauts faits fournis à vôtre histoire,
Ruineront son crédit chez la postérité ;
  Nos neveux ne voudront pas croire
  Une incroyable verité :
Venez donc, ô grand Roi ! joüir de vôtre gloire ;
C'est-là vôtre interêt, & nôtre sureté.

SUR LE PASSAGE
DE LA BOYNE.
STANCES IRREGULIERES.

ANIMÉ de l'ardeur d'un genereux courage,
A la tête des siens un Roi passe à la nage ;
Et tout blessé qu'il est, si-tôt qu'il a passé,
Il charge, rompt, défait, il a tout renversé.

Le passage du Leck laisse une grande idée ;
Celle du grand Gustave est à peine gardée :
On ne se souvient plus d'Adolphe, ni du Sond,
Où la glace tremblante a tenu lieu de pont.

Le Rhin trop orgueilleux d'avoir vû son rivage,
Tout couvert d'escadrons qui passoient à la nage,
Du combat étonnant dont on vient l'informer,
Porte, triste & confus, la nouvelle à la mer.

Qu'on ne me parle point du combat héroïque,
Qu'Alexandre donna sur les bords du Granique ;
Qu'on ne me parle point de ce fameux hazard,
Qu'au port d'Alexandrie a sû courir César :
Toutes vos actions, vieux maîtres de la Terre,
Cédent aux beaux exploits de ce foudre de guerre.

Pour le mieux préferer ajoûtons-y ces mots :
Que *l'on rencontre en lui le sage & le héros.*

Le Grec vain & leger prenoit plaisir à dire
Tout ce qu'il avoit fait : Le Romain à l'écrire :
Le héros a passé tous les deux par ses faits ;
Et modeste vainqueur, il n'en parle jamais.
Tous deux ont combattu pour asservir le monde :
Le malheur du public suivoit tous leurs exploits :
Ici, l'on s'est commis sur la terre & sur l'onde,
Pour assurer le peuple, & maintenir les Loix.

 Là, le triste vaincu soûpire
 De sa dure captivité :
 Ici, l'on a donné l'empire
 A qui donne la liberté.

XXVI. DIALOGUE.

SAINT-EVREMOND, MADAME MAZARIN, MADEMOISELLE BEVERWEER.

SAINT-EVREMOND, à *Madame* MAZARIN.

QUAND j'ai l'honneur de vous voir,
 A vos yeux je suis coupable,
Scelerat, abominable ;
Rien au monde n'est plus noir.
Mais un jour ou deux d'absence,
Me rendent mon innocence ;
Et sans me changer en rien,
Je deviens homme de bien.

Mes pechez sont au visage,
Aux rides que donne l'âge,
Aux cheveux blancs, aux vieux traits :
C'est-là que sont mes forfaits.
Vous n'êtes pas éternelle :
Puissiez-vous, comme je suis,
Etre à cent ans criminelle,
Sans douleur & sans ennuis !

MADAME MAZARIN.

Quoi ! me donner la figure
De vôtre Madame H**!
C'est me faire trop d'injure ;
La mort est un moindre mal.

SAINT-EVREMOND.

Pourquoi haïr tant l'idée
D'une vieillesse ridée,
Qu'on préfere le trépas
A la perte des appas ?

MADEMOISELLE BEVERWEERT.

C'est qu'une si longue vie
Eteint en nous toute envie ;
C'est que la fin des amours
Est au cœur d'une mortelle
Une chose plus cruelle,
Que n'est la fin de ses jours.

SAINT-EVREMOND.

Non, non, l'amoureuse flâme
Ne s'éteint point dans une ame :
La vieillesse n'ôte pas
Ces mouvemens délicats,

Je le sai, divine Hortence,
Par ma propre experience,
Je suis au bout de mon cours,
Et je vous aime toûjours.

MADAME MAZARIN.

Moi, je suis dans un bel âge,
On le voit dans mon visage,
Qui peut bien vous animer ;
Mais je ne puis vous aimer :
Le cœur est prudent & sage ;
Si l'esprit vous peut estimer,
Ne demandez rien davantage.

XXXVII. A MADAME LA DUCHESSE MAZARIN.

Aprés tant de soins assidus,
Aprés tant de pleurs répanduës
Dans vôtre grande maladie ;
Madame, je ne croyois pas,
Qu'autre chose que le trépas,
Me fist perdre l'honneur de vôtre compagnie ;
Mais j'avois peu consideré
Qu'un visage défiguré ;
Qu'une generale foiblesse ;
Qu'en un mot l'extrême vieillesse
Attire des mépris plus fâcheux que l'oubli ;
Où tombe un homme enseveli.
Celui, pour chanter vos loüanges,
Qui s'est mis mal avec les Anges ;
Celui pour mettre vos beaux yeux

DE SAINT-EVREMOND.

Au-dessus des astres des cieux,
Qui s'exposoit à leurs vengeances,
Sans redouter leurs influences ;
Celui qui pour l'amour de vous
S'attira de Venus le celeste courroux,
Faisant contre cette immortelle
Ce que le beau Pâris fit autrefois pour elle ;
Celui qui vous servit si bien,
Est maintenant compté pour rien :
Vous êtes au dessus des astres & des Anges,
Qu'avez-vous désormais besoin de ses loüanges ?
On n'a que faire de vos soins ;
Bon-homme, allez garder vos Foins (1).
Non, je ne puis garder mes Foins à la prairie,
Ni comme Don Guichotte faire une bergerie ;
Je veux faire un métier qui me convienne mieux,
En m'éloignant de vos beaux yeux.
J'irai discourir de science
Avec le docte Renaudot (2),
La bibliotheque s'avance,
Et je pourrai m'y voir bien-tôt
Avec Justel en conference,
Examiner le moindre mot.
Dans l'honnête repos d'une si douce étude,
Loin de tout embarras, exemt d'inquiétude ;
Sans entendre parler de guerres, ni d'amours,
Je prétens achever le reste de mes jours.
Mais que mal-aisément on peut changer de vie !
A peine ai-je formé ce projet, qu'il m'ennuye !
Revenez, revenez, mépris,
Que l'on a pour mes cheveux gris :
Revenez, humeur qui m'outrage,
Je ne puis me passer des charmes du visage.
Avec Hortence il faut souffrir ;
Mais sans Hortence il faut mourir.

(1) La Fontaine.
(2) Ministre françois refugié à Londres.

LETTRE

XXXVIII

LETTRE
DE MADEMOISELLE DE L'ENCLOS,
A MONSIEUR DE St-EVREMOND.

JE défie Dulcinée de sentir avec plus de joye le souvenir de son chevalier. Vôtre lettre a été reçûë comme elle le merite, & la triste figure n'a point diminué le merite des sentimens. Je suis touchée de leur force & de leur perseverance : conservez-les, à la honte de ceux qui se mêlent d'en juger. Je croi, comme vous, que les rides sont les marques de la sagesse. Je suis ravie que vos vertus extérieures ne vous attristent point : je tâche d'en user de même. Vous avez un ami (1), gouverneur de province, qui doit sa fortune à ses agrémens : c'est le seul vieillard qui ne soit pas ridicule à la Cour. Mr. de Turenne ne vouloit vivre que pour le voir vieux : il le verroit pere de famille, riche,

___
(1) Monsieur le Comte de Grammont.

riche, & plaisant. Il a plus dit de plaisanteries sur sa nouvelle dignité, que les autres n'en ont pensé. Mr. Delbene, que vous appelliez le Cunctator, est mort à l'Hôpital. Qu'est-ce que les jugemens des Hommes ? Si Monsieur d'Olonne vivoit (1), & qu'il eût lû la lettre que vous m'écrivez, il vous auroit continué vôtre qualité de son Philosophe. Monsieur de Lausun est mon voisin : il recevra vos complimens. Je vous rends très-tendrement ceux de Monsieur de Charleval. Je vous demande instamment de faire souvenir Monsieur de Ruvigny de son amie de la ruë de Tournelles.

(1) Mr le Comte d'Olonne | mourut le 2 Févr. 1685.

A MONSIEUR HAMPDEN,

XXXIX.

En stile de Marot.

J'AVOIS dessein de vous écrire en prose,
Mais vôtre lettre à Mylord Godolphin,
Qui confondroit le grec & le latin,
Ne m'a permis de hazarder la chose.
Je ne suis plus pour les siécles passez,
Par tems nouveaux vieux tems sont effacez;
Dont vous donnez une preuve assez belle,

Pour

Pour appuyer ce qu'a dit Fontenelle.
Aux anciens que toûjours feüilletez,
Vous savez rendre un fort méchant office :
En écrivant vous les décreditez,
Plus qu'en lisant ne leur rendez service :
Noirs amateurs d'obscure antiquité,
Sont confondus par vôtre netteté.
Mais que fait-on si tard à la contrée ?
Vôtre constance aux champs est bien outrée ;
Venez revoir cette grande cité,
Où vous attend mainte & mainte beauté.
Mainte beauté ! dira quelque importune :
Toutes, dirai-je, en ne parlant que d'une ;
Car la nature en elle a ramassez
Attraits épars & charmes divisez.
Baptiste a fait pour vous des airs nouvelles ;
Pour vous la Fosse a fait deux grands tableaux ;
Vous trouverez des musiques fort belles,
Vous trouverez bien des livres nouveaux.
Que faites-vous si tard à la contrée ?
Vôtre constance aux champs est bien outrée.
Les bons discours, comme les bons repas,
Assurément ne vous y manquent pas :
Mais de beaux yeux ont sur vous tant d'empire,
Qu'il faut partir, il faut qu'on se retire :
Je vous prescris de leur part le retour,
Et l'ordre exprès de leur faire la cour.
Quittant ces lieux où regne l'excellence
Des meilleurs mets, jointe avec l'abondance ;
N'oubliez pas certain rouge poisson,
Exquis au goût, & peu connu de nom (1) :
N'oubliez pas jeunes coqs de bruyere,

D'autres

---

(1) Ce poisson, assez semblable à la truite, se trouve dans les lacs du Duché de Lancastre : on l'appelle en Anglois, Shatt.

D'autres oiseaux qu'à Londres on ne voit guere :
N'oubliez rien hormis la venaison,
Que vous pourrez laisser à la maison.

APOSTILLE.

Depuis un tems la Reine des appas,
Corps glorieux devenuë ici-bas,
Ne mange point ; il convient la remettre
En appetit, & je finis ma lettre.

AU MESME,

En même stile.

QUAND j'ai mangé ces excellentes perles,
  Que nous fournit Tunbridge avec ses eaux,
Turbots me sont ainsi que seroient merles,
Ayant mangé cailles & perdreaux.
Rome faisoit mal-à-propos la vaine
D'Accipenser, de Scarus, de Murene :
Rien ne sauroit de la perle approcher,
Pas silurus qu'au Nil on va pêcher.
A Rome avint cas extraordinaire,
Domitien fit régler par l'Etat
Sauce au turbot comment se devoit faire :
S'il eût pour vous assemblé le Sénat,
Perle, on auroit approuvé cette affaire ;
Il n'avoit pas le goût si délicat :
Finesse en goût n'étoit pas caractére
Du vieux Romain, c'est talent de Prélat.

XLI. SCENE EN MUSIQUE.

LISIS, JULIE, DAMON, PHILANDRE, CALISTE.

LISIS.

Je ne puis plus dissimuler,
Il faut mourir ou vous parler,
Aimable & charmante Julie :
Empêchez-vous de me charmer,
Pour m'empêcher de vous aimer ;
Autrement, c'est fait de ma vie.

JULIE.

Vouloir que je ne charme pas,
C'est vouloir m'ôter les appas,
Dont je fais sentir la puissance :
Un amant qui sait endurer
Son tourment sans le déclarer,
Ne mérite pas qu'on y pense.

LISIS.

Qui nous permet de demander,
Se dispose à nous accorder
 La faveur la plus grande,
 Qu'un amoureux demande.

JULIE.

Dès qu'à l'hymen on veut bien se tourner,
On ne doit point songer à se défendre ;

Epargnez

Epargnez-nous la honte de donner
   Ce que vous pouvez prendre.

LISIS.

Julie, entreprendre sur vous,
Auroit l'air d'une violence !

JULIE.

Lisis, un attentat si doux,
Ne passa jamais pour offense.

LISIS.

Tourmens des cœurs, ardens désirs ;
Contraintes, douloureux soûpirs ;
Tout ce que l'amour a de peines,
Pour ceux qu'il a mis dans ses chaînes ;
Tout se va convertir en solides plaisirs.

LE CHOEUR.

Du plus heureux mariage
On ne goûte le doux fruit,
Rien que la premiere nuit :
De-là jusques au veuvage
Ce n'est plus un favori,
Ce n'est plus une maîtresse :
Adieu douceur & tendresse,
C'est la femme & le mari.

DAMON.

Un mari toûjours vous gronde,
Vous défend de voir le monde :
Vous fait de vôtre maison
Une espece de prison.

PHILANDRE.

PHILANDRE.

Du bas soin de la famille,
D'élever garçon & fille,
Qui vous feront enrager ;
C'est à vous de vous charger.

DAMON.

S'il arrive d'avanture
Que l'indulgente nature
Ne trouve pas ses douceurs
Dans la gravité des mœurs ;
Aussi-tôt la fantaisie
De vôtre fâcheux époux,
Est bizarrement saisie
De mille soupçons jaloux ;
Et dans cette frénésie
L'éclat se fait par les fous ;
Les sages cachent l'envie
De se défaire de vous.

PHILANDRE.

Victimes de l'hymenée,
Je plains vôtre destinée,
Ou de languir sans amour
Dans un ennui légitime,
Ou de vous plaire au doux crime
Qui vous peut coûter le jour.

CALISTE.

Apprenez, le débonnaire,
Que vôtre pitié pour nous,
Est chose peu necessaire ;
Nous trompons les plus jaloux ;

Quand

Quand nous avons une affaire ;
Mais ce crime cher & doux
Avec vous ne plairoit guere.

LE CHOEUR.

Nos soins & nos avis sont ici superflus ;
Nous en savons beaucoup, nous ne vous plaignons plus.

A Mr. LE DUC DE NEVERS,
POUR MADAME LA DUCHESSE MAZARIN.

SI je pouvois postillonner
Cette disgrace infortunée,
Où le destin m'a condamnée,
Je serois prête à retourner
A la grande & superbe Ville,
Qui jadis m'a servi d'azile ;
Et loin de mon funeste époux,
Je revetrois ma sœur, & vivrois avec vous.
Mais l'inéxorable adversaire,
Que vous ne connûtes jamais,
Le Créancier me désespere,
Sans me donner tréve, ni paix ;
Et rend mon malheur sédentaire,
Que je voudrois, helas ! promener desormais.
Le riche & gros Marchand tout le jour m'assassine ;

Des

PHILANDRE.

Du bas soin de la famille,
D'élever garçon & fille,
Qui vous feront enrager ;
C'est à vous de vous charger.

DAMON.

S'il arrive d'avanture
Que l'indulgente nature
Ne trouve pas ses douceurs
Dans la gravité des mœurs :
Aussi-tôt la fantaisie
De vôtre fâcheux époux,
Est bizarrement saisie
De mille soupçons jaloux ;
Et dans cette frénesie
L'éclat se fait par les foux ;
Les sages cachent l'envie
De se défaire de vous.

PHILANDRE.

Victimes de l'hymenée,
Je plains vôtre destinée,
Ou de languir sans amour
Dans un ennui légitime,
Ou de vous plaire au doux crime,
Qui vous peut coûter le jour.

CALISTE.

Apprenez, le débonnaire,
Que vôtre pitié pour nous,
Est chose peu necessaire :
Nous trompons les plus jaloux,

Quand

Quand nous avons une affaire ;
Mais ce crime cher & doux
Avec vous ne plairoit guere.

LE CHOEUR.

Nos soins & nos avis sont ici superflus ;
Nous en savons beaucoup, nous ne vous plaignons plus.

A Mr. LE DUC DE NEVERS, POUR MADAME LA DUCHESSE MAZARIN.

XLII.

SI je pouvois postillonner
Cette disgrace infortunée,
Où le destin m'a condamnée,
Je serois prête à retourner
A la grande & superbe Ville ;
Qui jadis m'a servi d'azile ;
Et loin de mon funeste époux,
Je reverrois ma sœur, & vivrois avec vous.
Mais l'inéxorable adversaire,
Que vous ne connûtes jamais,
Le Créancier me désespere
Sans me donner tréve, ni paix ;
Et rend mon malheur sédentaire,
Que je voudrois, helas ! promener desormais.
Le riche & gros Marchand tout le jour m'assassine ;

Des

Des menus Créanciers la petite vermine,
    Me vient éveiller le matin,
Et fait durant la nuit l'office de jutin.
Ne verrai-je donc point achever ma misere ?
Les Cieux pour les Bouillons se sont enfin ouverts ;
Le Connétable est mort, la Comtesse prospere,
Et mon astre me voit encore de travers.
Je n'ai plus aucun bien à goûter que les vôtres ;
Tout le bonheur que j'ai vient de celui des autres ;
Par la réflexion je ressens vos plaisirs,
Et forme pour moi-même à peine des désirs,
    Que le bien-aimé de l'Eglise,
    Destructeur de tout Marotin,
S'éleve par dégrez à la haute entreprise
    De confondre le Mazarin.
    Pour mieux fonder mon esperance,
    Je mets au Ciel ma confiance ;
    J'attens mon secours du bon Dieu :
    Vous nous le conseillez, mon frere,
    Nous parlant toûjours du Saint Lieu,
    Dont les herbes sont l'Ordinaire (1),
Quand vous mangez veau gras, trufles, pigeons ;
    Adieu.

(1) La Trape.

LETTRE

LETTRE
A MONSIEUR ***.

XLIII.

Pour Madame la Duchesse MAZARIN.

JE ne suis pas étonnée que Monsieur Mazarin fasse courir le bruit, qu'il n'a tenu qu'à moi de retourner en France : mais je la serois beaucoup si des gens raisonnables se laissoient surprendre à ses artifices, & pouvoient être persuadez de ses mensonges. Comme nous ne sommes jamais convenus en rien, je prendrai une voye toute contraire à la sienne, en ne disant que des veritez. Il y a dix ans que Monsieur Mazarin m'a ôté une pension de vingt-quatre mille francs, qui m'avoit été donnée pour subsister : ce retranchement me contraignit à faire des dettes considerables, qui ne me permirent pas de sortir d'Angleterre, où je demeurai importunée de mes créanciers ; mais non pas persecutée au point que je l'ai été depuis ce temps-là.

Toutes choses ont changé : le révolution est arrivée : je me suis vûë sans secours, sans moyen de payer mes vieilles dettes, & trop heureuse d'en pouvoir faire de nouvelles pour

pour vivre. Il n'y avoit point de jour que je ne fusse menacée d'aller en prison : la permission de m'arrêter en des lieux privilegiez ne laissoit pas de se donner ; & quand je sortois de mon logis, ce n'étoit jamais avec assurance d'y pouvoir rentrer. Etant réduite à cette fâcheuse necessité, quelques-uns de mes amis, & quelques marchands même, se sont obligez d'une partie de mes dettes à ces tyrans, & ont été bientôt contraints de les payer : mais je n'ai fait que changer de créanciers, & ceux-ci ne prennent guere moins de précaution que prendroient les autres pour être payez. Cependant je leur suis redevable du peu de liberté dont je joüis, & de la subsistance que j'ai trouvée jusqu'ici, dont la difficulté augmente tous les jours.

Voilà le veritable état où j'ai été, & la veritable condition où je suis : assurément elle ne sauroit être plus mauvaise. Je merite d'être secouruë de mes amis, & plainte des indifferens. Un plus long discours seroit ennuyeux aux autres, & inutile pour moi : je ne dirai rien davantage.

LETTRE

LETTRE
A MONSIEUR ***.
Au nom de Madame la Duchesse MAZARIN.

L'ON ne peut pas être plus sensible que je suis au témoignage de vôtre affection ; mais souffrez, Monsieur, que je me plaigne de l'injustice des conjonctures que l'on me fait sur mes intentions. Si j'avois été en état de pouvoir partir, & que je fusse demeurée, on auroit raison ; mais on veut que je retourne en France, & on me laisse dans l'impossibilité de sortir d'Angleterre. De toutes les veritez du monde, il n'y en a pas une plus grande que celle que je vous dis. J'écris à Madame de Nevers une lettre un peu plus longue, où l'explication de mes sentimens est plus étenduë. Je vous prie, Monsieur, de me croire aussi veritable que je la suis, particulierement dans la protestation de l'amitié que j'aurai pour vous toute ma vie.

XLV.

LETTRE
A MADAME LA DUCHESSE
DE NEVERS,

Au nom de Madame la Duchesse
MAZARIN.

JE n'ai jamais douté, Madame, que vous ne prissiez toute la part qu'on peut prendre à mes interêts : j'ai attendu de vôtre amitié ce que vous pouviez attendre de la mienne. Il n'est pas besoin de nous en donner de nouvelles assurances dans nos lettres, étant aussi sûres que nous sommes l'une de l'autre sur tout ce qui nous regarde. Je croyois que rien ne me devoit surprendre touchant le procedé de Monsieur Mazarin : je ne laisse pas de m'étonner qu'après m'avoir ôté ma pension, il y a dix ou douze ans ; m'avoir réduit à mandier, comme je fais, ma subsistance ; avoir entrepris de me faire déchéoir de mes droits, peu content de me voir dans la necessité où je suis durant sa vie, s'il ne s'assuroit que je serois miserable après sa mort : après un procedé si honnête, une conduite si obligeante, des

actions

actions si genereuses; je m'étonne, dis-je, qu'il ait la bonté de vouloir bien que je demeure avec lui. Il faut commencer par payer toutes mes dettes ; m'assurer de ma subsistance, & me mettre en liberté de sortir d'Angleterre. J'attens cela de la justice de Messieurs du Grand Conseil, & de la vôtre, Madame, que vous me croyïez aussi veritablement que je suis, &c.

LETTRE
A MONSIEUR ***.
Au nom de Madame la Duchesse

MAZARIN.

J'AI toûjours crû ce que vous avez la bonté de m'écrire sur mes affaires, & je suis ravie que mes sentimens se trouvent conformes aux vôtres. Monsieur Mazarin n'a jamais songé sincerement à me revoir. Il a voulu, comme vous le dites fort bien, me faire décheoir de mes droits, & après m'avoir renduë malheureuse durant sa vie, s'assurer chrétiennement que je serois miserable après sa mort. Voilà, Monsieur, la sainte joye qu'il a voulu me donner. Je vous conjure de me continuer vos soins & vos secours, dans la suite d'une affaire,

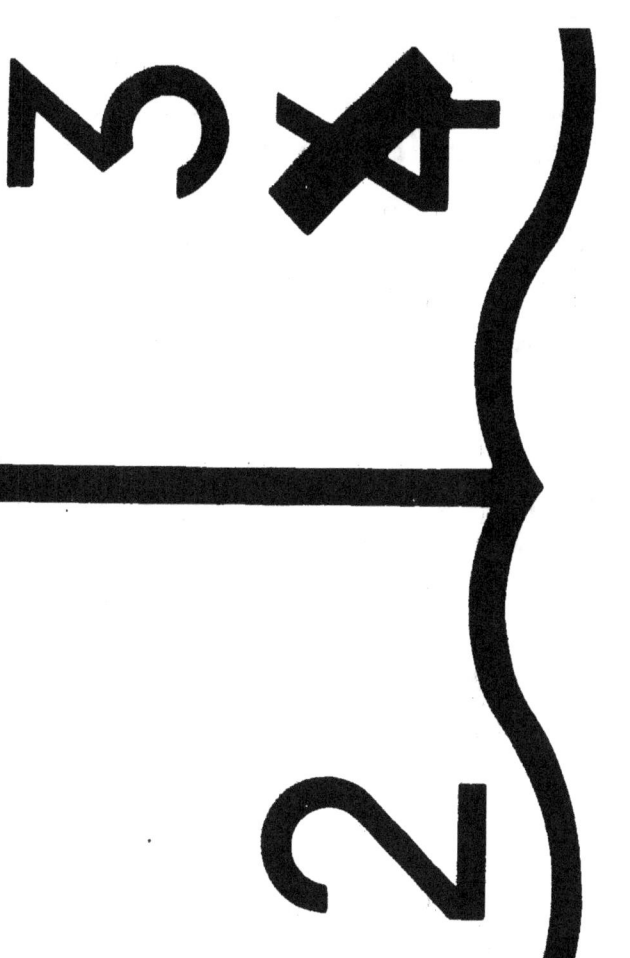

Pagination incorrecte — date incorrecte

NF Z 43-120-12

affaire qui, apparemment, ne finira pas si-tôt. Malgré l'application de Monsieur Mazarin, qui attend bien moins de la providence que de son industrie le succès de ses persecutions, je ne pense pas que Messieurs du Grand Conseil me fassent décheoir de mes droits ; mais si Monsieur Mazarin n'est pas obligé de payer mes dettes, comment ferai-je avec mes creanciers ? & où trouverai-je les moyens de subsister en attendant qu'ils soient satisfaits ? Les marchands m'ont prêté de bonne foi ; les gens de condition m'ont obligée de bonne grace ; mais ils ne veulent pas perdre leur argent. Que ferai-je ? il faut faire ce que dit Monsieur Mazarin, & qu'il ne pratique pas ; me remettre de tout à la providence. J'y ajoûterai les soins de mes proches & des amis, particulierement les vôtres, Monsieur, qui me laissent une obligation que je n'oublierai jamais.

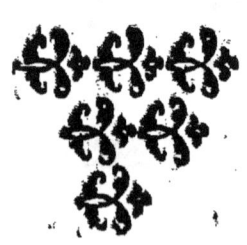

JUGEMENT
SUR QUELQUES
AUTEURS FRANÇOIS.

A Madame la Duchesse MAZARIN.

VOICI, Madame, le JUGEMENT que vous m'avez demandé sur quelques-uns de nos auteurs. Malherbe a toûjours passé pour le plus excellent de nos poëtes ; mais plus par le tour & par l'expression, que par l'invention & par les pensées.

On ne sauroit disputer à Voiture le premier rang en toute matiere ingenieuse & galante : c'est assez à Sarrazin d'avoir le second, pour être égal au plus estimé des anciens en ce genre-là.

Benserade a un caractere si particulier ; une maniere de dire les choses si agréable, qu'il fait souffrir les pointes & les allusions aux plus délicats.

Dans la tragedie, Corneille ne souffre point d'égal ; Racine de superieur : la diversité des caracteres permettant la concurrence, si elle ne peut établir l'égalité. Corneille se fait admirer par l'expression d'une grandeur d'ame heroïque : par la force des passions, par la sublimité du discours. Racine trouve son merite en des sentimens plus naturels, en des pensées plus nettes, dans une diction plus pure & plus facile. Le premier enleve l'ame ; l'autre gagne l'esprit : celui-ci ne donne rien à censurer au lecteur : celui-là ne laisse pas le spectateur en état d'examiner. Dans la conduite de l'ouvrage, Racine plus circonspect, ou se défiant de lui-même, s'attache aux Grecs, qu'il possede parfaitement : Corneille profitant des lumieres que le tems apporte, trouve des beautés qu'Aristote ne connoissoit pas.

Moliere a pris les anciens pour modele ; Inimitable à ceux qu'il a imités, s'ils vivoient encore.

Il n'y a point d'auteur qui fasse plus d'honneur à nôtre siecle que Despreaux : en faire un éloge plus étendu, ce seroit entreprendre sur ses ouvrages, qui le font eux-mêmes.

La Fontaine embellit les FABLES des anciens : les anciens auroient gâté les CONTES de la Fontaine.

Perrault a mieux trouvé les défauts des anciens, qu'il n'a prouvé l'avantage des modernes. A tout prendre, son livre (1) me semble tres-bon, curieux, utile, capable de

nous

_____
(1) PARALLELE des | anciens & des modernes

nous guerir de beaucoup d'erreurs. J'aurois souhaité que le chevalier eût fait moins de contes ; que le président eût un peu plus étendu ses raisons ; l'abbé resserré les siennes.

Vous voulez, Madame, que je parle de moi, & je vous parlerai de vous. Si quelqu'un de ces Messieurs avoit été en ma place, pour vous voir tous les jours, & recevoir les lumieres que vous inspirez, il auroit passé les anciens & les modernes. J'en ai profité si peu, que je ne merite aucun rang parmi ces illustres.

SUR LA DISPUTE XLVIII

Touchant les anciens & les modernes.

STANCES IRREGULIERES.

La France dans sa poësie,
 Veut qu'on s'exprime noblement :
Mais la figure trop hardie,
 Qu'on voit ailleurs communément ;
Et l'impetueuse saillie,
 Qui se pousse extravagamment ;
Le sens qu'il faut qu'on étudie,
 Pour être mis obscurément ;
Mysterieuse allegorie,
 Faux sublime, vain ornement ;
Tout cela choque son génie,
 Son goût, son juste sentiment.

Qui peut avoir l'heureux partage,
Du naturel & du bon sens ;
Et sait bien le mettre en usage,
A des charmes assez puissans.

Rien ne convient : rien ne contente,
Sans le secours de la raison ;
Sans elle une chose plaisante,
Déplait pour être hors de saison.

La regle au naturel unie,
Le tour, le nombre, l'harmonie,
Le sçavoir sans obscurité,
Et la force sans dureté,
L'aversion du faux sublime,
La hauteur juste, legitime :
Le sens, l'ordre, la liaison ;
Ces bassesses de la raison
De Pindare si méprisées,
Sont par Malherbe autorisées.

Il faut un peu de jugement,
Dans l'heroïque emportement :
J'aime mieux la sage furie,
Que dans Malherbe l'on décrie ;
J'aime mieux les justes beautés,
Des emportemens concertés ;
Que la sublime extravagance
Dont je vois faire tant de cas ;
Ce merveilleux, cette excellence,
Qu'on admire, & qu'on n'entend pas.
S'il revient des jeux olympiques,
Alors les ODES PINDARIQUES,
Feront valoir tous leurs grands mots,
A bien loüer des chariots ;
A celebrer une victoire,
Qui comble des chevaux de gloire.

Tel merite ne convient plus,
Quand on loüe au tems où nous sommes,
Il ne faut loüer que des hommes,
Dans les hommes que des vertus.

Qui donne trop à la figure,
Se laisse échaper la nature
De son veritable sujet,
Pour se faire un nouvel objet.

Sans y penser, il a l'aurore,
Au lieu de celle qu'il adore;
Il a le bel astre des cieux;
Sans y penser, pour de beaux yeux.

Il se dérobe le visage,
Dont la beauté l'a sçu charmer;
Par une vaine & fausse image
Qu'il en a voulu se former.

D'ailleurs, aller à l'incroyable,
Est prendre trop de liberté :
Que ce qui n'est point veritable
Ait au moins l'air de verité.

Quand on veut traiter de bassesse,
Tout caractere de sagesse;
En quel état se réduit-on,
D'avoir honte de la raison ?

Ah ! si Malherbe étoit en vie,
Il pourroit selon mon envie,
Oter la sueur aux marteaux (1),
Les langues d'argent aux ruisseaux :
Il auroit pitié des rivieres,

(1) Concetti Italiens.

Qu'on retient dans leur lit natal
Avec des chaînes de cristal
Inhumainement prisonnieres.

Voir dans un état malheureux,
Une jeune & charmante blonde,
Qui du feu de ses beaux cheveux,
De ses beaux yeux, veut secher l'onde,
Seroit sans doute un merveilleux,
Que Malherbe ôteroit du monde.

Il banniroit de tout printems
Les Coraçons verds palpitans,
Que Gongora donne au lierre,
Quand les zephirs lui font la guerre (1).

On sait bien que la fiction
Est du droit de la poësie:
Mais ayons la discretion

De

___

(1) Les auteurs espagnols sont pleins de CONCETTI. Don Luis de Gongora, le prince de leurs poëtes lyriques, nâquit à Cordoüe le 11. de Juillet 1561. d'une famille distinguée : *su Sangre fue Noble de un Padre y otro*, dit l'Auteur de sa VIE. On l'envoya faire ses études à Salamanque : & il s'y fit bien-tôt connoître par son esprit vif & mordant, & par le talent naturel qu'il avoit pour la poësie, à laquelle il s'attacha d'une façon particuliere. Il embrassa ensuite l'état ecclesiastique, & fut fait Chapelain du Roi, & Prebendaire de l'Eglise de Cordoüe, où il mourut le 23. de Mars 1627. Ses poësies sont pleines de pointes & d'expressions guindées : les comparaisons en sont peu justes, & les métaphores dures & outrées. Enfin, il est si obscur, que les Espagnols lui ont donné le surnom de MERVEILLEUX.

De ménager la fantaisie ;
Et faisons que l'invention,
Au bon goût soit assujettie.

Que l'AMOUR perde son bandeau ;
Son arc, ses flèches, son flambeau,
Devenu passion humaine :
Qu'il donne à la jeune beauté,
Au jeune amant autant de peine,
Qu'au tems de sa divinté.

Le cheval emplumé, Pegase, ne fera
Desormais aucun vol, que dans nos opera :
    Parnasse, Helicon, & Permesse,
    Ce vieil attirail de la Grece ;
    N'est plus aujourd'hui qu'un grand son,
    Vuide de sens & de raison.

Divines filles de memoire (1),
Dont on implore le secours,
Et lors qu'on celebre la gloire
Et lors qu'on chante les amours,
Ne quittez la double montagne,
Ne quittez le sacré vallon,
Que pour l'Italie & l'Espagne,
La France ne veut plus de vous ni d'Apollon.

Laissez à nôtre fantaisie
L'honneur de nôtre poësie.
Buveurs d'eau du sacré vallon,
Demeurez avec Apollon
En Italie, où sa presence
Est plus necessaire qu'en France.

Ayons plus d'égard pour Bacchus,
On dit qu'il a planté la vigne ;
                    Conservons

(1) Les Muses.

Conservons encore Venus,
Sa beauté l'en rend assez digne,
Autres déesses, autres dieux
Feront bien de quitter ces lieux.

Mais sans Mars, qui fera la guerre ?
Sans Jupiter, plus de tonnerre :
Qui s'embarquera sur les eaux,
Si Neptune n'est favorable ?
Qui garantira les vaisseaux,
Des rochers, & des bancs de sable ?

Mettons-nous l'esprit en repos
Sur le tonnerre, sur les flots :
L'ordinaire & honteux pillage
Que l'on fait chez l'antiquité,
Au lieu d'enrichir nôtre ouvrage,
Découvre nôtre pauvreté.

Qu'un auteur dont la veine usée,
Manque de nouvelle pensée,
Fournisse à sa sterilité
Leur pompeuse inutilité ;
Mais que ceux dont le beau génie,
Est exemt de la tyrannie
De ces vieux siecles tant vantés,
Aiment de modernes beautés.

Pourquoi révérer comme antique,
Ce que les Grecs dans leur attique
Aimoient comme des nouveautés ?
Serons-nous donc plus maltraités,
Pour avoir le bonheur de vivre,
Que ceux qui vivoient autrefois,
Et ne sont plus que dans un livre,
Où morts présomptueux, ils nous donnent des loix ?

Modernes,

DE SAINT-EVREMOND.

    Modernes, reprenez courage:
    Vous remporterez l'avantage.
Le partisan outré de tous les anciens (1),
Nous fait abandonner les écrits pour les siens
    Il a fait aux grecs plus d'injure,
    Par ses vers si rares, si beaux,
    Qu'il n'en fera par sa censure,
    Aux Fontenelles, aux Perraults.

Quand il paroît aux modernes contraires,
Aux anciens il doit être odieux :
Tout ce qu'il fait, est fait pour leur déplaire :
Si bien écrire, est écrire contr'eux.

    Corneille, Racine, Moliere,
    Aux gens d'une pure lumiere,
    Font dire qu'ils ont surpassé
    Les grands maîtres du tems passé.

    Corneille de ses propres aîles,
    S'éleve à des beautés nouvelles,
    Qu'Aristote même ignoroit :
    Et Racine en suivant les traces,
    De ces vieux grecs qu'il adoroit,
    A passé leur art & leurs graces.

    Cette merveille de nos jours,
    Moliere aux françois regrétable,
    Et qu'ils regréteront toûjours;
    Se trouveroit inimitable,
    A ceux qu'il avoit imités :
    S'ils se voyoient ressuscités.

    Dans l'air galant du badinage,
    L'esprit délicat, le goût fin.

(1) Despreaux. Voyez la vie de Mr. de S. Evremond sur l'année 1692.

De Voiture & de Sarrasin,
Nous feront avoir l'avantage.

La Fontaine embellit les sujets inventés,
Que l'on appelle FABLES;
Ses CONTES agréables
Entre les mains des grecs auroient été gâtés.

L'AMINTE la plus accomplie
Des pastorales d'Italie,
Efface les pasteurs que la Grece décrit:
On prendra d'inutiles peines,
Si dans Rome, ou si dans Athenes,
On cherche un DON-QUICHOT, que l'on trouve
à Madrid.

Honneur des esprits d'Angleterre,
Vvaller, tes beaux écrits se verroient admirés
D'un bout à l'autre de la terre,
Si dans ta propre langue, ils n'étoient resserrés:
Un jour elle doit être en tous lieux entenduë,
Et donner à ta gloire une telle étenduë,
Que les bornes de l'univers
Seront les mêmes de tes vers.

Pour disputer la préference,
En toute haute connoissance,
Hobbes, Descartes, Gassendi,
Sont à la tête du parti:
Du faux secret de la nature,
Par les anciens debité,
Ils ont découvert l'imposture,
Et fait valoir la verité.

Tout entre dans cette querelle,
C'est une guerre universelle:

Mors

Morts contre morts, vivans contre vivans,
Tout y combat pour le choix des savans (1).

Modernes, reprenez courage,
Vous remporterez l'avantage.

(1) *Imitation de deux* | *vers de* CINNA.

LETTRE XLIX.

A MADAME LA DUCHESSE

MAZARIN.

AYEZ la bonté de m'excuser, Madame, si je ne donne pas tout-à-fait dans la genereuse franchise de vos sentimens, opposée à la circonspection naturelle des gens de mon pays, qui sont ennemis des verités nettes & hardiment déclarées. Voici mes raisons contre une pleine ouverture de vos intentions.

Je suis persuadé que toutes vos connoissances : (car les amis ne se sont pas encore manifestés;) que toutes vos connoissances ne demandent pas mieux que d'avoir un prétexte de crier contre vôtre humeur & vôtre conduite, quelque agréable que soit l'une, quelque honnête que soit l'autre. Ne leur fournissez

fournissez jamais aucun moyen de s'élever contre vous. Tenez-les attachés malgré eux, du moins à la bienséance de l'amitié qu'ils doivent avoir pour vous, avec plus de chaleur qu'ils n'en ont. Demandez toûjours de l'argent : s'il n'en vient point, c'est vous qui aurez sujet de vous plaindre, s'il en vient, je vous répons de dix ou douze exclusions de voyage meilleures l'une que l'autre. Enfin, ne donnez à personne ni sujet, ni prétexte de vous quitter : & croyez qu'une déclaration trop libre de vos intentions vous nuiroit beaucoup là, & ne vous serviroit pas ici. Je vous ai oüi dire, Madame, que Madame la Comtesse (1) *ne se laissoit jamais entamer:* ne vous laissez jamais découvrir. Si vous voulez proceder avec moins de précaution, le николай NORMAND quitte la sienne, prêt à entrer dans vos sentimens.

(1) *La Comtesse de* Soissons.

L. ## A LA MESME.

FLATÉ d'une douce esperance,
Que me donnoit la belle Hortence,
Je lui cachois mes cheveux gris,
De peur d'attirer ses mépris :
Mais détrompé de sa parole,
Qui n'a plus rien qui me console,

Je lui montre des cheveux blancs,
(Triste ouvrage de mes vieux ans !)
Je lui montre tout l'équipage
De la caducité de l'âge :
Lunettes, calotte en effet
Qui pourroit servir de bonnet ;
Tous les secours que la nature
Cherche dans mon infirmité,
Pour éloigner ma sepulture,
Sont montrés devant sa beauté :
Et j'ose nommer défaillance,
Funeste, mortelle langueur,
Ce qu'autrefois en sa presence
Je nommois simplement vapeur.
O belle, ô charmante Duchesse !
Je vous remets vôtre promesse ;
Puis qu'il plaît au grand Pescator (1),
Ce maître de la destinée,
Tuer tous les vieillards à la fin de l'année,
Je vais ceder mes droits sur vôtre cher trésor :
Ne me demandez point à qui je les résigne,
C'est celui que vos yeux en doivent juger digne,
Celui que vous voyez si soûmis à vos loix.
Je hais le faux honneur des amours éternelles ;
Peut-on aimer long-tems sans être dégoûté
Du merite ennuyeux de la fidelité ?
On voit comme une fleur sur les amours nouvelles,
Semblable à la fraîcheur de ces fruits délicats,
Qu'on aime à regarder, & qu'on ne touche pas.
Mais après les douceurs qu'on goûte à leur naissance,
Quand les yeux ont usé leurs innocens plaisirs,
Que le cœur a senti la tendre violence
De l'amoureux tourment que donnent les desirs ;
Enfin la volupté, la pleine joüissance....

Un

―――――――――――――――
(1) *Auteur de l'Alma-* | *nach de* Milan.

Un autre pourra l'exprimer,
Je ne merite pas même de la nommer.
 Faveur, qu'on m'a fait trop attendre,
 Vous viendriez hors de saison ;
 Adieu, je cesse de prétendre
 Un si rare & glorieux don.
Mais pour ne fermer pas tout accès à la joye,
Souffrez, Hortence, au moins, souffrez que je vous voye,
 Et quand la foiblesse des yeux
Me rendra difficile un bien si précieux,
Quand les divins appas dont vous êtes pourvûë
Echaperont, helas ! à ma débile vûë,
Ne vous offensez pas qu'afin de les mieux voir,
J'appelle à mon secours lunettes & miroir.
 Je n'en demande point pour lire ;
Entretenir les morts est un triste entretien ;
 J'en veux aussi peu pour écrire,
L'Ecriture m'a fait plus de mal que de bien ;
 Je n'en veux faire aucun usage,
 Que pour voir le plus beau visage,
 Pour admirer les plus beaux traits,
 Que nature forma jamais.

LI. Sur la perte d'un moineau blanc que Madame Mazarin aimoit beaucoup.

Tout languit, tout est abattu,
 Tout est en deüil dans la famille :
 L'honneur de nôtre volatille,
 Le moineau vient d'être perdu.
 Le beau rossignol en murmure
 D'un gozier qui n'est pas trop net ;
 Le canarie sans tablature

Ne chante qu'un air imparfait ;
Le boulé (1) dans cette avanture,
Laisse morfondre loteret (2)
A battre sa lente mesure :
Boulé, morne, triste & défait,
En a perdu chant & posture,
Comme s'il muoit en effet.
Le chardonneret en sa cage
Ne fait plus oüir son ramage ;
La linote chante si bas,
Qu'auprès d'elle on ne l'entend pas ;
Et jacob (3) depuis cette perte,
Dans sa cage qu'il voit ouverte,
Demeure aujourd'hui tout confus,
Ne sifflant, & ne parlant plus.
Dariolete est desolée,
Mariane toute troublée,
Et cette indécente amitié
Qu'en Little rogue & Boy nature desavoüe,
S'est tournée en tendre pitié,
Dont tout homme de bien les loüe.
Je pourrois vous parler encor
Du changement du beau Médor,
Réduit à si grande tristesse,
Qu'il ne voit aucune maîtresse,
Il n'est, il n'est pas jusqu'aux chats,
Qui ne regrettent tant d'appas.
De leur esprit, de leur coutume,
De leurs malfaisans appétits,
Pour toute chair qui porte plume,
On voit les oiseaux garantis.
Venons aux autres personnages,
Qui ressentent ce coup fatal :

Mustapha

(1) Oiseau qu'on appelle en François, Pivoine.
(2) Petit perroquet.
(3) Un sansonnet.

Mustapha quitte ses images,
Ses gens de pied, gens de cheval,
Ses chariots, ses équipages,
Ses vaisseaux, son combat naval ;
Rien ne lui plaît, ne le console,
Que le soin d'aller à l'école,
Où je pense que son destin
Le conduira jusqu'au latin.
Heureux ! heureux moineau ! l'absence de tes charmes,
Des plus beaux yeux du monde a su tirer des larmes ;
Pour un pareil bonheur, qui ne voudroit, moineau,
Etre même dans le tombeau ?
Je ne pense pas que Catulle
Voulut être assez ridicule,
Pour comparer sa Lesbia
A la divine Hortensia.
Leur passereau moins regretable
Que celui de nôtre adorable,
Ne causa pas tant de douleur :
Mais Lesbia dans sa chaleur,
Moins impatiente peut-être,
N'auroit pas fait ouvrir la porte & la fenêtre
 Helas ! je ne saurois parler
De ma propre douleur, si tendre & si fidelle :
 Je veux qu'elle soit éternelle,
Et qui parle, moineau, cherche à se consoler.

LETTRE

LETTRE LII.

DE MADEMOISELLE DE L'ENCLOS A Mr. DE St. EVREMOND.

Mr. de Charleval vient de mourir (1), & j'en suis si affligée, que je cherche à me consoler par la part que je sai que vous y prendrez. Je le voyois tous les jours : son esprit avoit tous les charmes de la jeunesse, & son cœur toute la bonté & la tendresse desirable dans les veritables amis. Nous parlions souvent de vous, & de tous les originaux de nôtre tems. Sa vie, & celle que je mene presentement avoient beaucoup de rapport. Enfin c'est plus que de mourir soi-même, qu'une pareille perte. Mandez-moi de vos nouvelles. Je m'interesse à vôtre vie à Londres, comme si vous étiez ici ; & les anciens amis ont des charmes que l'on ne connoît jamais si bien que lors qu'on en est privé.

DIALO-

---

(1) Mr de Charleval mourut le 8. Mars 1693. âgé de 73 ans. Voyez sur son sû et les MELANGES de Vigneul-Marville, Tom. I. p. m. 124.

DIALOGUE

Sur la maladie de Madame la Duchesse Mazarin.

LE VIEILLARD (1), LA MORT.

LE VIEILLARD.

O Mort qui menacez une tête si belle,
  Détournez vos funestes coups ;
Vous serez douce autant que vous êtes cruelle,
  Si je puis obtenir de vous,
  Que vous me preniez au lieu d'elle :
Tournez, tournez sur moi, vos plus funestes coups.
Ne vous lassez-vous point du nom d'inexorable,
  Que vous avez toûjours porté ?
  Par une seule humanité,
  Vous pouvez vous rendre adorable :
  Détournez vos funestes coups ;
Et goûtez le plaisir d'en savoir faire à tous.
  Jupiter sur qui tout se fonde,
A qui tout obéït, & la terre & les cieux,
Qui gouverne à son gré les hommes & les dieux,
  Ne sauroit plaire à tout le monde :
O mort, sauvez Hortence, & vous nous ferez voir,
Ce qu'un dieu si puissant n'a pas en son pouvoir.
Du moins épargnez-la tant qu'elle sera belle,
Tant que vous lui verrez de si rares appas.

LA

(1) Mr. de S. Evremond.

LA MORT.

Elle seroit donc éternelle,
Et tout doit finir ici bas :
Ce que je puis faire pour elle,
C'est de differer son trépas.
Mais pour accorder cette grace,
Il m'en faut un autre à sa place ;
Avec tant de mérite, avec tant d'agrément,
N'a-t-elle point d'amie, ou d'ami, point d'amant ?

LE VIEILLARD.

Examinons ses connoissances,
Pour en tirer nos consequences,
Juger mieux, plus nettement voir,
De qui l'on peut attendre un noble desespoir.

LA MORT.

Commençons par ses trois amies,
Avec elle si bien unies :
Madame Midleton aime trop la beauté,
Pour ne la pas tirer de cette extrémité.

LE VIEILLARD.

Après l'ennui du mariage,
Quand on commence à respirer
Le doux & le gracieux air,
Du premier an de son veuvage ;
Dans le soin renaissant qu'on a de ses appas,
Dans le plaisir secret d'une nouvelle vie,
A qui toute autre porte envie,
Peut-on consentir au trépas ?

LA MORT.

Et votre My Lady Charlotte ?

LE

LE VIEILLARD.

Donneroit sa dernière cotte :
N'étoit son grand attachement,
Elle se tüeroit sûrement.

LA MORT.

Qui la retient ? qui la retarde ?

LE VIEILLARD.

Elle est presque toûjours de garde (1).

LA MORT.

Sans Madame de Fitzharding,
Je perdrois ici mon latin :
C'est d'elle que je puis répondre.

LE VIEILLARD.

Oüi, mais où la trouvera-t-on ?
S'il faut joüer, elle est à Londres ;
S'il faut mourir à Kensigton.
Laissons en paix ces bonnes dames ;
Vit-on jamais mourir des femmes pour des femmes ?

LA MORT.

Puisque l'on meurt pour un époux,
On peut mourir pour une amie.

---

(1) Mademoiselle Charlotte Bevervveert étoit Dame du lit de la Princesse ANNE, élevée presentement sur le trône d'Angleterre. Elle est morte le 4. de Decembre 1702.

LE VIEILLARD.

Artémise (1) est ensevelie :
O mort, de quoi me parlez-vous ?

LA MORT.

Nous avons des amis encore :
Le mylord Ranelagh !

LE VIEILLARD.

     Le Substitut de L'ovver ?
Il tâtera le poux le soir & le matin ;
 Dira que la fiévre est mortelle,
Etant dans les esprits ; si vous saignez la belle.
Mais pour un patient mourir un medecin !
 L'avanture seroit nouvelle ;
 Le docteur me semble trop fin.

LA MORT.

Ce Monsieur de Villiers qui la trouve admirable !

LE VIEILLARD.

Ce Monsieur de Villiers est homme raisonnable.
 Il consultera la raison,
Qui ne conseille point de prendre du poison.

LA MORT.

Il a ses heures de tendresse....

LE

---

(1) Artémise Reine de Carie fut si touchée de la mort de Mausole son mari, qu'elle en mourut de regret. Voyez son article dans le DICTIONNAIRE de Mr. Bayle.

LE VIEILLARD.

Qu'il passera dans les romans,
A lire d'amoureux tourmens,
Sans qu'aucun trait d'amour le blesse :
Ainsi son goût pour la beauté,
Dont le commerce lui fait plaire,
N'interessera jamais guere
Son heureuse tranquilité.

LA MORT.

Et Mylord Godolphin ?

LE VIEILLARD.

Est personne publique (1):
Et quoiqu'il soit fort obligeant,
Desinteressé sur l'argent,
(chose rare en tout politique ;)
Quoique sa grande honnêteté
Pour cette excellente beauté,
A toute occasion s'explique ;
Ce n'est pas un avanturier
Capable de mourir pour un particulier.

LA MORT.

Où trouver des amis encore ?

LE VIEILLARD.

Si c'est pour mourir, je l'ignore.

LA MORT.

Allons aux amans ; à ce coup
C'est d'eux que j'espere beaucoup.

---

(1) Il étoit alors premier Commissaire de la Trésorerie, & il est mort grand Trésorier d'Angleterre le 26 de Septembre 1712.

DE SAINT-EVREMOND.

LE VIEILLARD.

Fonder sur eux nôtre esperance !
Ah ! que je vous plains, pauvre Hortence,
S'il faut le secours d'un amant,
Pour vous sauver du monument !

LA MORT.

Quoi ! si proche de la Tamise,
Que leur desespoir favorise !
ù l'on vient se noyer à toute heure du jour !

LE VIEILLARD.

ur le jeu, non pas pour l'amour (1).

LA MORT.

N'est-il plus de ces belles ames,
Qui voudroient mourir pour leurs dames ?

LE VIEILLARD.

Il n'est plus d'amans à ce prix,
Ni dans Londres, ni dans Paris.

LA MORT.

Encore avons-nous la ressource
Duc de Saint Albans.

LE VIEILLARD.

Il va faire sa course.

LA

(1) Deux ou trois per- tems auparavant, &
nes s'étoient noyées entr'autres un fameux
s la Tamise peu de joüeur.

LA

LA MORT.

Mais au retour de Nevvmarket,
Je tiens son trépas sûr & net.

LE VIEILLARD.

Au retour, quelque tems qu'il fasse,
Il doit se trouver à la chasse,
Pour faire l'essai d'un faucon (1) ;
Puis aller à Vvindsor, pour meubler sa maison.
J'aime sa physionomie,
Son air, & sa danse polie ;
Il est agréable à mes yeux ;
Plus régulier il seroit mieux.

LA MORT.

Vieillard, que diriez-vous de ce Prince de Hesse (2)·
N'auroit-il pas quelque tendresse ?
Il estime si peu la lumiere du jour,
Qu'il n'a pas pour mourir besoin d'un grand amour,

LE VIEILLARD.

Ce n'est pas à l'humeur, c'est à l'amour extréme,
Que le salut d'Hortence a voulu se devoir ;
S'il n'a pas un beau desespoir,
Il pourra mourir pour lui-méme.

LA MORT.

De vôtre General Major (3),

S'il

---

(1) Mr. le Duc de Saint Aibans est grand Fauconnier d'Angleterre.

(2) Mr. le Prince de Hesse-Darmstat.

(3) Mr. le Marquis de Ruvigny, presentement Comte de Galvvay, devoit aller servir en Irlande en qualité de GENERAL MAJOR.

S'il reste parmi vous encor,
ais-je apprendre l'effet d'un amour heroïque ?

LE VIEILLARD.

Mourir pour une catholique !
Excusez, sa religion
N'en souffre pas la question.

LA MORT.

lui dont la vertu fit connoître une flamme,
re, sans interêt, digne d'une belle ame (1).

LE VIEILLARD.

Il va courir d'autres hazards ;
salut d'une dame a ses moindres égards.

LA MORT.

Monsieur de Saissac, dont les vives entrailles,
lumerent jadis pour un si bel objet ?
zelé Saint-Victor, pour le même sujet,
fourniroient-ils pas tous deux leurs funerailles ?

LE VIEILLARD.

L'un écrit toûjours de Versailles,
L'autre va partir pour Anet (1).

LA MORT.

Cherchons, examinons sans cesse.

LE VIEILLARD.

e mal argumente ; le tems presse.

Mr. le Marquis de	LA
nont.	d'Anet avec Mr. le Duc
r. de Saint-Victor	de Vendôme, & Mr. le
ouvent des parties	Grand-Prieur.

P 2

LA MORT.

Son Essex (1) pour la secourir,
Voudra-t-il bien donner sa vie ?

LE VIEILLARD.

De bon cœur il viendroit l'offrir,
Mais il la doit à sa patrie.

LA MORT.

Le petit Monsieur de La Tour (2)
Aimoit à lui faire sa cour.

LE VIEILLARD.

Ce n'est pas du salut d'Hortence
Qu'il est le plus inquieté ;
Il songe à cacher le traité,
Qu'a fait son Prince avec la France.

LA MORT.

Monsieur de Barillon s'interessa fort...

LE VIEILLARD.

Non, Monsieur de Barillon donne
Toutes ses craintes à sa mort,
Ferme dans le péril de toute autre personne.

LA MORT.

Un ancien adorateur (3),
Qui lui garde encore son cœur,
Me sembleroit avoir envie,
D'exposer pour elle sa vie.

---

(1) Le Comte d'Essex.
(2) Envoyé extraordi-
naire du Duc de Savoye.
(3) Mylord Montaigu.

LE VIEILLARD.

Elle n'y consentira pas,
apprendre le nom de celui qui s'expose ;
Elle est délicate en trépas,
Aussi-bien qu'en toute autre chose.

LA MORT.

Est-il besoin de vous nommer,
L'ennemi de l'indifference ;
Qui sait haïr, qui sait aimer,
Qu'on a vû si charmé d'Hortence ?

LE VIEILLARD.

Je réponds d'un attachement,
Qui produira mille services ;
D'un esprit & d'un enjouëment,
Qui pourra faire ses délices.

LA MORT.

Mourra-t-il ? ne mourra-t-il pas ?

LE VIEILLARD.

Qui peut répondre du trépas ?

LA MORT.

Donc ces illustres destinées,
Pyrame a laissé la premiere leçon ;
Givri, par Humiere au monde redonnées (1),
honorer leur siecle & se faire un beau nom.

(1) Givri aimoit passionnément Mademoiselle de Guise, fille du Balafré, & depuis Princesse de Conti, & n'en étoit pas trop bien trai-

LE VIEILLARD.

Des amans aujourd'hui sont toutes condamnées ;
A peine on les voit en chanson.
S'il revenoit une Didon,
Elle trouveroit cent Enées.

LA MORT.

Et pour une Hortence autrefois,
S'il en eût été dans le monde,
Pour cette beauté sans secorde,
Mille amans auroient fait l'embarras de mon choix.

LE VIEILLARD.

Vous êtes moins embarrassée.

LA MORT.

Il n'en faut qu'un pour la sauver ;
Je le cherche dans ma pensée,
Et je ne saurois le trouver.

LE VIEILLARD.

On fait assez souvent une recherche vaine,
De ce qu'on trouveroit avec fort peu de peine.

LA MORT.

Parlez, découvrez-nous cet ami genereux,
Ou ce passionné, ce fidele amoureux.

té ; cela le mit au desespoir, & lui fit prendre la resolution d'aller à l'armée, & de s'y faire tuer : il en avertit sa maîtresse par un billet, & lui tint parole. D'Humiere fit la même chose dans une pareille occasion.

LE VIEILLARD.

Vous le voyez ; je le veux suivre,
Si l'on ne peut la secourir :
Je consens à cesser de vivre,
Pour la dispenser de mourir.

LA MORT.

Que la voilà bien secouruë !
Je ne vois qu'un pauvre vieillard,
Qui veüille contre moi lui servir de rempart :
Le froid l'éteint, la toux le tuë ;
Elle est dignement soûtenuë !
On court pour elle un beau hazard !

Lâches amateurs de la vie,
Deserteurs d'une illustre amie,
De qui les charmes sont si doux,
Je suis plus sensible que vous.

LE VIEILLARD.

Voir la mort tendre & pitoyable,
Est une chose peu croyable ;
Mais rien ne se défend d'aimer
Un objet qui peut tout charmer.

LA MORT.

Bien qu'éloigner sa sépulture,
Pour m'être laissée attendrir,
Soit plus contraire à ma nature
Qu'aux malheureux le dessein de mourir ;
Je sens pour elle une tendresse,
Qui ne peut consentir à ruiner tant d'appas ;
Aimable Hortence, je vous laisse,
Et m'en retourne sur mes pas.

Je vous laisse en convalescence,
En repos, en pleine assurance,
Et vous donne quelques avis,
Qui méritent d'être suivis.

Lorsque vous serez bien guérie,
Ne cherchez qu'à la comedie,
Aux opera, dans les romans,
De vrais & de parfaits amans.
Evitez tout ce qui traverse,
Goûtez la douceur d'un commerce,
Où le cœur soit content & l'esprit satisfait.
Aimez ce qui sert & qui plaît ;
Accordez la raison avec la fantaisie,
Et passez sans gronder le reste de la vie.

LE VIEILLARD.

Veüille le Ciel ! plaise au bon Dieu,
Que le dernier avis tienne le premier lieu !

HORTENCE.

Officieuse mort à qui je dois la vie,
Je vous jure que vos avis,
Seront exactement suivis :
Voici l'Acte à peu près, que je veux qu'on publie

» Les vrais & les parfaits amans,
» Seront cherchez dans les romans ;
» La raison lente, sérieuse,
» Et solidement ennuyeuse,
» Animera sa gravité ;
» Et la fantaisie agissante
» Reglera son activité,
» Pour n'être pas extravagante :
» La secrete dissension,
» Qui regne entre l'esprit & le cœur d'ordinaire,
» Trouvera

» Trouvera sa confusion
» Dans le nouvel accord que je leur ferai faire :
　» L'agrément avec l'interêt ,
　» Ce qui sert avec ce qui plaît ,
　» Seront en bonne intelligence ;
　» Ce qu'avec peine je promets ,
　» Et qui me fera violence ,
　» Ah ! C'est de ne gronder jamais ;
　„ Cependant signons tout.
HORTENCE.

Sur le Mois de MARS.

STANCES IRREGULIERES.

MOIS si cher au Dieu des hazards,
　Qu'on t'en appelle mois de Mars,
Pourquoi faut-il que triste & blême
Tu fasses toûjours le carême ?

Auprès du feu le froid Janvier
Vit de chapons & de gibier,
Sans offenser sa conscience ;
Et Février du carnaval,
En bonne chere sans égal,
Possede la pleine abondance.

Toi seul dans la morte saison ,
De pois secs , de méchant poisson ,
Tu fais ta maigre nourriture ,
Pour mortifier la nature.
Entre l'hyver & le printems ,
Tu tiens de l'un & l'autre tems ,
Une diversité bizarre ,
Qui cent fois le jour se declare.

Ton

Ton soleil ne fait aucun bien ;
On le trouve incertain à luire ;
Impuissant encore à produire,
Il émut, & ne résout rien.

De la sentence épouvantable,
Que l'almanach impitoyable
Prononce contre les vieillards,
Sauve-moi, si tu peux, ô Mars.

Mars, pour cette faveur extrême,
Je te veux tirer du carême,
Et te donner un sort plus beau
Dans un calendrier nouveau.

LXV. *Sur ce que Madame* MAZARIN *envoya un matin à Mr. de S. Evremond demander de ses nouvelles, & lui fit dire qu'elle avoit songé qu'il étoit mort.*

STANCES IRREGULIERES.

MALHEUREUSE condition !
Le peu qui me reste de vie
N'est que langueur & maladie !
Nôtre agréable illusion,
La douce esperance est finie ;
De chagrin & d'affliction,
L'ingénieuse fantaisie
Ne fait plus de diversion.

Dans les vieilles gens tout est crainte ;
Et prudence, & devotion,
Toute chose en eux sage ou sainte,

Tout vient de cette passion,
C'est une foiblesse de craindre :
C'est une douceur de se plaindre :
Cependant je ne me plains pas,
Et je ne suis plaint de personne ;
Cet obligeant secours qu'aux miseres l'on donne,
La pitié porte ailleurs ses douloureux appas :
 Chacun à mes maux m'abandonne,
Croyant qu'ils finiront bien-tôt par mon trépas.

Je ménage pourtant ma courte destinée,
D'un jour je fais un mois, & d'un mois une année ;
Le tems qui se passoit le plus legerement,
Semble être retenu par mon attachement ;
Une heure, un seul moment autrefois méprisable,
Par mon attention devient considerable.

 Mais malgré ce ménagement
 Il faut aller au monument :
 Il n'est rien de faux dans le songe,
 De nôtre divine beauté ;
 Non, ce ne peut-être un mensonge,
 Sa rêverie est verité.

 Je vais mourir sur sa parole,
 Puis qu'il lui plaît je m'en console ;
 Aussi-bien lequel vaut le mieux,
De mourir par le songe, ou mourir par ses yeux ?

PROLO-

LVI. PROLOGUE EN MUSIQUE.

Ouverture.

SCENE PREMIERE.

LE COMPOSITEUR, TIRCIS, LISIS, DAMON.

LE COMPOSITEUR.

Un Prologue sans loüange
Seroit chose bien étrange !
Les Rois y sont exaltés
Par leur gloire & leur puissance,
Je veux d'autres qualités,
Permettez, divine Hortence,
Que je chante vos attraits
Au Prologue que je fais.

TIRCIS.

Hortence nous touche
De sa belle bouche ;
Quel charme à nos yeux,
Est si gracieux !
J'aime ses fossetes,
Dents blanches & nettes,

Lévres

Lévres de corail,
Tout son attirail.

LISIS.

Chacun se partage
A juger des traits,
Qu'en ce beau visage
On voit si parfaits :
De cette merveille,
Il faut tout aimer ;
Jusqu'à son oreille
Tout nous fait charmer.

TIRCIS.

Helas ! helas ! dans l'amoureux empire,
Hors elle tout languit, pour elle tout soupire !

LISIS.

Pourquoi sait-on charmer,
Si l'on ne sçait aimer ?

LES VIOLONS.

Danse.

TIRCIS.

Tous les traits de son visage
Touchent l'inclination :
Et pour nôtre plaisir, comme à son avantage,
Font sur nous une aimable & tendre impression.

DAMON. *Basse de recitatif.*

Otez-en la bouche qui gronde,
Qui nous exprime ses courroux ;
Bien qu'elle soit donnée au monde,
Pour quelque chose de plus doux.

LISIS.

LISIS.

Qu'elle soit farouche,
Cette belle bouche,
Elle n'en sépare pas
La douceur de ses appas.

TIRCIS.

Sa rigueur tire des larmes,
Où l'amour mêle ses charmes;
Et fait nos secrets plaisirs,
De la tendre douleur qui forme les soûpirs.

Deux dessus de Violons.

LE CHOEUR.

Chantons, chantons la gloire
De ses appas vainqueurs;
La plus belle victoire
Se gagne sur les cœurs.

Une espece de simphonie qui change de ton.

LISIS.

La plus belle fleur éclose,
Qu'avec soin nature a peint;
L'œillet, le lis, & la rose
N'ont pas l'éclat de son teint.

TIRCIS.

Ses yeux inspirent les flâmes
Qui font l'ardeur de nos vœux,
Et l'on diroit que nos âmes
S'engagent dans ses cheveux.

LISIS.

LISIS.

Défaites-vous de vos chaînes,
Amans ailleurs arrêtés ;
Rien n'est digne de vos peines,
Que ses charmantes beautés.

TIRCIS.

Et vous, qu'on croit infléxibles,
Qui méprisez tant l'amour ;
Vous serez tendres, sensibles,
Si vous la voyez un jour.

LISIS au COMPOSITEUR.

Vieillard quitte à la jeunesse,
La douceur & la tendresse
Qu'on voit dans ton opera ;
Dans ton extrême vieillesse,
Crois-tu que l'on t'aimera ?

LE COMPOSITEUR.

Non ; la saison est finie,
Que je pouvois être aimé :
Mais le tems d'être charmé
Durera toute ma vie.

LE COMPOSITEUR & DAMON.

Mais le temps d'être charmé
Durera toute ma vie.

LISIS.

Tircis, pourquoi tant souffrir ?
Elle est, elle est trop cruelle.

TIRCIS.

OEUVRES DE Mr.

TIRCIS.

Lisis, Lisis, qu'elle est belle !
Comment peut-on en guérir ?

Soyez, Hortence, un peu moins retenuë,
Moins difficile à croire mes raisons :
PROLOGUE heureux, si je vous trouve émûë
En ma faveur par toutes ces chansons !

LE CHOEUR.

Jeunes & vieux chantons la gloire
De ses appas toûjours vainqueurs ;
Hortence veut que sa victoire
S'étende sur tous les cœurs.

SCENE II.

Me MAZARIN, LE COMPOSITEUR, LES AMANS, LES AMIS, LISIS, TIRCIS.

MADAME MAZARIN.

A Dieu, Messieurs, adieu, je vous rens grace,
Compositeur, chantres, amis, amans ;
Contentez-vous de mes remercimens,
Bovvcher arrive, il faut quitter la place ;
Bovvcher arrive, & lui seul aujourd'hui,
Peut soulager mon rhûme & mon ennui.

LE COMPOSITEUR.

Et que dira la musique,
Autrefois ce charme unique ?

DE SAINT-EVREMOND.

Que diront de vous les Vers,
Ces amusemens si chers ?

LES AMANS.

Et ceux de qui la tendresse
Pour vos beautés s'interesse !

LES AMIS.

Et ceux de qui l'amitié.....

Me. MAZARIN.

Ils ne me font point pitié.

LES AMANS.

Après tant de sacrifices !

LES AMIS.

Après tant de bons offices !

Me. MAZARIN.

Après ce qu'il vous plaira
La bassette regnera.

Chaconne.

TIRCIS.

La beauté parfaite,
D'où vient ma langueur,
Donne à la bassette
Ses yeux & son cœur.

Les violons après chaque couplet.

LISIS.

Des beautés parfaites,
Soyons les vainqueurs ;
Adieu les bassetés,
Adieu les tailleurs.

TIRCIS.

O dieux ! quelle peine,
Quel cruel tourment,
Donne une inhumaine
Au fidele amant !

LISIS.

Un cœur quand il aime,
Se plaît en lui-même,
Il fait desirer,
Il peut esperer.

TIRCIS.

Loin de ce que j'aime,
Absent de moi-même,
Accablé d'ennuis,
J'ignore où je suis.

LISIS.

Donnons peu de larmes,
Aux plus puissans charmes :
Plus nous aimerons,
Et moins nous plairons.

TIRCIS.

TIRCIS.

Soûmise, fidele, sincere,
Comment peut-on me haïr ?
Comment m'être si contraire ?

LISIS.

Vous feriez mieux de trahir,
Avec le secret de plaire,
Qu'importuner & servir.

TIRCIS.

Quand je voudrois changer l'ingrate, la cruelle,
Où trouver un objet qui me rende infidelle ;

LE COMPOSITEUR.

Le tailleur vient d'arriver,
C'est à nous de nous sauver.

LE CHOEUR.

Fuyons, le tailleur arrive,
Dont le charme la captive :
Nôtre musique aujourd'hui
Pourroit inspirer l'ennui.
Nôtre musique aujourd'hui
Pourroit inspirer l'ennui.

BILLET
A MADAME LA DUCHESSE MAZARIN.

LVII.

Quoique la mort paroisse affreuse,
Si j'avois Lot pour ma pleureuse,
Et qu'Hortence menât le deüil,
Je voudrois bien être au cercüeil.
Mais si Bovvcher est curieux,
De voir la lugubre assistance ;
Adieu l'état triste & pieux,
Adieu toute la doleance :
Dès que l'on verra dans ces lieux
La bonne Lot, la belle Hortence,
Diront, Bovvcher, d'un ton joyeux,
,, Nous vous suivrons, nôtre presence
,, Ne fait au mort, ni pis, ni mieux.

LA MORALITA.

Prévoyant les regrets dont nos morts sont suivies,
Quand on est délogé ;
Prenons nôtre congé
Le plus tard qu'on pourra des bonnes compagnies.

SUR LA MORT DE MADAME MIDDLETON.

STANCES IRREGULIERES.

Toi qui voit le tombeau de nôtre illustre belle,
Apprens que l'esprit aussi beau que le corps,
 La nature ayant fait pour elle
Comme un partage égal de ses divins trésors.
 Jamais en la fleur de son âge,
 Jamais elle n'eut plus d'appas,
 Qu'il en parut sur son visage,
 Le jour même de son trépas.

 Dans une longue maladie,
 Après avoir bien contesté,
 La mort vint à bout de sa vie,
Sans pouvoir épuiser le fonds de sa beauté.
Pour affranchir tes jours du funeste passage,
 Helas ! j'aurois donné les miens ;
 Mais j'en ai simplement l'usage ;
 La supréme beauté m'engage
A les considerer comme ses propres biens ;
Elle a le même droit sur eux que sur les siens.

Les ménager pour elle est mon unique envie ;
Puissent durer mes jours autant que sa beauté !
 C'est pousser l'amour de la vie
Aussi loin que peut-être on l'ait jamais porté.

Je reviens, Midleton, je reviens à tes charmes,
Un triste souvenir m'impose le devoir
    De leur donner toutes mes larmes ;
    C'est ce qui reste en mon pouvoir.

LIX. EPITAPHE
DE MADAME
MIDDLETON.

Ci gît Middleton illustre entre les belles,
  Qui de nôtre commerce a fait les agrémens ;
Elle avoit des vertus pour les amis fideles,
    Et des charmes pour les amans.
    Malade sans inquietude,
Resoluë à mourir sans peine, sans effort,
    Elle auroit pû faire l'étude
    D'un philosophe sur la mort.
Le plus indifferent, le plus dur, le plus sage,
Prennent part au malheur qui nous afflige tous ;
    Passants, interrompts ton voyage,
Et te fais un merite à pleurer avec nous.

LETTRE
À MADAME LA DUCHESSE MAZARIN.

LX.

C'Etoit assez, Madame, de nous priver de vôtre table par vôtre voyage des bains, il ne faloit pas m'ôter Galet (1), & me réduire à ne pouvoir manger même à mes dépens. Mr. Villiers qui est dans une maison enchantée, pourroit s'en passer ; cependant il trouve le repas si necessaire à la vie, qu'il en fait de bons dans un lieu où le plaisir de la vûë pourroit dispenser de celui du goût. Jugez, Madame, si je ne dois pas chercher ce dernier dans mes appartemens, où j'ai plus affaire d'un cuisinier que de tapissiers & de peintres. J'ai tout perdu en perdant Galet : c'est un grand sujet de plainte contre vous ; mais le souvenir de la longe de veau, que vous m'aviez donnée, repare tout.

Mylord Montaigu, Mr. Justel, & Mr. Silvestre l'ont mangée à mon logis. Mylord Montaigu, fidele au mouton, eut de la peine

(1) Cuisinier de Madame | Mazarin.

peine à souffrir le veau ; mais quand il en eut mangé, & que je lui eus dit qu'il venoit de vous, il jura de ne manger de mouton de sa vie, à moins que vous n'eussiez la bonté de m'en envoyer de Bath. Le bibliothecaire chercha dans Athenée, dans Apicius, dans Horace, dans Pétrone, un aussi bon mets que le mien, & n'en trouva point. Le medecin dit que c'étoit une viande bonne pour les malades, & délicieuse pour les gens qui se portent bien. Je me servis des termes de vôtre lettre pour faire son éloge; assurant que le veau de riviere des commandeurs, & des d'Olonnes, n'en approchoit pas.

Vôtre santé fut bûë trois fois : on commença par les approbations ; des approbations on vint aux loüanges, des loüanges à l'admiration. Comme la tendresse & la pitié se mêlent d'ordinaire avec les loüanges, en bûvant on plaignit le malheur de vôtre condition, & j'eus de la peine à empêcher le murmure contre la providence d'avoir fait la fille (1) veuve plutôt que la mere. C'est assez parlé de la longe & de ses suites, il faut quelques vers sur les petits poissons de Monsieur de Saint-Albans.

---

(1) Madame la Marquise de Bellefond.

DE SAINT-EVREMOND.

Un jeune duc de sa grace,
Craignant que je ne manquasse
De rime à vos carpillons,
M'envoya des perchillons.

Ils étoient bons pour la rime,
Poëte je les estime :
Pour un CÔTEAU (1) délicat,
C'étoit un fort méchant plat.
Ce duc pêchant à la ligne,
Par une froidure insigne,
Lui-même les avoit pris ;
Sa peine faisoit leur prix.
Mais tels qu'il me les envoye,
Je les reçois avec joye,
Toûjours sensible à l'honneur,
Qu'il fait à son serviteur.

(1) Mr de Lavardin, Evêque du Mans, ayant dit un jour à sa table, que Messieurs d'Olonne, de Bois-Dauphin, & de S. Evremond étoient des délicats, qui ne buvoient du vin que de trois côteaux ; ne mangeoient des perdrix que de tel ou de tel endroit, &c. ces Messieurs répeterent si souvent ce qu'il avoit dit des Côteaux, & ils en plaisanterent en tant d'occasions, qu'on les appella LES TROIS CÔTEAUX. Voyez la vie de Mr. de S. Evremond sur l'année 1654.

XI.   A LA MESME.

A BOURBON où sont les bains chauds,
De la qualité de ces eaux,
Que vous vous disposez à prendre ;
Voici ce que me fit entendre,
De Lorme, qui de ses vieux jours,
A cent ans a fini le cours.

» De fruits, il faut faire abstinence ;
» Observer l'expresse défense,
» De complaire à ses appétits ;
» Les bons repas sont interdits ;
» On y doit suspendre l'envie,
» du plus doux plaisir de la vie,

Là, Madame de Montbazon,
Paroissoit à nos yeux charmante :
Quelle differente saison,
De celle où sa mort surprenante
Fit le celebre Talapoin :
Que les Rois vont voir de si loin (1),
Ne vous déplaise, La Loubere (2),
Tous vos Talapoins Siamois,
Sans en excepter ceux des bois,
N'ont point de regle si severe.

Là

(1) L'Abbé de la Trape, dont on a parlé Tom. II. pag. 32. Le Roi Jacques alloit de tems en tems à la Trape se mettre en retraite.

(2) Mr de La Loubere a fait une RELATION du royaume de Siam, où il parle des differens Ordres de Talapoins ou Religieux de ce pays-là.

Là se vit d'honnête amitié
Le grand & le parfait merite (1),
Dont la fin digne de pitié,
Fit une sainte Carmelite.

Passons à Marion (2), chef-d'œuvre de beauté,
Le plus grand, aprés vous, qui jamais ait été.
Je prenois mes eaux avec elle ;
Et souvent je passois le soir
A l'oüir chanter ; à la voir :
Enfin, je la trouvois si belle,
Que sans égard au medecin,
Il m'en souvenoit au matin :
D'une si dangereuse idée,
L'ame aux eaux doit être gardée.

Il nous vint un avanturier (3),
Dont l'habit éclatant au soleil faisoit honte ;
En grace il étoit singulier,
En tours d'amour que l'on raconte,
Passant tous ceux de son métier :
Heureux, s'il peut finir en COMTE,
Comme il vivoit en CHEVALIER !

Si vous vous trouvez en assez bon état, ne prenez ni le bain, ni les eaux ; les meilleures eaux font souvent du mal à ceux qui se portent bien, rarement du bien à ceux qui se portent mal. Si vous êtes obligée de les prendre, bûvez-les régulierement.

Prenez-

---

(1) Mademoiselle d'Epernon, & le Chevalier de Fiesque.
(2) Marion de Lorme.

(3) Le Chevalier de Grammont, ensuite Comte de Grammont.

Prenez-les, ne les prenez pas,
Ce sera ouvré pas compas (1).

Le régime que je vous ordonne, est que vous joüiez un si petit jeu, qu'il ne vous attache, ni ne vous incommode : l'application & la perte ne conviennent pas à ceux qui prennent les eaux. Faites boire les eaux fortes à Mr. Milon : il est assez affectionné pour vous sauver le préjudice qu'elles vous apporteroient. Dieu vous conserve avant toutes choses. Faites chanter Mr. Dery, & prêcher Mr. Milon. Revenez le plûtôt qu'il vous sera possible : voilà mon souhait.

(1) Voyez RABELAIS, Liv. III. chap. 21.

LXII. LETTRE
DE MADEMOISELLE
DE L'ENCLOS,
A MONSIEUR
DE St. EVREMOND.

J'Etois dans ma chambre toute seule, & très-lasse de lecture, lorsque l'on me dit voilà un homme de la part de Monsieur d Saint

Saint-Evremond. Jugez si tout mon ennui ne s'est pas dissipé dans le moment. J'ai eu le plaisir de parler de vous, & j'en ai appris des choses que les lettres ne disent point ; vôtre santé parfaite, & vos occupations. La joye de l'esprit en marque la force ; & vôtre lettre, comme du tems que Mr. d'Olonne vous faisoit suivre, m'assure que l'Angleterre vous promet encore quarante ans de vie : car il me semble que ce n'est qu'en Angleterre que l'on parle de ceux qui ont vécu au-delà de l'âge de l'homme. J'aurois souhaité de passer ce qui me reste de vie avec vous : si vous aviez pensé, comme moi, vous seriez ici. Il est pourtant assez beau de se souvenir toûjours des personnes que l'on a aimées ; & c'est peut-être pour embellir mon épitaphe, que cette séparation du corps s'est faite. Je souhaiterois que le jeune prédicateur (1) m'eût trouvée dans la gloire de Niquée où l'on ne changeoit point ; car il me paroît que vous m'y croyez des premieres enchantées. Ne changez point vos idées sur cela, elles m'ont toûjours été favorables ; & que cette communication, que quelques philosophes croyoient au-dessus de la présence, dure toûjours.

J'ai

---

(1) Mr Turretin, présentement (1723.) Professeur en theologie & en histoire ecclesiastique dans l'académie de Genéve.

J'ai témoigné à Monsieur Turretin, la joye que j'aurois de lui être bonne à quelque chose: il a trouvé ici de mes amis qui l'ont jugé digne des loüanges que vous lui donnez. S'il veut profiter de ce qui nous reste d'honnêtes Abbés en l'absence de la Cour, il sera traité comme un homme que vous estimez. J'ai lû devant lui vôtre lettre avec des lunettes : mais elles ne me siént pas mal ; j'ai toûjours eu la mine grave. S'il est amoureux du mérite, que l'on appelle ici distingué, peut-être que vôtre souhait sera accompli ; car tous les jours on me veut consoler de mes pertes par ce beau mot.

J'ai sû que vous souhaitiez La Fontaine en Angleterre : on n'en joüit guéres à Paris ; sa tête est bien affoiblie. C'est le destin des poëtes ; le Tasse & Lucresse l'ont éprouvé. Je doute qu'il y ait eu du philtre amoureux pour La Fontaine : il n'a guére aimé de femmes, qui en eussent pû faire la dépense.

RE'PONSE

RÉPONSE
DE MONSIEUR
DE S^T EVREMOND,
A MADEMOISELLE
DE L'ENCLOS.

Monsieur Turretin m'a une grande obligation de lui avoir donné vôtre connoissance : je ne lui en ai pas une médiocre d'avoir servi de sujet à la belle lettre que je viens de recevoir. Je ne doute point qu'il ne vous ait trouvée avec les mêmes yeux que je vous ai vûë ; ces yeux par qui je connoissois toûjours la nouvelle conquête d'un amant, quand ils brilloient un peu plus que de coûtume, & qui nous faisoient dire,

Telle n'est point la Citherée, &c. (1)

Vous êtes encore la même pour moi ; & quand la nature qui n'a jamais pardonné à personne auroit épuisé son pouvoir à produire quelque alteration aux traits de vôtre visage, mon imagination sera toûjours pour vous. Cette gloire de Niquée, où vous savez
qu'on

(1) Malherbe.

qu'on ne changeoit point. Vous n'en avez pas affaire pour vos yeux & pour vos dents, j'en suis assuré : le plus grand besoin que vous ayez, c'est de mon jugement, pour bien connoître les avantages de vôtre esprit, qui se perfectionne tous les jours. Vous êtes plus spirituelle que n'étoit la jeune & vive NINON.

  Telle n'étoit point NINON,
  Quand le gagneur de batailles,
  Après l'expedition
  Opposée aux funerailles,
Attendoit avec vous en conversation
Le merite nouveau d'une autre impulsion.

  Vôtre esprit à son courage
  Qui paroissoit abattu,
  Faisoit trouver l'usage
  De sa premiere vertu :

  Le charme de vos paroles,
  Passoit ceux des Espagnoles,
  A ranimer tous les sens
  Des amoureux languissans.
  Tant qu'on vit à vôtre service,
  Un jeune, un aimable garçon (1),
A qui Venus fut rarement propice,
  Bussi n'en fit point de chanson.

  Vous étiez même regardée
  Comme une nouvelle Medée,
Qui pourroit en amour rajeunir un Eson ;

---

(1) Le Comte de Guiche.

Que vôtre art seroit beau, qu'il seroit admirable !
S'il me rendoit un Jason,
Un Argonaute capable
De conquerir la toison.

BILLET
A MADAME LA DUCHESSE
MAZARIN.

JE vous supplie, Madame, de témoigner à Madame de Boüillon, qu'on ne peut pas être plus sensible que je suis à l'honneur qu'elle me fait de se souvenir de moi. Je ne plains pas beaucoup La Fontaine de l'état où il est, craignant qu'on n'ait à me plaindre de celui où je suis. A son âge & au mien on ne doit pas s'étonner qu'on perde la raison, mais qu'on la conserve. Sa conservation n'est pas un grand avantage : c'est un obstacle au repos des vieilles gens ; une opposition aux plaisirs des jeunes personnes. La Fontaine ne se trouve point dans l'embarras qu'elle fait donner, & peut-être en est-il plus heureux. Le mal n'est pas d'être fou, c'est d'avoir si peu de tems à l'être.

LETTRE
A MADAME LA DUCHESSE
DE BOUILLON,
Sous le nom
DE MADAME MAZARIN.

IL me semble, ma chere sœur, que je me suis expliquée tant de fois, & si nettement sur la demande qu'on me fait de déclarer mes intentions, qu'il n'y avoit aucun lieu d'en exiger un nouvel éclaircissement. Je vous proteste donc, ma chere sœur, que je n'ai aucun dessein de m'éterniser en Angleterre : tout mon but & mon souhait est de me revoir en France avec ma famille : mais je vous dis avec la derniere sincerité, qu'il me seroit autant possible de partir d'ici sans payer mes dettes, que de voler. Je suis contrainte d'en faire tous les jours de nouvelles, quand je croyois recevoir de quoi acquitter les vieilles. Il y a peut-être une ou deux personnes de qualité parmi mes creanciers, qui ne s'opposeroient pas à mon départ : les autres ne souffriroient pas non plus ma banqueroute, que les marchands. Croyez, s'il vous plaît, que j'ai plus d'envie de me voir libre, qu'on n'a de regret de me savoir dans une espece de captivité aux pays étrangers. Je n'attens que les moyens d'en sortir, pour aller passer le reste de mes jours avec les personnes du monde que j'aime le mieux. Vous croyez bien, ma chere sœur, que mon frere & vous en êtes les principales. Voilà mes veritables intentions : je ne me déguise point. Il est bien vrai que je choisirois plûtôt la mort, que de retourner avec Monsieur Mazarin ; & que je n'aurois guere moins d'aversion à passer le reste de ma vie dans un convent : & en effet ce sont deux extrémités autant à éviter l'une que l'autre. Vous ferez l'usage de ma lettre, que vous jugerez devoir faire pour mes interêts. Adieu, ma chere sœur : aimez-moi toûjours, & continuez à vouloir servir la personne du monde qui est le plus à vous.

BILLET.

BILLET.
A MADAME LA DUCHESSE MAZARIN.

L'ami du genre humain ne fut jamais mon fait.

VOus avez raison de parler de la sorte; car vous pouvez réduire tous ceux qui vous voyent à la necessité de n'aimer que vous. Nos conditions sont bien differentes :

L'ami du genre humain sera toûjours mon fait.

Car à moins que je ne trouve des gens qui puissent aimer tout le monde, je ne puis être aimé de personne ; nos sentimens sont contraires en ce point-là, & c'est la seule chose en quoi je ne veux pas convenir avec vous. Laissez-moi quelque legere satisfaction dans cette bonté generale de ceux qui s'accommodent de tout, & ne me réduisez pas tout-à-fait à mes chiens, & à mes canards.

SUR LA MORT DE LA REINE (1). LXVII

On fait parler le Roi.

J'Avois des ennemis dans ma plus tendre enfance,
Qu'en des tems plus heureux à la fin j'ai soûmis ;
J'ai résisté moi seul à toute la puissance
De deux Rois pour me perdre étroitement unis :
Depuis toûjours en butte aux efforts de la France,
Dans la paix, dans la guerre, également commis,
J'ai fait voir ma valeur & montré ma constance.
J'ai toutes les vertus contre les ennemis,
Et contre l'amitié je n'ai point de défense :
Mon cœur contre la crainte est toûjours assuré,
Mais contre sa tendresse il fut mal préparé ;
Il ne s'attendoit point à la douleur extrême
Du moment où l'on perd pour jamais ce qu'on aime.
Cependant il faut vaincre un si cruel malheur :
Opposons, opposons la gloire à la douleur.
Voici venir le tems destiné pour les armes ;
Le sang des ennemis nous doit payer nos larmes.

EPITRE

(1) Marie II. Epouse du Roi Guilaume III. morte le 7. de Janvier 1695.

EPITRE
DE MONSIEUR
L'ABBÉ DE CHAULIEU,
A Madame la Duchesse MAZARIN.

LA divine Boüillon, cette adorable sœur,
Qui partage avec vous l'empire de Cythere,
Et qui fait comme vous, par cent moyens de plaire,
   Séduire & l'esprit & le cœur ;
   Malgré tout ce que j'ai pû faire,
   Veut aujourd'hui que mes vers,
   Au hazard de vous déplaire,
   Aillent traverser les mers.

   A cet insensé projet
   Ma raison s'est opposée ;
   Je vais devenir l'objet,
   Ai-je dit, de la risée
   De cet homme si fameux,
   De qui le goût seul décide
   Du bon & du merveilleux,
   Et qui plus galant qu'Ovide,
   Est comme lui malheureux.

   Ce sage, qui se confie
   Au seul secours du bon sens,
   Et dont la philosophie
   Bravant l'injure des ans,
   Pour suspendre la vieillesse
   Par de doux enchantemens,
   Y fait rejoindre sans cesse
   Mille & mille amusemens,

Et même les enjoûmens
De la plus vive jeunesse.

Ce critique tant vanté,
Qui pour sa délicatesse,
Des beaux esprits de la Grece,
Auroit été redouté,
Ne saura jamais peut-être
Que ces vers m'ont peu couté ;
Enfans de l'oisiveté
L'amour seul les a fait naître,
Et sans vous la vanité
Leur défendroit de paroître.

Daignez donc, divine Hortence,
Par un regard de ces yeux,
Qui défarmeroient des dieux
La colere & la vengeance,
Obtenir quelque indulgence ;
Et d'un accueil gracieux
Payer mon obéissance.

RÉPONSE DE MONSIEUR DE St EVREMOND, A MONSIEUR ABBÉ DE CHAULIEU.

LXIX.

JE n'ai point comme censeur,
Examiné vôtre ouvrage ;
Mais comme bon connoisseur
Je lui donne l'avantage

Sur

Sur les plus galans écrits,
Qui nous viennent de Paris :
Disons qu'on ait vû en France,
Et Voiture, & Sarrazin,
Vous cedent dans l'excellence
Du goût délicat & fin,
Nous ajoûterons qu'Hortence,
Nôtre SAPHO MAZARIN,
Vous donne la préference
Sur tout grec & tout latin.

Madame Mazarin ne fait que dire ce que j'ai pensé : car vous mettre au-dessus de Voiture & de Sarrazin dans les choses galantes & ingénieuses, c'est vous mettre au-dessus de tous les anciens. Il n'y a point de comparaison qui ne vous desoblige : il n'y en a point d'avantageuse que je puisse raisonnablement prétendre. Celle d'Ovide ne me convient point. Ovide étoit le plus spirituel homme de son tems, & le plus malheureux : je ne lui ressemble ni par mon esprit, ni par mon malheur. Il fut relegué chez des barbares, où il faisoit de beaux vers ; mais si tristes & si douloureux, qu'ils ne donnent pas moins de mépris pour sa foiblesse, que de compassion pour son infortune. Dans le pays où je suis, je vois Madame Mazarin tous les jours ; je vis parmi des gens sociables, qui ont beaucoup de merite & beaucoup d'esprit. Je fais d'assez méchans vers, mais si enjoüés qu'ils font envier mon humeur.

meur, quand ils font méprifer ma poëfie : j'ai peu d'argent, mais j'aime à vivre dans un pays où il y en a ; d'ailleurs il manque avec la vie, & la confideration d'un plus grand mal, eſt une eſpece de remede contre un moindre. Voilà bien des avantages que j'ai ſur Ovide. Il eſt vrai qu'il fut plus heureux à Rome avec JULIE, que je ne l'ai été à Londres avec HORTENCE : mais les faveurs de Julie furent cauſe de ſa miſere ; & les rigueurs d'Hortence n'incommodent pas un homme auſſi âgé que je le ſuis.

Je ne demande autre grace pour moi,
Que la rigueur qu'on a pour les autres ;

& j'ai ſujet d'être content. C'eſt à Madame Mazarin à finir ma lettre, quand je vous aurai dit qu'il ne manque rien ici que Madame de Boüillon, & vous, Monſieur, que je voudrois bien voir avec du vin de Champagne, avant que de mourir.

Apoſtille de Madame MAZARIN.

Je ne fais point de vers ; mais je m'y connois aſſez pour pouvoir dire ſurement, Monſieur, que les vôtres ſont les plus agréables qu'on puiſſe voir. Au reſte on me compare à SAPHO mal-à-propos: je ne ſuis point née à Lesbos; je ne veux point mourir en Sicile.

Tome V.   S   A

LXX. A MADAME LA DUCHESSE MAZARIN.

Beauté, des mortels cherie,
De moi bien plus que ma vie,
Moins d'eaux fortes, de vins blancs,
Vous irez jusqu'à cent ans :
Mais que le ciel vous envoye,
Double rate & double foye ;
L'eau de Madame Huet (1)
Vous les séchera tout net.
Contre eau d'anis, eau d'absynte,
Qu'on boit en tasse de pinte,
Contre tous vos Usquebacs (2)
Les poumons ne tiendront pas :
Et votre cœur doux & tendre,
Qu'ont fait les dieux pour se rendre
Aux services des amans,
Périra par vos vins blancs (3)
Gardez, si vous êtes sage,
Ce cœur pour un autre usage,
Employez mieux vôtre tems.
Vous avez tout l'avantage
De la fraîcheur du visage,

---

(1) Eau cordiale alors fort estimée en Angleterre.

(2) C'est une eau de vie extrêmement forte, qui vient d'Irlande. Elle est distillée du malt ou grain germé d'avoine, & assaisonnée avec de l'anis, de la réglisse & du safran.

(3) Vins de la montagne de Malaga.

DE SAINT-EVREMOND.

Que donne le beau printems :
Dans la saison de vos roses,
Si vives, si bien écloses,
N'usurpez rien sur les ans
Que demandent vos vins blancs.
Trêve de galanterie,
Madame, je vous en prie,
Songez à ce que j'ai dit,
Et donnez moins de credit,
En faveur de vôtre foye,
Aux eaux que l'on vous envoye.

Je finis mon entretien :
Si je parlois davantage,
J'entendrois ce beau langage ;
C'est un fou qui ne sait rien.
Pourtant, si je me flate,
Je connois fort Hypocrate,
Je connois fort Galien ;
Je connois Celse de vûë ;
Dire que je l'ai tout lû,
Ma foi n'en seroit pas crû,
Et je veux être pendu,
(Expression bien connuë,)
Seroit un serment perdu :
Reste le Diable m'emporte (1),
Ne buvez jamais d'eau forte.

LETTRE

(1) Ma foi ; je veux être pendu ; le diable m'emporte; *Sermens reprochés à l'auteur.*

LETTRE
A Mr. LE MARQUIS
DE MIREMONT.

LXXI.

IL est permis à un auteur de dire des sentences: en voici une que vous ne desaprouverez pas: *On ne connoît bien le prix des choses, qu'après les avoir perduës.* J'en fais une fâcheuse experience sur vôtre sujet. Depuis vôtre départ la conversation languit, la dispute est morte, les rangs sont confondus : il n'y a plus de distinction dans la qualité, ni dans le merite.

> Assez de gens à la Savoye,
> Vont entendre les saints discours,
> Qui du Ciel enseignent la voye ;
> Chez les Grecs on prêche toûjours :
> Mais de religion brillante,
> vive, animée & disputante,
> D'un air préferable aux raisons ;
> On n'en voit plus dans les maisons.

Nous ne sommes pas moins sensibles à la perte des expressions, qu'à celle des choses mêmes. Nous regrettons ces Fi, Fi, qui donnoient les exclusions si à propos : nous regrettons ces Bon, Bon, qui détournoient
adroi-

adroitement ce qu'on ne vouloit pas entendre. Fiez-vous-à moi, cette noble confiance, qui en inspiroit aux autres ; qui ne laissoit pas douter des propositions hardies que vous avanciez genereusement ; tout cela est perdu en vous perdant, & à peine conservons-nous l'esperance d'en revoir l'usage à vôtre retour.

Par vôtre exemple, je me passois aisément des choses superfluës, & bien souvent des commodes : vôtre éloignement m'ôte l'exemple, & me laisse à ma philosophie seule, qui ne suffit pas. Un jour viendra que vous apprendrez à faire un bon usage de l'abondance, & que vous changerez nos soupers d'œufs frais en repas de bisques, & autres essais de vos officiers.

Madame Mazarin ne se consoleroit pas de vôtre absence, n'étoit la raison que vous avez de vous consoler de la sienne. Elle vous tient heureux d'être auprès d'un Roi qui a la délicatesse du goût pour les plaisirs, & la force des vertus pour les grandes choses.

 O ! quel avantage pour toi,
 Miremont, d'être auprès d'un Roi,
 Qui va du plaisir à la gloire ;
 Qui goûte en sage le repos,
 Et fait des exploits en héros,
 Dignes d'éternelle memoire.
 Puisse-t-il, selon nos desirs,
 Joüir d'une victoire pleine

Et comme il faut aller du repas à la peine,
Revenir promtement de la peine aux plaisirs!

Mylord Galwai ne se contente pas de vouloir corrompre vôtre cour : le dessein de la corruption s'est étendu jusqu'à Madame Mazarin & à moi ; à Madame Mazarin par de l'Usquebac, & à moi par de la Frise d'Irlande. On peut être fidele sans être incivil ; nous avons reçû les presens, mais nous sommes demeurés fermes dans l'interêt de la vertu ; & quelque tentation que nous ait fait Mylord Galwai des délices de Dublin, de l'abondance du pays, & de la bonté des poissons, nous ne servirons point d'exemple aux refugiés pour s'habituer en ce royaume-là. Adieu, Monsieur, j'ai voulu égayer des verités sérieuses : il n'y a rien de si vrai que le regret de vôtre absence, & l'envie de vous revoir.

LETTRE
A MADAME LA DUCHESSE
MAZARIN.

LXXII

Monsieur Bérengani (1) n'est pas en peine de s'acquitter de la commission que vous lui avez fait l'honneur de lui donner. Il vous écrira des nouvelles sérieuses en homme bien informé, & des galantes en acteur dans la scene de la galanterie. Toute la difficulté est d'entrer eu matiere, & d'en sortir : les commencemens & les chutes font son embarras. J'ai été consulté, comme savant, sur l'exorde ; & nous avons voulu nous insinuer agréablement (ce qu'on appelle en latin *Captare Benevolentiam* ;) Nous avons voulu plaire, & gagner l'esprit de trois manieres differentes.

Si la République m'avoit fait Plénipotentiaire pour traiter la paix generale, & donner à l'Europe le repos dont elle a besoin : voilà la premiere.

Si la République m'avoit donné le commandement en Morée, & qu'à la tête des Troupes de

_____
(1) Un noble Venitien | qui étoit à Londres.

de Lut ecel, j'eusse emporté d'assaut Negrepont: voilà la seconde.

Si elle m'avoit fait Procurateur de Saint Marc, elle m'auroit fait moins d'honneur que je n'en ai reçû, quand il vous a plû, Madame, de m'établir vôtre Procureur, pour vous procurer des nouvelles tous les ordinaires: c'est la troisiéme.

L'exorde est fini, la narration va commencer, & je ne m'en mêle point. Vous m'avez défendu les contes, Madame; je ne veux point aller contre vos ordres. Je ne saurois pourtant m'empêcher de vous écrire que Mr. Bérengani s'étoit fait faire un habit particulier pour aller danser la furlane au bal de Mr. Colt: il a changé; & je ne sais à quoi attribuer ce changement, qu'aux vaisseaux Venitiens qui sont arrivés.

J'ai vû Mylord Montaigu: il est peu satisfait de la reception que ses gens vous ont faite à Ditton. Il prétend reparer leur faute à vôtre retour; & si vous lui permettez de se trouver chez lui quand vous y logerez, je ne doute point qu'il ne brûle sa maison, comme le Comte de Villa Mediana brûla la sienne pour un sujet de moindre merite.

Sus Amores son mas que Reales.

BILLET

BILLET

LXXIII

A LA MESME.

SI vous avez eu dessein de reconnoître combien vous êtes necessaire au monde, vous pouvez satisfaire vôtre curiosité dans vôtre petite absence. Il y a un Concetto espagnol que je vous appliquerois, si je ne haïssois trop le stile figuré. Quand le Soleil s'éclipse, dit l'auteur du Concetto, c'est pour faire connoître au monde combien il est difficile de se passer de lui. Vôtre éclipse fait sentir aux Mylords Montaigu, Godolphin, Arran, & autres, la difficulté qu'il y a de vivre sans vôtre lumiere. Je défie tous les espagnols & tous les italiens de pousser plus loin une figure. Tout est triste à Londres depuis que vous n'y êtes plus. Il n'en est pas de même à Chelsey, où vôtre philosophie vous fait goûter la retraite assez délicieusement. Ménagez la tristesse de vos amis par des intervalles de présence.

Sur les ailes du tems la tristesse s'envole.

Montrez-vous de tems en tems, ou du moins laissez-vous voir à Chelsey. TUYO hasta la muerte.

A MONSIEUR
LE CHEVALIER COLT. (1)

COMMENT payer les taxes ordonnées? (2)
Comment sortir d'un si grand embarras ?
Payons pourtant, & ne nous plaignons pas :
Que puissions-nous les payer dix années !
On me dira, vos revenus sont courts !
Mal aisément vous pourrez satisfaire :
Mais je crains moins pour eux que pour mes jours ;
Vivre, est pour moi la plus pressante affaire.
 J'ai vécu quatre-vingt quatre ans
 Sans connoître le mariage,
 Heureux sans femme & sans enfans ;
 Et voici qu'au bout de mon âge,
Il faut payer pour une, & pour trois descendans,
Sans avoir jamais eu ni femme, ni lignage.
 Mais la taxe a son fondement,
 Quand on y pense mûrement.
 Comment ! vous n'avez point de femme,
 Exemt du domestique bruit,
 Exemt des soupçons dont une ame
 est travaillée, & jour, & nuit ;
 Exemt de la vaine dépense,
 De la folle magnificence,

Du

---

(1) Sir Henry-Dutton Colt, un des Commissaires des taxes pour la paroisse de Saint-James.

(2) Le Parlement venoit d'imposer une taxe sur les hommes qui n'étoient pas mariés ; sur les veufs, les veuves, les mariages, les batêmes, & les enterremens.

DE SAINT-EVREMOND.

Du luxe aux maisons introduit :
Aquittez-vous de bonne grace,
Vous qui n'êtes point mariés,
Payez sans en être priés :
Pour se trouver en vôtre place,
Les maris payeroient de bon cœur
La taxe de vôtre bonheur.
Un discours ennuyeux de modes,
D'engageantes, & de commodes,
D'habits ou commandés, ou faits,
Ne vous importune jamais.
Chez vous, Madame, à la toilette
N'a jamais sa beauté refaite,
Ni composé nouveaux appas :
Payez, & ne vous plaignez pas.
    Un époux n'assiste guére
    Au theatre de Moliere,
    Sans trouver des incidens,
    Qui font rire à ses dépens.
    Vous riez en sa présence
    De sa grave confiance,
    Ou de son morne chagrin :
    Vous joüissez de sa peine
    A chaque mot d'une scene,
    Que vous fournit Arlequin.
    L'air libre d'une coquette,
    D'une galante indiscrete
    Les appetits naturels,
    Ne vous donnent point d'atteinte :
    Qu'on fasse mille noëls,
    Vous les chanterez sans crainte :
    On taxe vôtre bonheur ;
    Payez, payez de bon cœur.
    Vous n'êtes dans aucun conte,
    Qui vous puisse faire honte ;
    Tandis qu'un mari jaloux.

Est, ou croit être dans tous :
Il s'entend sans qu'on le nomme
Le sujet de l'entretien ;
S'il ne s'en applique rien,
Il n'est pas fort habile homme :
Payez, gens non mariés,
Payez sans en être priés.
Avoir une épouse éternelle,
Pour les autres tant qu'elle est belle,
Et seul en être dégoûté
Quand chacun en est enchanté ;
Cependant jaloux & sévére,
Avec chagrin la regarder,
Et plus on a soin de lui plaire,
Plus en prendre pour la garder ;
C'est-là, c'est le charmant usage,
C'est la douceur du mariage :
Vous qui n'êtes point mariés
Payez sans en être priés.
Tantôt un époux difficile
N'a chez lui que sévérité ;
Tantôt le même trop docile
N'a pas de propre volonté ;
Mal-à-propos rude & facile,
Il ôte ou perd la liberté :
Et vous serez toûjours tranquille
Dans une sage égalité,
Et vous vous moquerez des chaînes
De ceux dont je décris les peines :
Ha ! payez, payez de bon cœur
La taxe de vôtre bonheur.
On voit arriver d'ordinaire
Qu'un mari souhaite un garçon,
Qui voudra la mort de son pere
Pour se trouver plûtôt maître de la maison,
Je ne parle point d'une fille,

DE SAINT-EVREMOND.

De ce sexe discret & doux;
Mais je conseille à la famille
De lui vouloir choisir promtement un époux.
Aquittez-vous de bonne grace.
Gens qui n'êtes pas mariés;
Payez sans en être priés.
Que de maris voudroient payer en vôtre place!

Epoux rassurez vos esprits;
Despréaux n'a pû dans Paris
Trouver qu'à peine trois fidelles,
Qui devoient leur fidelité,
Peut-être à leur peu de beauté.
Et montrer ici vingt cruelles
Egalement jeunes & belles,
N'est pas une difficulté.
C'est assez parler d'hymenées,
Venons aux taxes ordonnées.
Monsieur Colt, Monsieur Colt, pensez
Que quatre-vingt-quatre ans passés,
Sont comme la fin de la vie,
Qui de l'éternelle est suivie;
Et qu'ainsi vous n'aurez pas tort
Dans les taxes que l'on impose,
De vouloir me traiter de mort;
Un mort ne paye aucune chose.
Quand je demande, un debiteur
Pour mon paîment veut qu'on réponde
Que je dois être hors du monde,
Et l'on me traite d'imposteur.
Une très-vertueuse dame (1)
Plus dévote, s'il se pouvoit,
A faire prier Dieu pour mon ame
De l'argent qu'elle me devoit.

(1) Madame la Maré- | chale de Crequi.

Par cette pieuse assurance
Qu'on me donne de mon trépas,
J'entre moi-même en défiance,
Si je suis, ou je ne suis pas.
A mon âge ce n'est pas vivre,
Monsieur Colt, mes sens sont perdus,
Effacez-moi de vôtre livre,
Et dites que je ne vis plus.

LXXV.

LETTRE A MADAME LA DUCHESSE MAZARIN.

Vous me reprochez ma negligence de n'avoir pas fait de lettre pour vous. Je vous reproche avec plus de raison vôtre paresse, de n'en faire pas pour vous-même. J'ai vû un tems que la construction ne vous manquoit pas moins que l'ortographe. Vos pensées valoient toûjours mieux que les miennes ; j'en entendois mieux que vous la liaison, & je vous étois en quelque façon necessaire. Presentement il n'y a rien que vous ne sachiez ; & c'est une trop grande nonchalance de ne vouloir pas écrire à Mr. de Miremont,

Miremont, & Mylord Essex. Vous voulez des lettres brillantes dans les plus simples complimens. J'ai mal réüssi à ma lettre de Mylord Galway pour ce stile : je réüssirois plus mal encore en celle que vous me demandez. Quand j'aurois eu autrefois quelque imagination, vous auriez tort d'en vouloir trouver aujourd'hui quelque miserable reste. Je n'en ai plus ; & la perte en doit moins être attribuée à ma vieillesse qu'à vôtre absence, qui a terni mes esprits. Je ne vais pas plus loin en prose : je vous parlerai en vers de ma mort.

 Non, non, ma peine est trop dure,
 Je sens bien qu'il faut mourir ;
 Mais ce n'est pas la nature
 Pour m'avoir fait trop vieillir,
 Qui m'ouvre la sépulture ;
 C'est le mortel déplaisir
Que vous ne parliez pas encor de revenir.

 Mylord Montaigu revient aujourd'hui de la maison que ce nouveau Comte de Villa Mediana doit brûler pour l'amour de vous. Mylord Godolphin est à Windsor. Madame Harvey ne parle que de vous ; aussi doit-elle estre bien satisfaite des complimens que je lui ai faits de vôtre part. Ne soyez pas surprise de ne voir ni Duchesse, ni Madame même dans ma lettre : vous êtes au-dessus des titres, & il me semble qu'on ôte à vôtre merite tout ce qu'on donnne à vôtre qualité.

Vous savez que la discorde aux crins de serpent s'est glissée dans la societé des Jesuites, & que le Pape est bien empêché à faire l'accommodement du General avec les Provinciaux, à réünir le chef & les membres. *Per qua quis peccavit, per eadem punitur.* Il faut avoüer pourtant que cette noire déesse est bien ingrate, de troubler des sujets qui l'ont toûjours si avantageusement servie.

LXXVI.

A LA MESME.

LEs lettres sont venuës, les nouvelles sont que la tranchée de Casal est ouverte. Celle de Namur l'est assurément. Monsieur de Boufflers est dedans : les uns veulent qu'il s'y soit jetté à dessein de soûtenir le siege, les autres, qu'il n'a pû en sortir. Cette lettre est d'un Lacedemonien, la premiere sera d'un citoyen d'Athenes. Hasta.

BILLET

A Madame la Duchesse MAZARIN.

JE vous envoye mon petit livre (1), où vous trouverez beaucoup de choses que vous avez déja vûës, mais qui ne laisseront pas de vous divertir. Il y a trois ou quatre portraits de Bussi, que vous n'avez point vû : celui du Roi de France, de Mr. le Cardinal Mazarin, de Mr. de Turenne, &c. Je ne pense pas que celui de M. de Turenne plaise fort à la maison de Boüillon. Le plus ressemblant est celui de Mr. le Prince de Conti ; mais il est trop court : celui du Roi ; mais il est trop long. Les loüanges le mieux meritées, doivent être plus resserrées qu'étenduës.

J'ai mille complimens à vous faire de tout Sommerset-House ; de Mademoiselle Bevervveert, qui revint avant-hier de Vvindsor, & qui s'en retourne demain ; de Madame la Comtesse d'Arlington, occupée à de nouvelles chambres qu'elle fait bâtir ou rebâtir, je ne sai lequel ; de Mylord Feversham, & de Mademoiselle de Malauze. Hasta.

_____

(1) LE PORTEFEUILLE de Monsieur L. D. F***, imprimé en 1695.

A LA MESME.

LXXVIII

JE vous ai envoyé ce matin les gazettes : je n'ai point encore les nouvelles à la main ; mais l'impatience que j'ai de vous obéir m'a empêché de les attendre. Je vous envoye par le petit sénateur (1) le second Tome du MENAGIANA, assez curieux. Il me satisfait bien plus que le premier. Nous esperons que vous viendrez demain chez Mylord Montaigu : Mylord Godolphin s'y attend ; mais ce qui est plus que tout cela, Monsieur Hampden y doit être, ayant juré qu'il ne vouloit se rendre au monde que par vous. Vous lui êtes ce que le Maréchal de Clerembaut & le Maréchal de Crequi m'ont été, TOUT LE MONDE. Si vous avez écrit au Roy, le jour que vous aviez resolu de lui écrire vôtre lettre sublime, vôtre lettre est à Versailles ; car le paquebot a été pris, la male prise, portée à Dunquerque, & de Dunquerque envoyée à Versailles. Pour la mienne, cela est sûr : il y a deux paquebots pris. Voilà des avantures bizarres. Je crois que vous ne vous en

---

(1) C'est ainsi que Mr de Saint-Evremond nommoit un de ses Valets, qui avoit l'air fort grave & fort serieux.

en mettez pas fort en peine : pour mon particulier, je ne m'en soucie pas.

LETTRE
A MADAME
LA DUCHESSE
MAZARIN.

LXXIX.

JAmais lettre ne m'a donné tant de plaisir, que la vôtre, Madame, m'en auroit fait, si elle avoit été écrite à quelque autre. Les imaginations y sont vives, les applications heureuses. Par malheur pour moi, tout cet esprit là s'exerce à mes dépens. Ma *très-humble & très-obéïssante servante* laisse voir un chagrin ingénieux, qui met au desespoir son très-humble & très-obéïssant serviteur. J'aurois pû supporter une colere brusque & impétueuse ; ma patience a été souvent à l'épreuve de ces sortes de mouvemens ; mais une colere spirituelle & meditée me déconcerte, & me met inutilement en peine d'en deviner le sujet. Je m'examine ; & plus je m'étudie à découvrir ma faute, plus je trouve de raison à devoir esperer vos bonnes graces. Si Parmenion a failli, à qui peut-on se fier ?

S'il

S'il est innocent, que peut-on faire ; quelle conduite nous peut assurer ? Je vous repons, Madame, que Parmenion n'est coupable en rien. De Parmenion, on passe aisément aux Generaux. Je ne blâme point ceux qui vivent : mais je n'ai loüé que les morts, & l'on s'apperçoit déja qu'ils étoient loüables. La prise de Namur (1) m'exciteroit à quelque belle production : mais depuis que mon étoile s'est cachée, & que ses influences m'ont manqué, mes talens se sont évanoüis. Voilà bien des discours inutiles. Si je voyois encore une de vos lettres, signée DULCINE'E, & qu'il me fût permis de signer les miennes comme autrefois, Ell Cavallero de la triste figura ; quelle joye !

Hasta la muerte, ne me peut être défendu ; car il dépend de moi d'être toûjours, comme je le serai sûrement, ou Chevalier de la triste figure, ou vôtre trés-humble & trés-obéïssant serviteur.

A LA

___

(1) Namur fut pris par le Roi Guillaume le premier jour de Septembre 1695.

A LA MESME.

LE bon air de Chelſey, & le repos de la ſolitude, ne laiſſent douter ni de vôtre ſanté, ni de la tranquillité de vôtre ame. C'eſt le commencement de la lettre d'un philoſophe, écrite à un plus grand philoſophe que lui. Il ne peut ſoûtenir ſa philoſophie plus long-tems: le ſouvenir de vôtre chagrin contre lui l'a démonté. Il eſpere neanmoins que ſon innocence & vôtre équité lui permettront de finir par *Tuyo haſta la muerte*, *Ell Cavallero de la triſte figura*.

On m'a parlé d'un moineau, le roi de tous les moineaux. On dit qu'il ſiffle, qu'il eſt privé au-delà de tout ce qu'on vit jamais, qu'il fait mille badineries que les moineaux n'ont pas accoûtumé de faire. Ce grand merite m'a donné la curioſité de le voir. J'y ai trouvé tout ce qu'on m'en avoit dit, hors la rareté de ſiffler, qu'on remit à une autre fois qu'il ſeroit de meilleure humeur. Le dernier mot huit Shillings: trop peu pour un moineau-roſſignol, trop pour un moineau ſimple, quelque privé qu'il ſoit.

LXXXI.

A MONSIEUR
LE MARQUIS
DE MIREMONT.

ON a fini la campagne,
Et de Flandre & d'Allemagne,
Tout est en paix ; mais helas !
Mon heros ne revient pas,
Il faisoit toute ma joye :
De ce bon thé qu'il m'envoye,
Sans lui, je fais peu de cas,
Pourquoi ne revient-il pas ?
Et quand le vin de Champagne,
En tous lieux qui l'accompagne,
Au thé joindroit ses appas,
Ma douloureuse tendresse
Me feroit dire sans cesse,
Pourquoi ne revient-il pas ?

Je sai, quand le Roi commande,
Je sai qu'il faut demeurer ;
Que la peine la plus grande
Alors se doit endurer ;
Que tu ferois tes delices
Des plus fatigans services :
Mais d'une commune voix
On dit que c'est par ton choix,
Et que ton esprit de guerre
Te retient en cette terre.
Le respect des officiers
Est sans doute quelque chose ;

Les

Les soldats, les cavaliers,
Dont un General dispose;
Les magistrats, les bourgeois,
Qui sont comme sous tes loix;
L'éternelle réverence
Qu'on fait à son excellence,
Peuvent bien flater un cœur,
Destiné pour la grandeur.
Vous pourriez bien dire ALTESSE;
Dit l'Avocat de Duras,
D'où vient cette hardiesse
A vos Messieurs de Gand de ne la donner pas?
Laissons-le dans sa colere,
C'est un zele qui doit plaire.
Et Dieu veüille que le mien
Te plaise autant que le sien.
 Songe à l'état déplorable
De ta Cour inconsolable,
Qui soulageoit son destin
En te voyant le matin.
Songe à des beautés divines
Qui souhaitent ton retour;
Tu n'as-là que des beguines
A qui porter ton amour.
Toutes choses compensées;
Tourne vers nous tes pensées,
Et quitte Messieurs de Gand
Au plus tard le jour de l'an.

LXXXII. *Sur le mal des yeux de Madame* MAZARIN.

Il n'est qu'un soleil dans les Cieux,
Dont les astres soûmis reconnoissent l'empire ;
Qu'avez vous besoin de deux yeux ?
Un seul peut sous vos loix tout le monde réduire.
Les plus beaux qu'on vante aujourd'hui,
Défaits, effacés devant lui,
Comme des feux éteints cesseroient de paroître :
Pour établir l'égalité
De quelque autre visage avec vôtre beauté,
La nature devoit sans yeux vous faire naître.
Que je ferois de gens envieux & jaloux,
Si l'esprit sans les yeux étoit juge de nous :
Vous guérissez ; le mal vous quitte ;
Adieu, mon prétendu merite.
Quelqu'un dira, " vos cheveux blancs,
" Ce triste ouvrage de vos ans,
" Ne s'apperçoit point sans lumiere ;
" Et la nuit ne vous nuira guere
Plus que le jour comme je croi.
La nuit n'est plus faite pour moi :
Le jour on trouve peu son conte ;
La nuit on trouveroit sa honte.

LES AVANTAGES DE L'ANGLETERRE.

JE soutiens à Monsieur Chardin,
 Que jamais en sa compagnie
La Princesse de Mingrelie (1)
Ne mangea semblable lapin.

Bien que la nouvelle Medée,
De rage d'amour possedée
Livrât au moderne Jason
Tout l'or de sa riche toison :

Elle n'eut pourtant à sa table
De tous les faisans de Colchos,
Aucun dont le fumet pût être comparable
A celui du lapin dont j'ai gardé les os.

Roche-Guyon, Bêne, Versine,
Ne vantez plus vôtre lapin ;
Vvindsor en fournit la cuisine,
D'un fumet encore plus fin.

Oüi, si je trouve en cette terre,
Telle perdrix dans la saison,
Oüi, je pardonne à l'Angleterre,
Tous ses pâtés de venaison.

Je lui pardonne sa poularde,
Malgré toute sa dureté ;

(1) *Voyez le* VOYAGE EN PERSE ET AUX IN-
du Chevalier Chardin DES ORIENTALES.
Tom. V.

Et son Bravvn avec la moutarde,
Se verra toûjours respecté.

Petit cochon, beurre, & corinthe,
Vous aurez la même faveur ;
Bien que j'aimasse mieux l'Absynthe,
Que vôtre parfaite douceur.

Bons dieux ! je vous rends mille graces,
De m'avoir toûjours préservé,
Du goût de canards & becasses,
Plus sauvage que relevé.

Tristes oiseaux de marécage,
Herons, butors, éloignez-vous ;
Sifflez corlieux, sur le rivage,
Sans jamais approcher de nous.

Beaux, grands & majestueux cignes,
Qui sur l'eau pouvez nous charmer ;
Gardez, gardez-vous des cuisines,
Le faux goût vous doit alarmer.

Bien-loin viandes noires indignes,
Hors deux qu'on ne peut trop aimer,
Alloüettes & becassines,
Est-il besoin de vous nommer ?

Par ces mets précieux communs en Angleterre ;
Par nos huitres qu'on vante aux deux bouts de la
 terre ;
Par le veau de Vvindsor, & le mouton de Bais (1)
                                               En

―――――――――――

(1) Bath, petite Ville dans le Comté de Sommerset, est fameuse non seulement par la bonté de ses bains, & de ses eaux minerales ; mais

DE SAINT-EVRIMOND.

En faveur des faisans qui ne manquent jamais ;
Vieux amis du christmas, myncepye, & plompe-
    rege (1),
On vous laisse joüir de vôtre privilege.

Plumporredge, on consent à Noël de vous voir
Infecter les maisons de vôtre boüillon noir ;
Mais le Christmas fin, songez à disparoître,
Et retournez à Sparte où l'on vous a vû naître (2).

Arrêtons ce discours, & passons des faux goûts,
Aux vrais biens du pays, le plus heureux de tous.
Les pays fortunés où regne l'abondance,
Demandent sur le goût un peu de complaisance ;
    Pour ne manquer à rien ;
Il fait loüer leur goût, & contenter le sien.

Le Soleil brûlera l'Italie & l'Espagne ;
Les neiges, les frimats couvriront l'Allemagne ;
La Hollande verra ses commerces cessés,
Par des monceaux de glace en ses ports entassés ;
Tandis qu'en ces beaux lieux il plaît à la nature,
De parer tous nos champs d'une aimable verdure.

Dans un climat si doux nous n'avons de chaleurs,
Qu'autant qu'il nous en faut pour les fruits & les
    fleurs ;
Laissant à l'étranger une ardeur incommode,
Mais necessaire aux vins dont il nous accommode.

par le mouton, les lapins, &c.

(1) le mincepye est une espece de pâté, & le plumporredge une espece de soupe: on les man-ge regulierement au Christmas, c'est-à-dire, à Noël.

(2) Voyez Plutarque dans la VIE de Lycurgue & Athenée.

Portugais, Espagnols & François, qu'êtes-vous,
Que des hommes gagés à travailler pour nous ?
Dans chaque nation nous avons nos domaines,
Cultivés par des gens qui nous doivent leurs peines ;
Esclaves achetés, buvant l'eau des ruisseaux,
Pour nous fournir les vins des plus fameux cô-
  teaux.

Qu'on ne se plaigne point de l'air de l'Angleterre ;
Où vit-on plus long-tems qu'on vit en cette terre ?
On tombe doucement de l'automne à l'hiver ;
On voit sans y penser le printems arriver :
D'une saison à l'autre un passage insensible,
Rend ici de nos ans le cours long & paisible.

Ici nous ne souffrons aucune extrémité ;
Il gèle seulement pour boire frais l'été :
Et ceux qui des CÔTEAUX ont la froide grimace,
Pour assommer leur vin auroient trop peu de glace.

  Qui veut un climat temperé,
  Exemt d'ardeur & de froidure,
  Demeure où je suis demeuré,
Pour y vivre en repos jusqu'à la sépulture.

  Finissons par un avantage,
  Qui ne peut être contesté ;
  C'est dans les hommes le courage,
  Et dans les femmes la beauté.

  Anglois, NAMUR rend témoignage
  De votre intrepide fierté ;
  STOVVEL (1) montrez vôtre visage,
  Pour prouver l'autre verité :
          Celle

(1) My Lady Stovvel, | de Ranelagh.
presentement Comtesse

DE SAINT-EVREMOND.

Celle dont vous êtes l'image,
Vous en laisse l'autorité ;
Mais prenez le tems du nuage (1) ;
Hâtez-vous, le Soleil va prendre sa clarté.

(1) Allusion sur le mal des yeux de Madame Mazarin.

AU ROY,
Sur la découverte de la conspiration contre sa personne (1).

STANCES IRREGULIERES.

Rendons grace à la providence,
Qui nous a si bien conservés ;
Par une divine assistance
Nous vivons, puisque vous vivez.

Mais de fonder nôtre assurance
Sur des miracles arrivés,
Ce seroit trop de confiance ;
Nous devons, grand Roi, vous devez
Même soin, même prévoyance,
Pour assurer des jours que le Ciel a sauvés.

A la grandeur de la couronne
Vous songez éternellement ;
Mais au salut de la personne
Qui la porte, pas un moment.

(1) En 1696.

Que sert une belle memoire ?
N'être rien, avoir tout été ?
Héros de Roman & d'histoire,
Alors c'est même vanité.

A conduire un dessein toûjours prudent & sage ;
A gouverner l'état politique toûjours ;
Mettez ces beaux talens pour vous-même en usage :
Aurez-vous soin de tout excepté de vos jours ?

LXXXV. **FRAGMENT**

Sur le même sujet.

POUR bien connoître l'importance de la vie du Roi, il faut considerer que l'Espagne a fondé sur lui la premiere esperance d'une ressource à ses malheurs ; que les ETATS lui ont donné le pouvoir qu'il a eu Hollande, pour les avoir sauvés ; que les confederés lui ont établi comme un empire dans la confederation, par le besoin qu'ils ont eu de ses forces, & par la confiance qu'ils ont prise en sa vertu. On voyoit un Prince toûjours disposé à entreprendre, toûjours prêt à executer ; capable de réüssir dans les plus grands desseins par la condüite, de vaincre les plus grandes difficultés par la vigueur ; aussi moderé dans les prosperités, que ferme & constant dans les disgraces ;

disgraces; aimé & estimé dans son armée, estimé & craint dans celle des ennemis; plus sensible à la gloire qu'à son interest particulier, plus touché de l'interest general que de la gloire.

LETTRE LXXXVI.

A Mr. BARBIN (1).

JE vous suis fort obligé, Monsieur, de la bonne opinion que vous avez des bagatelles qui me sont échapées, & qu'on a la bonté de nommer OUVRAGES. Si j'étois d'un âge où l'imagination m'en pût fournir de pareilles, telles qu'elles pourroient être, je ne manquerois pas de vous les envoyer: la beauté de l'impression les feroit valoir. Mais le peu d'esprit que j'ai eu autrefois est tellement usé, que j'ai peine à en tirer aucun usage pour les choses mêmes qui sont necessaires à la vie. Il ne s'agit plus pour moi de l'agrément, mon seul interest, c'est de vivre.

---

(1) Le sieur Barbin, Libraire de Paris, avoit écrit à Mr. de St. Evremond, pour le prier de lui envoyer ses Ouvrages; ou du moins de lui marquer les pieces qui étoient de lui, dans ce qu'on avoit imprimé sous son nom, &c.

vre. Vous me demandez que je vous fasse savoir les choses qui sont de moi dans les petites pieces qu'on a imprimées sous mon nom. Il n'y en a presque point où je n'aye la meilleure part, mais je les trouve toutes changées, ou augmentées. Les grosses cloches de Saint-Germain des Prez, que Luigi admiroit (1), ne m'appartiennent, surement pas. C'est la premiere addition qui me vient dans l'esprit. Les Charmes de l'Amitié, la longue Lettre de consolation à une Demoiselle, les Reflexions sur la Doctrine d'Epicure, l'Eloquence de Petrone, & quelques autres, dont il ne me souvient pas, ne m'appartiennent en rien. Si j'étois jeune & bien fait, je ne serois pas fâché qu'on vît mon portrait à la tête d'un livre : mais c'est faire un mauvais present au lecteur, que de lui donner la vieille & vilaine image d'un homme de quatre-ving-cinq ans. Les yeux me manquent : je ne puis ni lire ni écrire qu'avec beaucoup de peine : vous m'excuserez si je ne saurois vous donner une connoissance plus exacte de ce que vous me demandez.

EPITA-

(1) On avoit fourré cette sottise-ci dans les Réflexions sur les Opera : Luigi fut ravi d'entendre la premiere fois les grosses cloches de Saint-Germain des prez.

EPITAPHE [lxxxvii]

De Mr. le Comte de GRAMMONT (1) avec le PORTRAIT de l'AUTEUR.

PASSANT tu vois ici le Comte de Grammont
Le héros éternel du vieux Saint-Evremond.
   Suivre CONDE' toute sa vie,
   Et courir les mêmes hazards
   Qu'il couroit dans le champ de Mars,
Des plus vaillans guerriers pouvoit faire l'envie.

   Veux-tu des talens pour la Cour ?
   Ils égalent ceux de la guerre :
   Faut-il du merite en amour !
   Qui fut plus galant sur la terre ?

   Railler, sans être médisant,
   Plaire, sans faire le plaisant ;
   Garder son même caractere,
   Vieillard, époux, galant & pere ;
   C'est le mérite du heros
   Que je dépeins en peu de mots.

   Alloit-il souvent à confesse ?
   Entendoit-il vêpres, sermon ?
   S'appliquoit-il a l'Oraison ?
Il en laissoit le soin à la Comtesse.

---

(1) Mr. le Comte de Grammont étant revenu d'une dangereuse maladie cela donna occasion à Mr. de St. Evremond de faire son EPITAPHE.

Il peut revenir un Condé ;
Il peut revenir un Turenne ;
Un Comte de Grammont en vain est demandé,
La nature auroit trop de peine.

APRE's avoir lû l'EPITAPHE du Comte de Grammont, si tu as la curiosité de connoître celui qui l'a faite, je t'en donnerai le caractere. C'est un philosophe également éloigné du superstitieux & de l'impie: un voluptueux qui n'a pas moins d'aversion pour la débauche, que d'inclination pour les plaisirs ; un homme qui n'a jamais senti la necessité: qui n'a jamais connu l'abondance. Il vit dans une condition méprisée de ceux qui ont tout : enviée de ceux qui n'ont rien ; goûtée de ceux qui font consister leur bonheur dans leur raison. Jeune, il a haï la dissipation ; persuadé qu'il falloit du bien pour les commodités d'une longue vie: Vieux, il a de la peine à souffrir l'économie ; croyant que la necessité est peu à craindre, quand on a peu de tems à pouvoir être miserable. Il se loüe de la nature ; il ne se plaint point de la fortune. Il haït le crime: il souffre les fautes: il plaint le malheur. Il ne cherche point dans les hommes ce qu'ils ont de mauvais pour les décrier: il trouve ce qu'ils ont de ridicule pour s'en réjoüir : il se fait un plaisir secret de le connoître ; il s'en feroit un plus grand de le découvrir

couvrir aux autres, si la discretion ne l'en empêchoit.

La vie est trop courte, à son avis, pour lire toutes sortes de livres, & charger sa memoire d'une infinité de choses aux dépens de son jugement : il ne s'attache point aux écrits les plus savans pour acquerir la science ; mais aux plus sensés pour fortifier sa raison. Tantôt il cherche les plus délicats, pour donner de la délicatesse à son goût, tantôt les plus agréables pour donner de l'agrément à son génie. Il me reste à vous le dépeindre tel qu'il est dans l'amitié, & dans la religion. En amitié, plus constant qu'un philosophe ; plus sincere qu'un jeune homme de bon naturel sans experience : à l'égard de la religion.

<blockquote>
De justice & de charité,
Beaucoup plus que de penitence,
Il compose sa pieté :
Mettant en Dieu sa confiance,
Esperant tout de sa bonté ;
Dans le sein de la Providence
Il trouve son repos, & sa felicité.
</blockquote>

LETTRE
A MADEMOISELLE
DE L'ENCLOS.

J'AI reçû la seconde lettre, que vous m'avez écrite, obligeante, agréable, spirituelle, où je reconnois les enjoûmens de Ninon, & le bon-sens de Mademoiselle de l'Enclos. Je savois comment la premiere a vécu ; vous m'apprenez de quelle maniere vit l'autre. Tout contribuë à me faire regretter le tems heureux, que j'ai passé dans vôtre commerce, & à desirer inutilement de vous voir encore. Je n'ai pas la force de me transporter en France, & vous y avez des agrémens, qui ne vous laisseront pas venir en Angleterre. Madame de Boüillon vous peut dire que l'Angleterre a ses charmes, & je serois un ingrat, si je n'avoüois moi-même, que j'y ai trouvé des douceurs. J'ai appris avec beaucoup de plaisir, que Monsieur le Comte de Grammont a recouvré sa premiere santé, & aquis une nouvelle devotion. Jusqu'ici je me suis contenté grossierement d'être homme de bien ; il faut faire

quelque

quelque chose de plus, & je n'attens que vôtre exemple pour être dévot. Vous vivez dans un pays où l'on a de merveilleux avantages pour se sauver. Le Vice n'y est guére moins opposé à la mode qu'à la vertu : pecher, c'est ne savoir pas vivre, & choquer la bienséance autant que la religion. Il ne falloit autrefois qu'être méchant, il faut être de plus malhonnête homme, pour se damner en France presentement. Ceux qui n'ont pas assez de consideration pour l'autre vie, sont conduits au salut par les égards & les devoirs de celleci. C'en est assez sur une matiere où la conversion de Monsieur le Comte de Grammont m'a engagé : je la croi sincere & honnête. Il sied bien à un homme qui n'est pas jeune, d'oublier qu'il l'a été. Je ne l'ai pû faire jusqu'ici ; au contraire, du souvenir de mes jeunes ans, de la memoire de ma vivacité passée, je tâche d'animer la langueur de mes vieux jours. Ce que je trouve de plus fâcheux à mon âge, c'est que l'esperance est perduë ; l'esperance, qui est la plus douce des passions, & celle qui conttribuë davantage à nous faire vivre agréablement. Desesperer de vous voir jamais, est celui qui me fait le plus de peine : il faut se contenter de vous écrire quelquefois, pour entretenir une amitié, qui a resisté

sisté à la longueur du tems, à l'éloignement des lieux, & à la froideur ordinaire de la vieillesse. Ce dernier mot me regarde ; la nature commencera par vous à faire voir qu'il est possible de ne vieillir pas. Je vous prie de faire assurer Monsieur le Duc de Lauzun de mes tres-humbles services, & de savoir si Madame la Maréchale de Crequi a fait payer cinq cens écus qu'il m'avoit prêtés : on me l'a écrit il y a long-tems ; mais je n'en suis pas trop assuré.

lxxxix. FRAGMENT D'UNE LETTRE

A Mr LE COMTE

DE GRAMMONT.

JUSQU'ICI vous avez été mon HEROS ; & moi vôtre PHILOSOPHE ; nous partagions l'un & l'autre ces rares qualités : presentement tout est pour vous ; vous m'avez enlevé ma philosophie. Je voudrois être mort, & avoir dit en mourant ce que vous avez dit dans l'agonie : *Comtesse, si vous n'y prenez garde*, Dangeau *vous escamotera ma conversion* (1) On parle de ce beau dit dans
toutes

(1) Mr. le Comte de | Grammont étant ma-

toutes les Cours de l'Europe ***.

lade, Mr. le Marquis Dangeau le vint voir de la part du Roi, pour lui dire qu'il falloit songer à Dieu, le Comte se tournant alors du côté de Madame la Comtesse sa femme, lui dit le bon mot dont Mr de Saint-Evremond le felicite.

Sur l'amour de la vie. XC.

STANCES IRREGULIERES.

Poussé de son humeur guerriere,
 Un Prince étendra sa frontiere,
Par des travaux, par des faits éclatans :
 Etendre celle de ma vie
 Par des conquétes sur le tems,
C'est tout mon but, c'est toute mon envie.

 Qu'un autre vante son credit,
 Ou sa valeur, & sa conduite;
 Je ne connois plus de merite,
 Que santé, bon-goût, appétit.
 La santé que le Ciel nous donne,
Est le plus cher present qui nous en soit venu;
 Un Roi quitteroit sa couronne
Pour le bonheur de vivre autant que j'ai vécu.

 Les discours que la mort fait faire,
 Se pratiquent utilement;
 Et ceux qui les font, d'ordinaire,
 En vivent fort commodément.

Vient-on à son heure derniere ?
Approche-t-on du monument ?
Pour le consolateur, ce n'est pas une affaire ;
Un trépas en éloignement
Fait une impression legere ;
Mais le mieux consolé regarde tristement
Le passage fâcheux autant que necessaire.

On a beau lui representer
Les sottes vanités du monde ;
Rien ne sauroit l'en dégoûter :
Des vrais biens dont le Ciel abonde
Aucun ne sauroit le tenter.

Il voudroit pouvoir laisser prendre
Le bonheur qu'on vient lui offrir,
A celui qui le fait entendre,
Et sait si bien en discourir.
Un pere de ma connoissance
Prêchoit qu'il falloit tout souffrir,
Ne refuser croix, ni potence,
Etre toûjours prêt à mourir.

On entr'ouvrit une fenêtre,
Par où le vent de nord sur lui pouvoit venir ;
Il maudit mille fois le traître,
Le malheureux qui l'avoit fait ouvrir.

J'ai vû mourir plus d'une sainte
Qui sentant la mortelle atteinte,
Demandoit de bon cœur à Dieu
Quelque tems pour pleurer ses pechés en ce lieu.

D'une vapeur simple & legere,
Un celebre Docteur croit mourir aujourd'hui,
Qui rit du même mal qu'un autre a comme lui,
Au moment qu'il en fait sa plus grande misere.

J'ai

DE SAINT-EVREMOND.

    J'ai vû souvent de braves gens
    Exposer follement leur vie,
    Qui mourant avoient bien envie
    De vivre sages & prudens,

Vivre près de cent ans est une belle chose ;
Il est certain respect que le long âge impose :
J'ai l'âge, & du respect en tout pays reçû
    Je ne me suis pas apperçû.

    Toute personne qui me gronde (1)
    Devroit pouvant me traiter mieux ;
    C'est un beau poste dans le monde,
Que d'être le doyen des hommes les plus vieux.

Sans besoin du secours de la philosophie,
Dont on fait trop d'honneur au vieux St. Evremond;
Il seroit fort content s'il achevoit sa vie
Comme a pensé mourir le Comte de Grammont.

(1) Madame Mazarin.

LETTRE

XCI.
LETTRE
A Mr. LE MARQUIS
DE SAISSAC,
Au nom de Madame la Duchesse
MAZARIN.

IL faut commencer ma lettre par des remercimens, & vous dire en peu de paroles, que je vous suis extrémement obligée du soin que vous prenez de mes interêts. Cela merite bien que je vous declare avec franchise les veritables sentimens que j'ai sur mon retour. J'ai les mêmes que j'ai toûjours eus ; c'est de pouvoir payer mes dettes, pour avoir la liberté de sortir d'Angleterre. Voilà mes intentions pour le retour. Si vous aviez eu la curiosité de savoir l'état de mes affaires, je vous aurois dit qu'il n'a jamais été si mauvais qu'il est presentement. Je continuë à vivre d'emprunts ; & le plus grand mal, c'est que je ne vois pas le moyen d'emprunter davantage. Je sai bien qu'il ne tiendroit pas à vos diligences que je ne fusse soulagée. Vous n'avez pas pû faire plus
que

que vous avez fait : vous m'en laissez l'obligation, sans que j'en reçoive le soulagement.

L'Avocat de Monsieur Mazarin (1) manque de bonnes raisons : mais il repare la foiblesse de son discours, par le bon tour qu'il y donne. Il faut avoüer qu'il est délicat en raillerie. Nôtre ami commun, Monsieur de Saint Evremond aime tant le ridicule, qu'il se plaît même à celui qu'on lui donne. Il ne sait pas, dit-il, si l'Avocat a eu plus de plaisir de le donner, que de le recevoir, étant aussi ingenieusement tourné qu'il est. Toute malice qu'on exerce, fut-ce contre lui-même, lui est agréable : beau naturel, qui s'est maintenu dans sa pureté quatre-vingts ans.

Je retourne sur la fin de ma lettre aux complimens que je vous ai faits en la commençant. Je vous prie de croire que je serai toute ma vie sensible à vôtre amitié, & reconnnoissante des plaisirs que vous m'avez faits.

BILLET

---

(1) Mr. Erard.

XCII. **BILLET**

A MADAME LA DUCHESSE MAZARIN.

Vous m'avez commandé d'écrire à Monsieur de Saissac; & j'ai écrit : vous m'avez commandé d'écrire en Normand ; je m'en suis si bien acquitté, que je défie Monsieur de Saissac de connoître si vous vous joüez de ses diligences, ou si vous vous plaignez qu'il se soit contenté de vous donner des soins inutiles, quand vous pouviez attendre des effets de ses promesses. Mille complimens, s'il vous plaît, à Monsieur le Duc de Saint-Albans. Mon petit CONCERT est achevé : s'il le ctoit digne de son cabinet, je le ferai copier ; à ses dépens, s'entend. Je suis le premier auteur en prose, vers & musique, qui se ruine en copistes. Il faut que mes ouvrages ne vaillent pas grand' chose.

A LA MESME. XCIII

LE mouton de Windsor cede au mouton de Bath,
    C'est la décision d'Hortence;
  Bath aura donc la préference,
Windsor ne le sauroit disputer desormais:
    Et la chose est si certaine,
    Que Monsieur le Duc de Nevers
    Pourroit vous nommer dans ses vers,
Des bons-goûts d'aujourd'hui la Metropolitaine.

Vôtre mouton sera donc servi à l'exclusion de tout autre. Mes dîners sont dîners d'avanture, qui ressemblent fort à ceux des Théatins, qui se mettent à table sans savoir s'ils auront de quoi manger. Ces repas de la Providence ne laissent pas quelquefois d'être bons, par le soin de ceux qui apportent. Si vous voulez du fruit, apportez-en: du vin, j'en ai de bon. Vous tiendrez lieu de toutes choses: les conviés seront trop heureux de vous voir; & moi le premier, qui mets tout mon bonheur dans une vûë si précieuse. Il ne pleut que PARODIES (1). La derniere que je

---

(1) Après que le Roi Guillaume eût pris Namur, plusieurs personnes se divertirent en Angleterre & en Hollande à parodier en sa faveur, l'ODE que Monsieur Despreaux avoit faite pour le Roi de France.

je vous ai envoyée est peut-être celle dont Mylord Montaigu vouloit parler. Pour l'autre, je ne veux point écrire contre celui qui peut proscrire : vous savez assez les anciens & les modernes pour entendre ce Dit-là, & en faire l'aplication.

RE'PONSE

RÉPONSE AU PLAIDOYÉ DE Mr. ERARD,

Pour Monsieur le Duc MAZARIN, *contre Madame la Duchesse son Epouse.*

PRÉFACE (1).

IL n'est pas honnête d'entrer dans le secret des familles ; beaucoup moins d'exposer au jour ce qui se passe entre une femme & un mari ; mais puisque Monsieur Mazarin a bien

---

(1) Cette PREFACE n'est pas de Mr. de St-Evremond, mais comme il l'a retouchée, & qu'elle est d'ailleurs assez curieuse, on a jugé à propos de la conserver. Voyez la vie de Mr. de St. Evremond sur l'année 1689.

bien voulu le declarer au Grand Conseil, & Mr. Erard son Avocat le faire imprimer ; il n'étoit pas juste que le monde n'écoutât qu'une Partie ; & la RÉPONSE AU PLAIDOYÉ m'étant tombée entre les mains, j'ai crû la devoir donner au public pour le faire Juge des raisons. J'espere qu'après les avoir examinées, on trouvera Madame Mazarin digne d'un autre sort, & d'un autre époux.

Si Monsieur le Duc Mazarin s'en étoit tenu aux froideurs, aux seicheresses, aux duretés, Madame Mazarin se seroit contentée de pleurer son malheur en secret ; esperant de le pouvoir ramener par sa constance à souffrir, & par sa douceur à lui complaire : mais s'étant porté à des excès qui lui ôtoient tout repos, & a une dissipation qui ruinoit entierement la famille, elle a cherché des remedes qui pûssent conserver son bien & sa liberté.

Les parens ont agi, les Directeurs s'en sont mêlés, l'autorité du Roi est intervenuë, rien n'a pû persuader ; rien n'a pû réduire Monsieur Mazarin : falloit-il que l'épouse fût éternellement assujettie aux caprices, aux enthousiasmes, aux fausses révelations de l'époux ?

C'est ce que Monsieur Erard a soutenu avec autant d'injures que de calomnies. Voici
quelques

quelques passages du plaidoyé qui feront connoître l'esprit furieux de l'Avocat.

Les affaires d'Angleterre sont venuës à un point, qu'il n'a plus été permis, ni à un François, ni à un Catholique, ni à un homme de bien de demeurer à Londres. Si Madame Mazarin, ajoûte-t-il, avoit eu quelque attachement pour le Roi Jacques, & la Reine, & quelques reconnoissances de leurs bontés ; si elle avoit seulement eu les sentimens d'honneur & de religion qu'elle devoit avoir pris auprès d'eux, auroit-elle pû voir sans horreur l'Usurpateur de leurs états, & le destructeur de nôtre foi établir sa tyrannie sur le débris de leur trône legitime, & sur les ruines de la veritable religion ?

Dans un autre endroit :

A moins qu'un beau zele ne fist chercher à Madame Mazarin une glorieuse palme, & ne lui fit concevoir une sainte ambition d'être immolée par cete nation farouche.

Mais enfin, comment prétendra-t on encore faire servir les noms du Roi & de la Reine d'Angleterre, à excuser l'évasion & l'absence de Madame Mazarin.... maintenant qu'on la voit offrir au Prince d'Orange le même encens qu'elle leur offroit ; mais avec tant de bassesse & d'indignité, qu'il y avoit d'honneur pour elle à les reverer.

Tome. V. Y Es

Et à la fin de son plaidoyé.

Quelle excuse peut avoir à present Madame Mazarin ? le Prince d'Orange est-il son parent ? tous ces joüeurs, ces libertins, ces presbyteriens, les Episopaux, ces trembleurs ; en un mot, ces gens de toutes religions, hormis la bonne, dont sa maison est remplie, sont-ils ses parens ?

Il faudroit transcrire le plaidoyé, si on vouloit citer tout ce qu'il dit injurieusement contre Madame Mazarin & contre la nation Angloise.

Monsieur Mazarin ne sauroit nier qu'il n'ait fourni un sujet de séparation legitime : mais il se vante de n'avoir rien oublié pour procurer la réünion; & il est certain qu'il en a envoyé même les articles. Le premier, & sur quoi roulent presque tous les autres :

Rien par condition, tout par amitié.

Dans les difficultés qui ne manqueront pas de survenir, l'éclaircissement aussi-tôt.

Copier le meilleur ménage du Royaume; modele sur lequel il faudra regler le nôtre.

Ne donner jamais au public le détail de nos affaires domestiques : encore moins aux curieux ce qu'il y a de plus secret ; mais leur dire en peu de mots, que le raccommodement s'est bien passé.

Monsieur Mazarin ne se contentant pas d'avoir reglé l'épouse & l'époux, a voulu faire des reglemens qui fussent observés dans toutes ses terres, sans considerer la jurisdiction des Evêques, ni l'autorité des Gouverneurs. Il a commencé par les affaires ecclesiastiques, qui doivent aller devant les civiles avec raison. Comme ces articles sont imprimés, on en parlera en gros seulement.

Il aporte le bon ordre dans les Confrairies, où il s'est glissé, dit-il, beaucoup d'abus.

Il prescrit aux Curés leur devoir dans les Messes Paroissiales, & particulierement dans les Prônes : Vêpres, & Complies ne sont pas oubliées : il touche legerement le Sermon.

Passant de-là à quelques Regles pour les seculiers ; il veut qu'un apoticaire ou son garçon qui portera un remede soit habillé décemment, & que le malade prêt à le recevoir garde en se tournant toute la modestie qu'il pourra.

Il défend aux femmes de tirer les vaches, & de filer au roüet, à cause d'un exercice des doigts, & d'un mouvement du pied, qui peuvent donner des idées malhonnêtes.

Il demande une grande pureté aux bergeres qui conduisent les moutons, plus grande aux bergers qui gardent les chevres.

Pour les Pastres, tant ceux qui ont les taureaux, que ceux qui leur menent les vaches, ils doivent détourner les yeux de l'expedition ; après laquelle on procedera au payement, selon la taxe qu'il y a mise.

Ayant de grandes terres en plusieurs Provinces, il y va lui-même pour faire observer ses reglemens, & comme ils sont mal reçûs partout, il achete bien cherement l'obéïssance à ses ordres. L'attirail de ses Confrairies, l'équipage de ses dévots errans, moitié ecclesiastiques, moitié seculiers, feroient en Asie une caravane assez nombreuse ; & ce n'est pas la maniere de se ruiner la moins magnifique qu'i ait trouvée. Cela suffiroit pour justifier la séparation de Madame Mazarin ; ne laissez pas d'entendre son Avocat.

RÉPONSE AU PLAIDOYÉ DE Mr. ERARD, &c. (1)

C'EST une chose assurée, Messieurs, qu'on ne va point tout d'un coup à l'impudence. Il y a des degrés par où l'on monte à l'audace de dire & de soûtenir les grands mensonges. La verité n'a besoin ni d'instructions, ni d'essais. Elle est née, pour ainsi dire, avec nous : à moins que de corrompre son naturel, on est veritable. Jugez, Messieurs, combien il a fallu d'art, d'étude, d'exercice à Mr. Erard, pour arriver à la perfection du talent qu'il s'est donné. Que de verités déguisées, de suppositions, de faits inventés il a fallu, pour former la capacité de ce grand homme!

Dire que Monsieur de Nevers accompagna Madame sa sœur jusqu'au premier relais;

---

(1) Mr. de St. Evremond fit cette réponse sur les Memoires que Madame Mazarin lui avoit donnés, & adoucit les expressions autant qu'elle voulut bien le lui permettre. Voyez la vie de Mr. de S. Evremond.

lais ; ce qu'il ne fit point : que Madame Mazarin emporta de riches ameublemans, & beaucoup de vaisselle d'argent ; elle qui n'a jamais eu aux pays étrangers ni meubles, ni argent, ni pierreries, si vous en exceptez un simple collier qu'elle portoit ordinairement en France : dire qu'elle a demeuré dans les Etats du Roi d'Espagne, où elle ne fit que passer en pleine paix par la necessité du voyage : qu'elle a scandalisé tous les Couvens où elle a été, quoi qu'on l'ait vûë cherie & honorée de Madame de Chelles, de Madame du Lis, & de toutes les Supérieures des maisons où elle a vécu : que sa pension en Angleterre a été donnée en consequence d'un argent dû à Mr. le Cardinal ; dette que les deux Rois ont toûjours traitée de chimerique & de ridicule : inventer cent faits de cette nature-là, déguiser, feindre, supposer, ont été comme les degrez par où Mr. Erard a monté à la hardiesse de son éloge pour Monsieur le Duc, à l'impudence de ses calomnies contre Madame la Duchesse Mazarin.

Si tant de loüanges ; tant d'opprobres ne sont pas formés dans vôtre esprit, dites-nous, Mr. Erard, qui a pû vous instruire des vertus de Monsieur Mazarin ? Est ce dans la Cour, dans les Provinces, dans les villages qu'on vous en a donné de si belles

belles notions ? Qui vous a inſtruit des méchantes qualités de Madame Mazarin ? Eſt-ce à Paris, à Rome, à Veniſe, à Londres, qu'on vous les a declarées ? Je puis vous donner de meilleures lumieres ſur tous les deux ; & pour empêcher que vous ne retombiez dans l'erreur, je vous dirai charitablement que Monſieur Mazarin ſe fait mépriſer où il eſt, & où il n'eſt pas ; que Madame Mazarin eſt eſtimée par tout où elle a été, par tout où elle eſt.

Mais en quel pays étiez-vous, ou dans quelle obſcurité paſſiez-vous la vie, pour ignorer comment ſe fit le Mariage de Monſieur Mazarin ? Monſieur le Cardinal au commencement de ſa maladie voulut examiner le merite de nos courtiſans, pour en trouver un à ſon gré, digne d'épouſer ſa belle-niece, & capable de ſoutenir l'honneur de ſon nom. Comme il lui reſtoit encore quelque vigueur, il n'eut pas de peine à réſiſter aux vertus qui ſe trouvoient avec peu de bien ; mais ſon mal augmentant tous les jours, & ſon jugement diminuant avec ſes forces, il ne réſiſta point à la fauſſe opinion qu'on avoit des richeſſes de Monſieur Mazarin. Voilà, Monſieur Erard, voilà ce noble & glorieux choix de Monſieur le Cardinal ; choix, à parler ſérieuſement, qui faillit à ruiner ſa réputation, malgré tout
le

le merite de sa vie passée. Là se perdit le respect des courtisans ; là les plus retenus se laisserent aller aux railleries ; & des Ministres étrangers écrivirent à leurs Maîtres, qu'il ne falloit plus compter sur son Eminence, après le Mariage ridicule qu'elle avoit fait.

Quelque aversion que vous puissiez avoir pour les verités, faites-vous la violence d'écouter celles que je vais dire de Monsieur Mazarin. Vous ne sauriez avoir plus de répugnance pour les verités, que j'en ai pour les mensonges ; cependant il m'a fallu écouter ceux que vous avez dits sur le sujet de Madame Mazarin, avec autant de méchanceté que d'impudence.

A la mort de Monsieur le Cardinal, les courtisans, qui ne connoissoient pas encore la délicatesse du goût du Roi appréhenderent que Monsieur Mazarin ne fût heritier de la faveur, comme des biens & du nom » de son Eminence. » On a oüi dire à Mon- » sieur de Turenne, que s'il voyoit cette in- » dignité-là, il quitteroit la France avec la » même facilité qu'il l'avoit quittée autre- » fois, pour aller servir Monsieur le Prince. Le Maréchal de Villeroi, qui devoit mieux connoître le discernement de Sa Majesté, pour avoir été son Gouverneur, ne laissoit pas d'avoir ses appréhensions. Le Maréchal de de Clerembaut, qui s'estoit signalé à rendre ce Mariage ridicule, fut alarmé: mais Monsieur Mazarin, plus dans leurs interêts que dans les siens, demeura seulement à la Cour autant de tems qu'il lui en falloit pour se décrier, & donner au Roi le judicieux mépris qu'il a conservé pour sa personne.

Toutes les craintes néanmoins ne furent pas levées: on eut peur que le Maréchal de la Meilleraye, qui avoit tenu dans son tems le premier poste à la guerre, ne servît d'exemple à son Fils pour s'y donner la plus grande consideration. Monsieur Mazarin étoit trop honnme de bien pour laisser le monde dans cette erreur. Il renonça à la guerre, comme il avoit fait à la Cour; & vous m'avoüerez, Messieurs, que ce ne fut pas la chose la moins sage de sa vie.

Il ne lui restoit que trop de quoi se faire considerer, les charges, les gouvernemens, les richesses, en quoi il surpassoit tous les sujets de l'Europe, lui attiroient assez de respect; mais il s'en défit, comme de choses superfluës, en philosofophe; ou comme de vanités dangereuses au salut, en Chrétien. De quelque maniere que ce fût, il ne se laissa rien d'un amas si précieux à l'égard des hommes. De mille raretés, que l'opulence & la curiosité avoient amassées; d'un nombre infini de tableaux, de statuës, de tapisseries, il n'y eut rien qui ne fût défiguré, ou vendu : de toutes les charges, Monsieur Mazarin n'en conserva aucune ; de tous les Gouvernemens, il ne garda que celui d'Alsace, où il sçavoit bien qu'on l'empêcheroit de commander. Enfin, Messieurs, de vingt millions que Madame Mazarin lui avoit apportés, on a honte de nommer le peu qui reste ; & la seule raison qu'il en a donnée, c'est qu'en conscience il ne pouvoit pas garder des biens mal acquis. Ils n'estoient pas mal acquis, Messieurs ; ils ne l'étoient pas : la Couronne défenduë contre tant de forces au-dedans, & tant de puissances au-dehors, en avoit fait l'acquisition, que la Justice & la liberalité du Roi ont confirmée ; mais ces avantages-là ont été aussi mal laissés, que mal gardés. La memoire de Monsieur le Cardinal est responsable du mauvais choix qu'il fit de Monsieur Mazarin, & Monsieur Mazarin du méchant usage qu'il a fait de ces grands biens.

Epargnons à Madame Mazarin la douleur d'entendre un plus long discours sur cette dissipation : épargnons à Monsieur Mazarin le honteux souvenir de la maniere dont il a tout dissipé. Triste condition à Madame Mazarin, d'avoir à souffrir la dissipation

tion de ſes richeſſes ; plus triſte d'avoir toûjours le diſſipateur devant les yeux ! Voilà comment ſe paſſoient les malheureuſes journées de Madame Mazarin. Elle attendoit le repos des nuits, qui ne ſe refuſe pas aux miſerables, pour ſuſpendre le ſentiment de leurs maux ; mais ce ſoulagement n'étoit point pour elle. A peine ſes beaux yeux étoient fermés, que Monſieur Mazarin, qui avoit le diable preſent à ſa noire imagination ; que cet aimable époux éveilloit ſa bien-aimée pour lui faire part.... vous ne devineriez jamais, Meſſieurs, pour lui faire part de ſes viſions nocturnes. On allume des flambeaux ; on cherche par tout ; Madame Mazarin ne trouve de phantôme que celui qui avoit eſté auprès d'elle dans ſon lit. Sa Majeſté fut traitée plus obligeamment : elle eut la confidence des révélations, des lumieres divines que le commerce ordinaire de Monſieur Mazarin avec le Ciel, lui avoit données. Le monde eſt pleinement informé des révélations ; & puiſque Mr. l'Avocat a tant fait valoir la dévotion qui a merité cette grace, je vous ſupplie, Meſſieurs, d'avoir la patience d'en écouter quelques effets ; ils ſont ſinguliers, & dignes de vôtre attention.

Dans le tems que Monſieur Mazarin recherchoit Mademoiſelle Hortence, il donna un billet de cinquante mille écus à Monsieur de Frejus (1), à condition qu'il le serviroit dans ce mariage, qu'avec raison il sollicitoit si ardemment. Le mariage se fit, où Monsieur de Frejus eut beaucoup de part : mais comme il n'étoit ni facile, ni honnête à un Prélat de se faire payer d'une promesse de cette nature-là, il la rendit à Monsieur Mazarin, se fiant plus à sa parole qu'à son billet. Quelque tems après cette generosité, Monsieur l'Evêque eut besoin d'argent, pour l'établissement de ses neveux, & en demanda à Monsieur Mazarin, qui faisant violence à son bon naturel, refusa de le payer ; instruit par son Directeur, qu'acheter le sacrement de Mariage eût été une simonie plus criminelle pour lui, que celle d'acheter l'épiscopat pour un Evêque.

Voyez, Messieurs, la bonne & délicate conscience de Monsieur Mazarin : Monsieur de Frejus, tout Evêque qu'il étoit, eût reçû l'argent sans avoir égard à la simonie ; Monsieur Mazarin simplement laïque, fit scrupule de le donner, & religieusement ne le donna pas.

Voici un autre exemple qui confirmera l'opinion qu'on a de sa pieté. Monsieur Mazarin

―――――――――――――――――
(1) *Zonzi Ondedei, Evêque de Frejus, créa-* | *ture du Cardinal Mazarin.*

zarin avoit un Procès très-important, dont il pouvoit sortir avec avantage par accommodement : il répondit à ceux qui le proposoient, que *notre Seigneur n'étoit point venu au monde pour y apporter la paix ; que les controverses, les disputes, les Procès étoient de droit divin, & les accommodemens d'invention humaine : que Dieu avoit établi les Juges, & n'avoit jamais pensé aux Arbitres ; ainsi qu'il étoit résolu de plaider toute sa vie, & de ne s'accommoder jamais :* Parole, qu'il a chrétiennement gardée, & qu'il gardera toûjours.

La pudeur ne me permet pas, Messieurs, de vous expliquer le sujet de son voyage en Dauphiné, pour consulter Monsieur de Grenoble : je vous dirai seulement qu'on n'a jamais entendu parler d'un cas de conscience si extraordinaire, ni d'un scrupule si tendre & si délicat. (1).

Mais voici le chef-d'œuvre de Monsieur Mazarin en dévotion : il a fait nourrir un des

---

(1) *Monsieur Mazarin alla demander à l'Evêque de Grenoble (le Cardinal Le Camus) s'il pouvoit en bonne conscience consentir au Mariage de sa fille aînée avec le Marquis de Richelieu On concevra aisément que le cas de conscience devoit être des plus singuliers, puisqu'il avoit échappé aux recherches infatigables des casuistes les plus éclairés.*

des enfans de Madame de Richelieu, avec défense expresse à la nourrice de lui donner à teter les Vendredis & les Samedis, pour lui faire succer au lieu de lait, le saint usage des mortifications & des jeûnes.

Voilà, Messieurs, la dévotion de Monsieur Mazarin, dont son Avocat n'a pas eu honte de faire l'éloge; dévotion, qui sert aux refugiés pour s'opiniâtrer dans leur créance : mais les catholiques se mocquent aussi bien qu'eux d'une pieté ridicule ; & vous Messieurs, qui en avez une si solide, ne la désaprouvez pas moins que les Protestans.

Le premier malheur de l'Homme, c'est d'être privé du sens, dont il a besoin dans la societé humaine : le second, c'est d'être obligé de vivre avec ceux qui ne l'ont pas. Ces deux calamités se sont trouvées pleinement dans le mariage infortuné de Monsieur & de Madame Mazarin. Monsieur Mazarin a de sa nature un éloignement si grand de la raison, qu'il lui est comme impossible d'être jamais raisonnable : seule excuse que ses amis, s'il en a, pourroient nous donner de sa conduite. Madame Mazarin a reçu de sa mauvaise fortune la contrainte de demeurer avec Monsieur Mazarin. Le supplice du vivant attaché avec le mort, n'est pas plus cruel que celui du sage lié neceſſairement avec ſon contraire ; & c'eſt la cruauté que Madame Mazarin a été obligée de ſouffrir pendant cinq ans. Obſedée le jour : effrayée la nuit : fatiguée de voyages ſur voyages faits mal-à-propos : aſſujettie à des ordres extravagans & tyranniques ; ne voyant que des obſervateurs, ou des ennemis ; & ce qui eſt le pire dans les conditions infortunées, malheureuſe ſans conſolation. Toute autre ſe ſeroit défenduë de l'oppreſſion, par une reſiſtance declarée : Madame Mazarin voulut échaper ſeulement à ſes malheurs, & aller chercher au lieu de ſa naiſſance avec ſes Parens, la ſureté, & le repos qu'elle avoit perdu.

Tant qu'elle a été à Rome, on l'a vûë honorée de tout ce qu'il y avoit d'illuſtre & de grand : revenuë en France, elle obtint du Roi une penſion pour ſubſiſter, & un officier de ſes gardes pour la conduire ſurement hors du royaume, où elle ne pouvoit, ni ne vouloit demeurer. Après tant d'agitations elle établit ſa retraite à Chambery, où elle paſſa trois ans tranquillement dans les réflexions & dans l'étude ; au bout deſquels elle vint en Angleterre, par la permiſſion de Sa Majeſté. Tout le monde ſait la conſideration que le Roi Charles & le Roi Jacques ont eu pour elle. Tout le monde ſait les graces qu'elle en a reçûës ; graces purement attachées

tachées à sa personne, sans aucune relation à la dette de Monsieur le Cardinal. C'est donc aux seuls bienfaits de leurs Majestés que Madame Mazarin a dû les moyens de subsister; car son époux, aussi juste & charitable que dévot, lui a fait ôter la pension que le Roi de France lui avoit donnée.

Que vous agissez peu chrétiennement, Monsieur Mazarin, vous qui ne parlez que de l'EVANGILE ! Les vrais chrétiens rendent le bien pour le mal; vous laissez mourir de faim une femme qui vous a apporté plus de bien en mariage, que toutes les Reines de l'Europe ensemble n'en ont apporté aux Rois leurs époux. Les vrais chrétiens pardonnent les injures qu'on leur fait; vous ne pardonnez pas les outrages que vous faites. Une persécution en attire une autre; par une humeur qui s'aigrit, par un esprit qui s'irrite en faisant le mal, vous augmentez la persécution à mesure que vous persecutez. N'étoit-ce pas assez de laisser Madame Mazarin sans aucun bien pendant votre vie ? Falloit-il songer à la rendre miserable après vôtre mort ? Falloit-il chercher des précautions contre la fin de ses malheurs, quand vous ne serez plus en état d'en pouvoir joüir ?

Ne pensez pas qu'il suffise à vôtre Avocat d'avoir toûjours à la bouche l'auguste & venerable

nerable nom d'époux, le sacré nœud de mariage, le lien de la société civile : nous avons pour nous Monsieur de Mazarin contre l'époux ; nous avons ses méchantes qualitez contre ces belles & magnifiques expressions. Notre premier engagement est à la raison, à la justice, à l'humanité ; & la qualité d'époux ne dispense point d'une obligation si naturelle. Quand le mary est extravagant, injuste, inhumain, il devient tyran, d'époux qu'il étoit, & rompt la société contractée avec sa femme. De droit la séparation est faite : les Juges ne la font pas ; ils la font valoir seulement dans le public par une solemnelle declaration. Or que Monsieur Mazarin n'ait pleinement les qualitez qui font ce divorce, il n'y a personne qui en puisse douter. Son humeur, son procedé, sa conduite, toute ses actions le prouvent. La difficulté seroit d'en trouver une qui ne le prouvât pas ; & Monsieur Erard a beau la chercher, Messieurs, il ne la trouvera point. Il dira que Monsieur Mazarin est dévot ; je l'avouë : mais sa dévotion fait honte aux plus gens de bien : il dira qu'il jeûne, qu'il se mortifie ; il est certain ; mais le tourment qu'il donne aux autres lui fournit plus de douceur, que son austerité ne lui fait de peine. S'abstenir de nuire, s'empêcher de faire du mal, seroit une abstinence

agréable

agréable à Dieu, & utile aux hommes. Mais la mortification de Monsieur Mazarin en seroit trop grande, & sans une grace extraordinaire du ciel il ne la pratiquera jamais.

Peut-être que Mr. Erard descendra de la religion à la morale, & parlera de sa liberalité ? nous opposerons son avarice en toutes les choses honnêtes, à sa prodigalité en ce qui n'est pas permis. Pour mieux dire, il ne donne point, il dissipe ; il ôte à sa femme, à ses enfans ce qu'il abandonne aux étrangers. Les vertus changeroient de nature entre ses mains, & deviendroient plus condamnables que les vices. Plût à Dieu, Messieurs, que nous eussions besoin de faux vices, comme en a Mr. Erard de fausses vertus ! Pour nôtre malheur nous n'avons que trop de méchantes qualités veritables à vous alleguer. Des Procès mal fondés avec les voisins ; des inimitiés sans retour avec les proches ; un traitement tyrannique aux enfans; une persecution éternelle à la femme, sont les funestes & incontestables preuves de ce que nous soûtenons.

Pour Monsieur Erard, aprés avoir negligé toutes verités comme basses, grossieres, indignes de la délicatesse de son esprit ; aprés avoir usé sa belle imagination à inventer & à feindre ; à donner la couleur des vertus

vertus aux vices, l'apparence des vices aux vertus. Rebuté enfin du mauvais succés de ses artifices, il a recours à des loix éteintes, dont il veut rétablir l'autorité ; il a recours à la vieille & ridicule novelle de Justinien : belle ressource à un Avocat de si grande réputation !

La voici, Messieurs, cette loi menaçante, & redoutable à la societé humaine : cette novelle qui ôte aux honnêtes gens la plus douce consolation de la vie, par la punition d'un commerce tout raisonnable & tout innocent :

Si une femme mange avec des hommes, sans la permission de son mari, elle déchoit de ses droits ; elle n'a plus de part à ses conventions matrimoniales.

Heureusement la novelle n'a point de lieu dans les Etats où l'on vit presentement : il n'y auroit point de femmes au Pays-bas, en France, & en Angleterre, qui ne perdissent leur dot, si la bonne loi avoit conservé quelque crédit. Je m'étonne que pour faire voir une plus grande connoissance de l'antiquité, Mr. Erard ne vous ait menez du tems de Justinien à celui de Romulus, où les maris & les peres ne revenoient jamais à leur maison sans baiser leurs femmes & leurs filles, pour sentir à leur haleine si elles avoient bû du vin & en ce cas, on punissoit le mal que le vin pouvoit causer, encore que le mal ne fût pas fait.

J'avouë que les loix autorisent fort les maris ; mais il n'y avoit pas de MAZARINS lors qu'on les fit : s'il y en avoit eu, toute l'autorité seroit du côté des femmes. La raison des anciens a fait des loix justes ou necessaires, pour regler leur tems ; la vôtre, Messieurs, ne perd rien de ses droits par les reglemens de l'antiquité ; & c'est à vous qu'il appartient de juger souverainement, & par vos propres lumieres, de nos interêts.

Les maris seroient trop heureux, si l'entêtement de Mr. Erard étoit suivi : les femmes trop malheureuses, s'il avoit quelque influence sur vos jugemens. Il ne faudroit qu'être mari pour être excusé de toutes fautes ; justifié de tout crime, pour être loüé de tous défauts. Il ne faudroit qu'être femme, pour être condamnée, quoiqu'innocente ; pour être méprisée avec du merite ; décriée avec de l'honnêteté. Que Monsieur Mazarin gâte, ruine, dissipe tout ; il en est le maître : c'est le mari : que Madame Mazarin soit laissée dans la necessité ; qu'on l'abandonne à la misere, à la tyrannie des creanciers ; quel droit a-t-elle de se plaindre de Monsieur Mazarin, dit son Avocat ? c'est sa femme. Aussitôt une coutume des
Grecs,

Grecs, une loi des Romains, quelque Novelle de Justinien, viennent appuyer la déclamation. Madame Mazarin mange avec des hommes sans la permission de Monsieur Mazarin ; elle perd sa dot, elle perd ses conventions matrimoniales : elle perd tout ce qu'elle peut jamais prétendre. Moderez-vous, Mr. Erard ; moderez-vous, autrement je formerai vôtre caractere, de ce qu'a dit Saluste dans l'éloge de Catilina ; ELOQUENTIÆ SATIS, SAPIENTIÆ PARUM : *Assez d'éloquence, peu de sens.*

Venons à la révolution extraordinaire, dont l'imagine ne se présente point à l'esprit sans l'étonner : c'est-là, dit M. Erard, que Madame Mazarin devoit sortir d'Angleterre; & là-dessus il exagere la honte d'y demeurer, après que la Reine, à qui elle avoit l'honneur d'appartenir, en étoit sortie.

Je ne doute point que Madame de Boüillon, & Madame Mazarin n'eussent accompagné la Reine avec plaisir ; mais le secret de quitter son Royaume étoit si important, qu'elle ne le communiqua à personne : ainsi les dames furent laissées par necessité dans un trouble, que la seule presence du nouveau Prince pût appaiser. Depuis ce temslà, il n'a pas été possible à Madame Mazarin de quitter un pays, où ses creanciers la tiennent comme assiegée ; où proprement Monsieur

Monsieur Mazarin la retient, l'ayant obligée à contracter des dettes inévitables, qu'il ne veut pas payer. Il demande, avec cet empire de mari si cher à son Avocat, qu'elle retourne à Paris, & il en necessite l'éloignement ; il entretient la séparation dont il se plaint. Il semble vouloir la personne, & ne veut en effet que le bien, pour en achever la dissipation.

Le Parlement d'Angleterre a voulu chasser Madame Mazarin, je l'avouë ; mais elle n'a pas eu besoin d'implorer la protection du Roi qui regne ; la justice a prévenu la grace qu'elle eût été obligée de demander.

Mais, dites-moi, Mr. l'Avocat, qui vous a poussé à déclamer si injurieusement contre ce Roi ? Vous le nommez le destructeur de nôtre foi bien mal-à-propos. Sans son humanité, sa douceur, sa protection, il n'y auroit pas un catholique en Angleterre. Vous avez crû faire vôtre cour au Roi de France, & vous vous êtes trompé. Un Prince qui a le vrai goût de la gloire ; un Prince si éclairé, connoît le grand merite par tout où il est. Ses lumieres & ses affections ne sont pas toûjours concertées ; être genereux dans l'infortune de son allié, ne l'empêche pas d'être équitable aux vertus de son ennemi.

Je reviens à Madame Mazarin ; il ne me
reste

reste à la justifier que de trois accusations, qui ne me feront pas beaucoup de peine. La première, c'est qu'il y a chez elle une banque; la seconde, qu'elle y voit des Episcopaux & des Presbyteriens; la troisième, qu'elle converse avec des Mylords.

Ecoutez, Messieurs, écoutez tonner vôtre orateur. Jamais le Demosthene des Grecs ne lança ses foudres avec tant de force contre Philippe, que l'Erard des François lance les siens contre Madame Mazarin. Madame Mazarin a une Banque chez elle; quel déreglement! une Bassette en sa Maison; quelle honte! Elle y voit des Episcopaux & des Presbyteriens; quelle impieté à une catholique! à la femme de Monsieur Mazarin! appliqué sans relache au bien des congregations & des confréries! Elle parle à des Mylords; quelle dépravation de mœurs! *O tempora! ô Mores!*

Revenez, Monsieur l'Orateur, de la chaleur de vôtre éloquence au sang froid. Les grands génies sont sujets à l'emportement; permettez-vous un peu d'attention: donnez vous le loisir de considerer un peu les choses. Pensez-vous que trois grandes Reines dévotes & vertueuses, s'il y en eut jamais; que la Reine Catherine, la Reine Marie qui est en France, que la Reine regnante en Angleterre, que la Princesse sa sœur qui a tant de régularité ; pensez-vous qu'elles eussent eu des bassettes publiques à la Cour, si la bassette n'étoit pas un divertissement honnête: un jeu innocent ?

L'accusation de voir des Episcopaux & des Presbyteriens est ridicule. Reprocher à Madame Mazarin de voir à Londres des Protestans ; c'est la même chose que reprocher à un Protestant qui seroit à Rome, d'y voir des catholiques. Mais s'il y a du crime à voir des protestans en Angleterre, n'y en a-t-il pas davantage à les épouser ? Cependant une fille de France, & une Infante de Portugal, n'en ont pas fait difficulté. Leurs Chambellans, leurs Dames d'honneur étoient protestans. La Reine Marie avoit ses principaux officiers de cette Religion-là ; comment est-ce que Madame Mazarin eût pû aller à la Cour sans les voir ? Les yeux de la Reine s'en accommodoient, pourquoi ceux de Madame Mazarin en auroient-ils été offensés ? Mais si jamais zele pour la Religion Catholique s'est signalé, ça été celui du Roi Jacques, & de la Reine Marie ; ces Princes veritablement zélés, n'ont pas laissé de se faire couronner à Westminster ; de prier avec les Evêques, & de recevoir la couronne des mains de l'Archevêque de Cantorberi. La société a des loix indispensables, des loix également ennemies de l'impieté, & des difficultés scrupuleuses.

Enfin

Enfin, nous voici arrivez aux Mylords, aussi peu connus de Mr. Erard, que les Bachas & les Mandarins. Je lui apprendrai que les Mylords sont les Pairs du Royaume d'Angleterre, les sujets les plus considerables de la nation. Madame Mazarin avouëra qu'elle en connoît beaucoup qu'on estime autant par leur merite, qu'on les considere par leur rang & leur dignité : elle avouëra qu'elle en a reçû de grands services en des tems fâcheux, & de grandes assistances dans ses besoins. Après cette confession, il me semble que j'entens Mr. Erard s'écrier : Quelle dépravation de mœurs ! O TEMPORA ! O MORES ! qu'il ne trouve pas mauvais que je m'écrie avec plus de raison ; O INEPTIAM INAUDITAM ! O impertinence inoüie ! sotise achevée !

Eh quoi, Messieurs ? il sera permis à Monsieur Mazarin de deshonorer dans tous les Villages le nom qu'il porte : il lui sera permis de regler l'honnêteté necessaire à conduire les moutons ; d'ordonner le juste payement dû aux pastres, pour les expeditions de leurs taureaux ; de prescrire la bienséance que doit garder un garçon Apoticaire quand il donne un lavement : il lui sera permis de défendre aux femmes de tirer les vaches, & de filer au roüet ; & Monsieur l'orateur ne pourra souffrir que Madame Mazarin soûtienne

Tome V.   A a   la

la dignité de son nom dans toutes les cours, & chez toutes les nations où elle se trouve?

Vous êtes éloquent, Mr. Erard, vous parlez bien : mais les choses déraisonnables dites éloquemment, ne font aucune impression sur un bon esprit. Que Madame Mazarin doive retourner avec son mari, pour entrer dans la congregation des bergers, des pastres, des garçons Apoticaire ; qu'elle retourne avec Monsieur Mazarin, pour trouver de nouveaux REGLEMENS sur son sujet aussi ridicules que ceux qu'il a fait imprimer ; c'est ce que toutes vos belles paroles ne persuaderont pas à des gens sensés. Si vous haranguiez devant un peuple ignorant, vous pourriez l'éblouir, ou l'émouvoir ; mais pour vôtre malheur, vous avez affaire à des Juges éclairés, à des hommes sages, précautionnés contre toutes les fausses lumieres, & contre toutes les vaines exagerations.

Je voudrois, Messieurs, que Monsieur & Madame Mazarin parussent devant vous à une audience. Vous liriez leur séparation sur leurs visages. Tous les traits de Monsieur Mazarin seroient autant de preuves qui confirmeroient ce que j'ai dit. Un regard de Madame Mazarin confondroit toutes les impostures de Mr. Erard. Le Ciel les a déja séparés par la contrarieté des humeurs : par

l'opposition

l'opposition des esptits ; par les bonnes & les mauvaises inclinations ; par la noblesse des sentimens de l'une, & l'indignité de ceux de l'autre : la nature les a séparés comme le Ciel, par une beauté qui charme les yeux, par un vilage moins délicieux à la vûë. Un astre funeste fait des nœuds infortunés, dont la raison de Madame Mazarin l'a dégagé. Ainsi, Messieurs, vous avez la cause du Ciel, de la nature, de la raison, soûmise à vos jugemens. Que vôtre sagesse donne la derniere forme à ce grand ouvrage ; qu'elle assûre cette séparation pour jamais, & qu'ôtant à Monsieur Mazarin l'administration de ses biens, elle sauve aux enfans le peu qui reste de l'amas prodigieux qu'il a dissipé.

A a 2   REGLE.

REGLEMENS DE MONSIEUR LE DUC MAZARIN.

Nous Mazarin le pieux,
Et le député des Cieux,
Pour les Villages de France ;
A tous nous faisons savoir,
Qu'en vertu d'un plein pouvoir
Commis à nôtre prudence,
Nous avons formé des loix,
Dont ne prendront connoissance
Evêques, Papes, ni Rois.

» Qu'un bon Apoticaire en qui chacun se fie
» Ait ses provisions de tout médicament,
» Potions, cordiaux pour chaque maladie,
» Portés par un garçon habillé décemment.

» Qu'un patient discret tourne avec modestie
» Ce que je ne sçaurois nommer modestement,
» Si d'un air précieux, je ne dis, la Partie
» Où le boüillon des sœurs est donné proprement.

» Le pastre ajustera dans la vaste prairie
» De vaches & taureaux l'utile accouplement ;
» Mais de peur que son ame en demeure salie,
» Où l'appetit du moins ému brutalement,
» Il doit fermer les yeux au tems de la saillie,
» Et quand le coup est fait demander son païment.

» La bergere au hameau dans la pudeur nourrie,

„ Menera ses moutons aux champs innomment,
„ Et le berger, contraire aux bergers d'Italie,
„ Ses chevres gardera toûjours honnêtement.
„ De flutes, chalumeaux, de champêtre har-
„ monie,
„ De chanson aux échos dite amoureusement,
„ De danses sous l'ormeau, soit la mode abolie,
„ De tous plaisirs, ôtez le procès seulement,
„ (Car quel saint peut quitter sa passion cherie !
„ De tous plaisirs soit fait un prompt retranche-
„ ment,
, Et d'ennuis vertueux l'habitude établie.

LETTRE XCVI.

A Mr. LE COMTE DE GRAMMONT.

QUAND Monsieur le Comte de Grammont m'accuse de n'avoir pas fait de réponse à sa lettre, il me met en droit de lui reprocher qu'il n'a pas fait un bon usage de la mienne. Je lui mandois que sa santé auroit été bûë solemnellement par Madame Mazarin, par Mylord Montaigu, même sans rancune par son philosophe, si la compagnie avoit eu du vin qu'on pût boire : un homme aussi pénétrant que lui ne devinoit-il pas qu'on en avoit besoin pour cette solemnité-là ? un galant auroit pû s'excuser autrefois sur ce qu'il ne devoit

voit non plus se connoître en vin que sa maîtresse : mais depuis que les Dames prennent du tabac ; qu'elles vendent leur bagues pour acheter des tabatieres ; qu'elles font leur agrémens de boire & de manger de bonne grace ; comment rétablir l'honneur de son intelligence, à moins que de comprendre & de suivre notre premiere intention ? Cependant rien ne m'empêchera de lui donner une partie des loüanges qui lui sont dûës.

>Quand on trouve aux jeunes gens
>Les chagrins de la vieillesse,
>Qu'ils sont mornes & pesans,
>Qu'ils ont un air de tristesse ;
>Le Comte a sur ses vieux ans
>Tous les goûts de la jeunesse.
>Jeux, ris, nouvelles amours,
>Fête, opera, comedie,
>Feront de ses derniers jours
>Les plus beaux jours de sa vie.

Apostille de Madame MAZARIN.

„ Monsieur de Saint-Evremond écrit pour
„ lui & pour moi : j'ai les mêmes intentions.
„ Je croi que vous aurez l'intelligence plus
„ fine que vous n'avez eu à l'autre Lettre qu'il
„ vous a écrite. „

BILLET

BILLET
A MADAME LA DUCHESSE MAZARIN.

XCVII.

TRois mots de votre lettre valent trois volumes : *Je ne me suis jamais mieux portée ; je n'ai jamais été plus belle.* Je suis ravi de ce qui regarde la santé ; je ne suis pas surpris de ce que vous dites de la beauté, vous ne nous apprenez rien. Il est vrai que l'air dont vous en parlez a un agrément que je ne saurois exprimer. J'en étois si penetré, que je n'ai pû m'empêcher de le dire à Mylord Sunderland, & à Mylord Mulgrave (1) qui étoit chez lui. Jamais, ont-ils dit, confiance n'a été si noble, si juste & si bien fondée. Mylord Sunderland a ajouté que tous les dits des anciens & des modernes ne valoient pas cela.

Quelque avantage que je tire de l'absence, mouton de Bath, lapins, douceurs dans les lettres ; quelques chagrins que j'aye à essuyer sur mon inquietude, sur mes chiens & les oiseaux, à vôtre retour, je ne laisse pas

---

(1) Presentement Duc de Buckingham & Normandy.

pas de le desirer passionnément. Mylord Montaigu s'attend à être averti du bienheureux jour de vôtre passage.

XCVIII. A LA MESME.

J'ATTENDOIS à vous écrire que la poste fût arrivée, pour vous mander quelque nouvelle. Mon impatience ne peut souffrir aucun retardement ; il faut que j'apprenne des nouvelles de vôtre santé par vous-même. Je n'ai pû commencer ma lettre comme les anciens commençoient les leurs ; *si vous vous portez bien, je me porte bien :* le bon état où vous êtes peut bien me soulager dans le méchant où je suis ; mais qu'il ait la vertu de me donner autant de santé que vous en avez,

  Ah ! c'est une influence,
  Bel astre de mes jours,
  Dont mon experience
  Ignore le secours !

Vous voir à table, & vous entendre
A quelque chose de bien doux ;
C'est le plus grand plaisir de tous,
Au moins de ceux que je puis prendre ;
Mais ayez à vôtre logis,
Plus de vin & moins d'eau d'anis.

Hasta la Muerte.

A LA MESME. XCIX.

VOTRE lettre, Madame, vaut mieux que tout ce que je vous ai écrit. L'ortographe n'est que trop exacte : il n'est pas de la dignité d'une personne si considerable de bien ortographier. Il faut laisser cela aux auteurs, que je défie de placer une Arcabonne & un Amadis, si bien que vous avez fait. Vous pouvez être Arcabonne ; un peu moins méchante, mais plus capable d'enchanter le monde, que celle de vos Amadis. Le personnage d'Amadis me convient par la penitence que vôtre éloignement me fait faire ;

  Mais l'inconnu si genereux
  Qui ne parut que trop aimable,
Dont il revient sans cesse une image agréable,
Helas ! ne convient point au vieillard malheureux.

SUR LES AGRÉMENS
que peut trouver un vieillard.

STANCES IRREGULIERES.

CHOIX d'agréable compagnie,
Que j'ai cheri toute ma vie ;
Mets exquis, vins délicieux,
Mêlez-vous au plaisir que donnent de beaux yeux.

Pourquoi ces huitres, ce visage,
Ces bons mets, ces excellens vins,
Et ces attraits plus que divins ?
Pourquoi cet étrange assemblage ?
Je rendrai vos esprits contens ;
C'est que les Iris de ce tems
Sont propres à plus d'un usage :
Les attraits furent leur partage,
Et maintenant leur vanité
Est pour le goût comme pour la beauté.
Le Dieu qui donne la tendresse, (1)
En recevroit de leurs appas ;
Le Dieu qui donne l'allegresse (2),
Les rend de son humeur à l'heure du repas.

De vieux restes de la nature
Par une flateuse imposture
Voudroient quelquefois m'animer
A passer les bornes d'aimer.

Est-ce

(1) L'Amour.   (2) Bacchus.

Est-ce à vous, nature importune,
De songer à bonne fortune ?
Considerez mieux le danger
Qui suivroit l'heure du Berger.

Mais contre vos petites flames,
Je trouverai toutes les Dames
Sûrement dans mes interêts :
Vous ne verrez que des cruelles,
Et je me sauverai par elles
De vos appetits indiscrets.

Choix d'agréable compagnie,
Plaisirs de jeunes & de vieux,
Mets exquis, vins délicieux,
J'attens de vous la douceur de ma vie.

LE CONCERT DE CHELSEY.

Sur le bruit qui avoit couru de la mort de M. le Duc MAZARIN.

LISIS, HORTENCE, DAMON.

LISIS, *un dessus*.

SI vous quittez ces lieux,
Pouvons-nous esperer de revoir vos beaux yeux ?

Le bas dessus.

Si vous quittez ces lieux,
Pouvons-nous esperer de revoir vos beaux yeux ?

A deux.

De revoir, de revoir vos beaux yeux.

LISIS.

Vous partez, vous partez, Hortence,
Vôtre époux ne vit plus, vous reverrez la France.
Helas ! quel caprice du sort
Tenoit ma vie attaché à la sienne ;
Helas ! quand on vouloit sa mort,
Sans y penser on desiroit la mienne !

HORTENCE.

Je pars, s'il est bien vrai, qu'il ait perdu le jour :
Mais soyez assuré, Lisis, de mon retour.

LISIS.

Hortence, le retour peut-il rendre la vie,
Que la juste douleur du retour a ravie !
  Vous partez, vous quittez ces lieux ;
Vivrons-nous un moment éloignez de vos yeux ?

Une basse.

  Vous partez, vous quittez ces lieux,

Un bas dessus.

  Vous partez, vous quittez ces lieux,

Un trio.

Vivrons-nous un moment éloignés de vos yeux.

DAMON *entre.*

Je viens vous dire, belle Hortence,
Que vôtre époux est en pleine santé ;
Pour vous, Lisis, soyez en sureté
Contre les maux que peut faire l'absence.

HORTENCE.

Peut-être que par son trépas,
J'aurois eu beaucoup d'embarras.

DAMON.

Bien souvent ce que l'on souhaite,
S'il est obtenu, ne plaît pas ;
Et souvent en ce qu'on rejette
On devroit trouver des appas.

HORTENCE.

Une femme sage & discrete,
Sans se loüer ni se plaindre du sort,
Quand elle apprend que son époux est mort,
Dit au Seigneur, Ta volonté soit faite....

DAMON.

Et goûte dans le fond du cœur
De son nouvel état la secrete douceur.

HORTENCE.

Ce plaisir déclaré choque la bienséance ;
Suffit de la soûmission
Aux ordres de la providence ;
La joye a trop d'émotion :
Mais j'aurois eu l'obéïssance
Que nous devons au Ciel en cette occasion.

DAMON.

Quand le Ciel accomplit ce que l'on veut qu'il
fasse,
On obéït de bonne grace.

LISIS.

Mais que dit-on de son Epoux,
Damon ?

DAMON.

Le bruit est parmi nous
Qu'il vit, qu'il a sauvé sa vie
Par miracle d'un incendie.

LISIS.

S'il n'est sauvé, c'est fait de moi ;

DE SAINT-EVREMOND.

S'il ne périt, elle est perduë;
Etrange état où je me voi !
S'il faut que son absence, ou son malheur me tuë.

Une voix.

Non, non, ne craignons rien;
Non, non, ne craignons rien,
Si ce n'est qu'il se porte bien.

Non, non, ne craignons rien,
Si ce n'est qu'il se porte bien.

Une haute-contre.

Non, non, ne craignons rien;
Non, non, ne craignons rien,
Si ce n'est qu'il se porte bien.

Une basse.

Non, non, ne craignons rien;
Non, non, ne craignons rien,
Si ce n'est qu'il se porte bien.

LE CHOEUR.

Non, non, ne craignons rien;
Non, non, ne craignons rien,
Si ce n'est qu'il se porte bien.

Non, non, ne craignons rien,
Si ce n'est qu'il se porte bien.

CII.

BILLET

A MADAME LA DUCHESSE MAZARIN.

EN revenant de chez vous, Madame, j'ai trouvé Monsieur Villiers, qui m'a dit que vous lui aviez ordonné d'aller dîner lundi chez vous à Chelsey, & de m'y mener. J'ai peine à le croire, vous ayant ouï dire que vous viendriez à Londres. J'envoye savoir ou la verité, ou la méprise de la chose, pour me conformer à vos intentions, & les faire savoir à Monsieur Villiers. Moïse m'a fait aller à pied la moitié du chemin, me parlant de vous de telle maniere, que de huit cent femmes ou maîtresses de Salomon, il n'y en avoit pas une qui approchât de vôtre esprit, de vôtre beauté, & de vos charmes. Pour tout comprendre, s'il est le maître de la boutique, nous pourrons faire de belles emplettes.

Tuyo, Hasta la Muerte.

A LA MESME.

JE ne me confolerois pas, Madame, du déreglement de vôtre vifite, fi je ne croyois que la maifon de Monfieur le Duc de Richemond vous aura fait perdre la vilaine idée de la mienne. Comment eft-ce qu'un homme infecté des ordures de fes chiens & des fiennes, peut être fouffert par deux malades de propreté ? Je crains plus encore Monfieur Villiers que vous : cependant, Madame, j'ai été ravi de le voir ; étant affuré que Monfieur Milon ne vous fuivoit pas avec l'exhortation funefte, dont il me menace depuis long-tems. Je lui en prépare une pour bien vivre, qui vaudra du moins celle qu'il me fera pour bien mourir. J'admire la difcretion de mes chiens : eux qui devorent tout le monde, ne vous ont approchée que pour vous rendre leurs refpects. Je les avois inftruits ; & c'étoient plûtôt les miens que les leurs, qu'ils vous rendoient.

CIV. A LA MESME.

LEs vieillards ne dorment guere : quand ils vous voyent partir à dix heures du soir, ils ne dorment point du tout. La nuit se passe avec des inquietudes extraordinaires qu'il ne vous soit arrivé quelque desordre. Ne pouvant, & voulant moins me donner de bonnes nuits, je vous demande la grace de ne m'en donner point de mauvaises ; c'est-à-dire, que vous marchiez toûjours à la clarté du Soleil, sans vous commettre aux voleurs, aux ivrognes, aux insolens. En Italie, Mustapha partageroit le danger avec vous : en Angleterre, vous êtes seule à courir le risque. Le rétablissement du Chevalier de la triste figure me donne des idées toutes nouvelles : quand je verrai DULCINE'E au bas de vos LETTRES, ce sera bien autre chose.

A LA MESME.

IL m'arrive aujourd'hui ce qui m'est arrivé une autre fois après les repas de Mylord Montaigu. Il me souvient bien que je devois aller à Chelsey lundi ou mardi; mais je ne sai si c'est aujourd'hui ou demain. Jugez en quel état je pouvois être, puisque je n'entendis pas nettement une permission, dont tant de gens feroient leur plus grand bien. Je vous porterai ce que j'ai écrit: tout me semble bien lié: il ne reste qu'à le mettre au net. J'y vais travailler. Le vôtre jusqu'à la mort, qui ne seroit pas éloignée, si j'avois d'aussi cruelles vapeurs que j'ai eu cette nuit.

Le Chevalier de la triste figure.

Apostille.

Mon petit Sénateur ne vous trouvera pas criblant du bled, mais frottant, lavant, nettoyant avec Mustapha, dont vous me permettrez de me dire Serviteur. Si vous l'aviez vû comme il étoit sur son joli petit cheval, vous ne le gronderiez pas si souvent.

CVI. LETTRE
A MADEMOISELLE
DE L'ENCLOS.

IL y a plus d'un an que je demande de vos nouvelles à tout le monde, & personne ne m'en apprend. Monsieur de La Bastide m'a dit que vous vous portiez fort bien; mais il ajoute que si vous n'avez plus tant d'amans, vous êtes contente d'avoir beaucoup d'amis. La fausseté de la derniere nouvelle, me fait douter de la verité de la premiere. Vous êtes née pour aimer toute vôtre vie. Les amans & les joüeurs ont quelque chose de semblable; Qui a aimé, aimera. Si l'on m'avoit dit que vous êtes dévote, je l'aurois pû croire. C'est passer d'une passion humaine à l'amour de Dieu, & donner à son ame de l'occupation: mais ne pas aimer, est une espece de néant qui ne peut convenir à vôtre cœur.

Ce repos languissant ne fut jamais un bien;
C'est trouver sans mourir l'état où l'on n'est rien.

Je vous demande des nouvelles de vôtre santé, de vos occupations, de vôtre humeur: & que ce soit dans une assez longue lettre,

lettre, où il y ait peu de morale, & beaucoup d'affection pour vôtre ancien ami. L'on dit ici que le Comte de Grammont est mort, ce qui me donne un déplaisir fort sensible. Si vous connoissez Barbin, faites-lui demander pourquoi il imprime tant de choses sous mon nom qui ne sont point de moi. J'ai assez de mes sottises, sans me charger de celles des autres. On me donne une piece contre le P. Bouhours, où je ne pensai jamais. Il n'y a pas d'écrivain que j'estime plus que lui : nôtre langue lui doit plus qu'à aucun auteur, sans excepter Vaugelas. Dieu veüille que la nouvelle de la mort du Comte de Grammont soit fausse, & celle de vôtre santé veritable. La gazette de Hollande dit que Monsieur le Comte de Lauzun se marie : si cela étoit vrai, on l'auroit mandé de Paris. Outre cela Monsieur de Lauzun est Duc, & le nom de COMTE ne lui convient point. Si vous avez la bonté de m'en écrire quelque chose, vous m'obligerez, & de faire bien des complimens à Monsieur de Gourville de ma part, en cas que vous le voyiez toûjours. Pour des nouvelles de paix & de guerre, je ne vous en demande pas. Je n'en écris point, & je n'en reçois pas davantage. Adieu ; c'est le plus veritable de vos serviteurs, qui gagneroit beaucoup si vous n'aviez point d'amans ; car il seroit le premier de vos amis, malgré une absence qu'on peut nommer éternelle.

CVII.

CHANSON

Sur l'air AMINTHE, tout ce que les Dieux, &c.

A MADAME MAZARIN. (1)

On dit que le premier des foux
  Est cet époux,
  Qu'on prit pour vous :
Vous en avez la liberté ;
  Un Mari sage
  Est l'esclavage
  d'une beauté.

Vous seriez en toute saison
  Dans sa maison
  Comme en prison ;
Ou feriez avec gravité
  Votre merite
  D'une visite
  De parenté.

(1) Cette Chanson fut faite dans le tems qu'on sollicitoit de nouveau Madame Mazarin à retourner en France ; & qu'on lui promettoit toute sorte de sureté, si elle vouloit se retirer à S. Germain sous la protection de la Reine Marie, épouse de Jacques II.

DE SAINT-EVREMOND.

A Saint-Germain vous feriez voir
  Matin & soir
  En saint devoir
De vertu l'exemple parfait ;
  De la Sophie (1)
  Qui toûjours prie
  Le vrai portrait.

Vous trembleriez au sacré nom
  De Maintenon
  Pour le sermon :
Trop heureuse de la servir
  Dame suivante,
  Ou gouvernante
  De son Saint-Cyr.

Qu'on auroit vû de propreté,
  De netteté,
  Qu'on eut frotté (2).

On auroit vû dans ce saint lieu
  Mieux qu'à la Trape,
  Par brosse & mapme
  Honorer Dieu.

A peine finit le sommeil,
  A peine l'œil
  Voit le Soleil,
Que bannissant aise & repos,
  La gouvernante
  Sage & prudente
  Tient ce propos.

---

(1) Sophie Bucley, Dame du lit de la Reine.

(2) Madame Mazarin aimoit si fort la propreté, qu'elle faisoit assez » Pour souvent mapper & brosser son apartement, à la maniere d'Angleterre, deux ou trois fois le jour.

» Pour nous exemter du defir
» Du gros plaifir,
» Point de loifir :
» Que chacune ait la broffe en main :
» Frottons, mes filles,
» Frottons, pupilles,
» Jufqu'à demain.

Mais fi l'ufquebac, l'eau d'anis,
Dans ce logis
Ne font fournis :
Quoique l'emploi foit bon & beau,
La conductrice
Remet l'office
Et le troupeau.

CVIII. BILLET

A MADAME LA DUCHESSE

MAZARIN.

JE n'ai rien oublié pour chercher Paifible, & lui faire favoir vos volontés. Le hafard a plus fait que mes foins & mes diligences : je l'ai rencontré, & lui ai dit ce que vous defiriez de ce grand & pareffeux Muficien. Il m'a dit qu'il ne fouhaitoit rien davantage que les occafions de vous pouvoir témoigner fon obéïffance ; avec des manieres qui fentent un homme bien nourri, comme on dit en Ef-
pagne,

pagne, & des termes qu'il peut avoir appris dans sa petite bibliotheque. Le resultat, c'est qu'il va aux bains dans peu de jours, & qu'à son retour il n'oubliera rien pour vous consoler de la perte de vôtre Boulé.

Vôtre absence fait crier Mylord d'Arran, & plaindre Monsieur Villiers. Sir Robert Thorold plus judicieux, après m'avoir témoigné son déplaisir de n'avoir pas l'honneur de vous voir, m'a dit qu'il avoit un excellent jambon, & de trés bon vin; qu'il souhaiteroit que vous lui fissiez l'honneur de dîner chez lui, avec les gens que vous nommeriez, & telle cour qu'il vous plairoit. J'ai plus estimé cela que les cris & les plaintes, qui ne peuvent pas être plus grandes qu'elles sont sur vôtre absence : mais cela *verba & voces*, voix & paroles. Sir Robert est essentiel. *Hasta.*

CIX. A LA MESME.

SI vous continuez dans le dessein d'honorer votre serviteur de vôtre presence Mercredi, vous donnerez ordre, s'il vous plaît, que linge & assiettes soient fournis dans une maison qui manque de tout, hormis d'affection à vous y bien recevoir. Je ne parle point de la longe de veau ; ce n'est pas simplement une épisode pour embellir la piece, elle est de l'essence du sujet dans le repas poëtique, où vous avez bien voulu vous convier. L'auteur vous fournira tant de métaphores & d'autres figures qu'il vous plaira.

  Qui veut du fruit en apporte,
  Mon repas est fait de sorte,
  Que pour le vin en boira
  Celui qui l'apportera.

Pour ce qui regarde la propreté, vous la trouverez entiere :

  Sus petit Sénateur Romain,
   Sus Franc, & fille
   De la famille.
  La brosse en main.

RÉPONSE CX.

AU JUGEMENT

DE MONSIEUR L'ABBÉ RENAUDOT, SUR LE DICTIONNAIRE HISTORIQUE ET CRITIQUE DE MR. BAYLE. (1).

On fait parler Mr Bayle.

APRE's avoir exercé ma critique sur toutes sortes de gens, je m'attendois qu'on prendroit autant de liberté à parler de moi, que j'en avois pris à parler des autres. Mais

(1) Aussitôt que le DICTIONNAIRE de Mr BAYLE parut en France, les Libraires de Paris qui avoient dessein de le rïmprimer, s'adressèrent à Mr le Chancelier Boucherat pour obtenir un Privilege. M le Chancelier cicorna à l'Abbé Renaudot de l'examiner pour voir s'il n'y avoit rien contre l'Etat ou contre la Religion Catholique. Cet Abbé composa là-dessus un pe-

Mais je suis agréablement surpris que Mr l'Abbé Renaudot, qui n'oseroit loüer en France un protestant, prenne le détour ingénieux d'une censure apparente, pour favoriser tous mes sentimens. En effet, il me blâme exprès d'une maniere à me faire loüer de tout le monde. Ce n'est pas tout que d'avoir la volonté de m'obliger, il faut avoir l'esprit de Mr. l'Abbé, pour donner tant de réputation à mon Dictionaire.

Il dit que je veux établir le Pyrrhonisme : & peut-on traiter plus obligeamment un homme accusé de détruire tout, que de lui faire établir quelque chose ? C'est ruiner adroitement son accusation lui-même ; c'est me justifier avec beaucoup d'art, du crime qu'il fait semblant de m'imputer.

Vous passez legerement, Monsieur, du Pyrrhonisme aux obscenités, dont je ne crois pas que vous soyez scandalisé. Vous aimez trop

---

tit écrit qui fut bien-tôt imprimé, & que Mr. Bayle trouva si rempli de bévûës, qu'il declara, que si jamais il le refutoit, ce ne seroit qu'après avoir sçû que l'auteur le reconnoissoit pour sien, tel qu'on venoit de le publier.

Mr. de St. Evremond qui a toûjours eu une estime particuliere pour Mr. Bayle, & qui lisoit alors (1697.) avec beaucoup de plaisir son DICTIONAIRE, voulut bien se donner la peine de le défendre contre Mr. Renaudot.

trop les belles lettres, pour ne lire pas avec plaisir Catulle, Petrone, Martial: cependant leurs écrits sont pleins d'ordures & de saletés; au lieu qu'on ne trouve dans les miens que de simples enjoûmens, que de petites libertés fort innocentes.

Je n'ai pas moins de vénération que vous pour le grand zele des Peres: je m'assure que vous estimez aussi peu que moi leur science. Les Peres sont bonnes gens, disoit Scaliger, mais ils ne sont pas savans. Saint AUGUSTIN étoit un novateur sur la grace, au sentiment du Pere Simon: Vossius ne l'admitroit pas: Hobbes ne l'estimoit point (1); & vous permettrez aux François, qui ont souffert la persecution, de n'approuver pas un Africain, qui la conseille.

Me voici au changement de religion qu'on me reproche & que je confesse sans peine (2). J'ai emporté de la Catholique ce qu'elle a de bon,

---

(1) Le Comte d'Arlington dit un jour à Hobbes qu'il avoit eu à grand marché les OEUVRES DE S. AUGUSTIN; cela ne se peut, reprit Hobbes, pour peu qu'elles vous coûtent, vous les avez achetées plus qu'elles ne valent.

(2) Voyez la CHIMERE de la Cabale de Rotterdam démontrée (*pag.* 139.) où cela est éclairci, & rectifiez par-là les Erreurs du MENAGIANA; *Tom. I. p.* 293. 294. *de l'Edition de Paris en* 1715.

bon, quand j'en suis sorti : j'ai appris dans la réformée ce qu'elle a de meilleur, quand j'y suis rentré ; & par-là je me trouve en état présentement, de pouvoir juger de l'une & de l'autre. En effet, quelque estime que j'aye eu pour Mr Jurieu, je suis d'ordinaire du sentiment de Monsieur de Meaux contre le sien ; & quoique j'estime beaucoup Monsieur Arnauld, je me trouve souvent contre lui pour Monsieur Claude.

Je ne veux pas finir, Monsieur, sans vous rendre graces de vos faveurs. Je vous en demande la continuation dans celle de vos JUGEMENS sur mes ouvrages

---

CXI.

BILLET.

A Mr. SILVESTRE.

CE que Mr. de Bauval vous écrit sur mon sujet, est la chose du monde la plus obligeante ; & je vous prie, Monsieur, de lui témoigner qu'on ne peut pas être plus sensible que je le suis à l'obligation. Je n'ai point encore lû la CRITIQUE de ce qu'on appelle mes OUVRAGES [1]. Il y a beaucoup

(1) Monsieur de Bauval | n'avoit pas voulu parler

beaucoup de ces petits écrits qui sont de moi, beaucoup plus qui n'en sont pas ; & dans ceux qui en sont veritablement, on ne sçauroit croire combien il y a de choses ajoûtées ou retranchées. Je n'apprehende point la Critique : où elle est juste, je me corrigerai ; où elle ne l'est pas, je me contenterai que le censeur n'ait pas raison. Ce que je crains, c'est l'APOLOGIE, dont vous me parlez. Comme Monsieur de Bauval a des amis & des intelligences par tout, & que son merite lui a donné un grand crédit chez tous les gens de lettres, il m'obligera infiniment d'empêcher l'impression de cette apologie zelée.

Les loüanges des ennemis sont à craindre ; celles des amis davantage : je n'ai pas sujet d'appréhender les vôtres. Monsieur de Bauval m'en donne que je n'ai pas meritées : mais si bien, si agréablement, qu'un homme moins philosophe que moi auroit de la peine à s'en défendre.

JU-

dans son JOURNAL de cette prétenduë CRITIQUE, sans avoir fait consulter M. de Saint Evremond.

JUGEMENT
DE MONSIEUR
DE St EVREMOND,
Sur la critique de ses ouvrages, & sur leur apologie.

A Mr. SILVESTRE.

JE vous renvoye la critique de mes ouvrages : je l'ai lûë avec attention ; & aprés l'avoir lûë, je ne sai si je dois me plaindre ou me loüer de son auteur. Vouloir détromper les hommes abusés, dit-il, cinquante ans durant de mes écrits, c'est avoir un zele pour le public, qui n'est pas fort obligeant pour moi : mais c'est me faire une espece d'enchanteur ; & peut-être qu'il y a plus de merite à savoir tromper le monde tant d'années, qu'à le détromper. Le fort de la critique consiste principalement à remarquer mes expressions embarrassées : je pourrois prendre la censure pour un bon conseil ; car j'ai interêt qu'on entende mes pensées. Je lui dois conseil pour conseil ; qu'il mette moins de netteté dans les siennes ; on a trop de facilité à les connoître. Les choses communes

communes font regretter le tems qu'on met à les lire : celles qui sont finement pensées, donnent à un lecteur délicat le plaisir de son intelligence & de son goût.

J'avoüe que je me contredis quelquefois. Je loüe la constance à une demoiselle dont je crois être aimé, je conseille l'infidelité à celle qui aime un autre amant : je ne suis pas de même humeur, de même sentiment à trente ans qu'à soixante, à soixante qu'à quatre-vingts ; autre contradiction.

Après tout, je trouve beaucoup de choses dans cette critique fort bien censurées ; beaucoup de diversions à propos de ce qu'il dit, sur ce qu'il fait dire à Monsieur de Meaux, à Monsieur de Nismes, à Monsieur Despreaux, au Pere Bouhours, & à d'autres modernes. Je ne puis nier qu'il n'écrive bien : mais son zele pour la religion, & pour les bonnes mœurs passe tout ; je gagnerois moins à changer mon stile contre le sien, que ma conscience contre la sienne.

J'estime fort son exactitude dans la critique. Il s'attache à censurer des traités même, qui ne sont pas de moi ; des fautes dans ceux qui en sont, que je n'ai pas faites. Il est vrai qu'il me donne trop de loüanges quelquefois : tout bien compensé, la faveur passe la severité du jugement ; & je puis dire avec sincerité que j'ai plus de reconnoissance de la grace, que de ressentiment de la rigueur. Il peut avoir déja la satisfaction de voir le profit que je tire de ses leçons sur le christianisme. Les auteurs ne se pardonnent rien ; pas les philosophes, pas les saints : tout ignorant, tout profane que je suis, je ne pardonne pas seulement à Mr. Dumont : je lui sai bon gré de sa critique. Je ne me tiendrois pas si obligé à celui qui feroit mon apologie : je hais l'indiscretion du zele ; plus prêt à desavoüer le bien que le mal qu'on diroit de moi.

APOSTILLE.

Il vient de me tomber entre les mains l'apologie de ce qu'on appelle mes ouvrages. Je l'ai parcouruë, & j'ai trouvé le discours sur les critiques, fort bon. L'auteur écrit bien : mais je ne me reconnois pas dans le portrait qu'il fait de moi. A m'honorer moins, il m'auroit moins défiguré : je ne laisse pas de lui être fort obligé de son zele, & de ses soins. Je pourrois m'exemter de la reconnoissance, en disant qu'il a écrit pour une autre personne que pour moi.

❊

BILLET

A MADAME LA DUCHESSE MAZARIN.

CXIII

SI je suis utile à vôtre service, si ma vieillesse a quelque agrément pour une Duchesse philosophe, qui préfere les Priams & les Nestors à des Adonis impertinens, je prendrai un carrosse pour vous aller trouver. Si mon inutilité pour l'interêt, & mon desagrémennt pour le commerce me dispense de mon devoir ordinaire, je demeurerai auprès de mon feu jusqu'à deux heures que j'aurai l'honneur de vous voir.

A LA MESME.

CXIV

LE plaisir de vous voir est le plus grand que l'on puisse desirer; celui de vous attendre n'est pas mediocre, & j'ai goûté ce dernier huit heures durant à *Saint-James*. Je pars pour faire les commissions que vous me faites l'honneur de me donner. Je ne manquerai pas de me trouver à l'heure qui m'est ordonnée: j'ai trop d'interêt à n'y manquer pas.

CXV. **A LA MESME.**

COMME tout le monde vous donne des fruits, je n'ai pas voulu être le seul qui ne vous en donne pas. Recevez des pêches d'un homme qui n'a pas de jardin, d'aussi bon cœur qu'il vous les donne. Je ne devois pas me servir du mot de cœur : ce mot-là ne doit non plus sortir de la bouche d'un homme de mon âge, que celui de santé. Mais sans cœur, sans santé, je suis *Hasta la Muerte.*

CXVI. *Sur ce que Madame la Comtesse de Sandvvich avoit envoyé à Madame Mazarin du mouton & des lapins de Bath.*

VOULEZ-VOUS au merite élever des autels,
Et rendre justement les honneurs immortels
A quelque personne divine.
Prenez Sandvvich ou Mazarine.
Ne les divisons point, faisons avec ardeur,
Faisons pour toutes deux le même sacrifice :
Le docteur Morelli reprendra son office
De Sacrificateur.
Le mouton sera la victime ;
Le fumet sûr & legitime
Des lapins exquis que je sens,

Pourra

Pourra bien nous servir d'encens.
Seroit-ce la voix du Grand Prêtre ?
Oüi, nôtre venerable maître,
Morelli commence à chanter,
Silence s'il le faut écouter.

MORELLI *chante.*

J'ai vû les climats de l'aurore,
J'ai vû les rivages du More,
J'ai parcouru tout l'Univers
Faisant personnages divers !

Dans les Indes GYMNOSOPHISTE,
A Constantinople MOUFTI ;
Dans Jerusalem RABINISTE,
A la Cabale assujetti :

Je serois ici SPINOSISTE,
Mais comment prendre ce parti,
Quand je vois deux objets d'une beauté divine
Marquer si clairement leur celeste origine ?

S'il est encore des Spinosas,
Ne songeons point à leur répondre ;
Beau couple, vos rares appas
Nous suffiront pour les confondre,

De ces esprits audacieux
L'incredulité trop hardie
Ne tiendra point contre vos yeux ;
Devant vous il n'est point d'impie :
On reconnoît dans tous vos traits
Ceux du maître qui les a faits...

Mais j'oubliois le sacrifice
Et du mouton, & des lapins :

Il faut reprendre mon office :
Qu'on cherche par tout de bons vins.

L'Inde n'a plus cette allegresse
Qu'autrefois lui donna Bacchus ;
J'en abandonne la sagesse,
Puis qu'elle a quitté le bon jus.

Je renonce au Mahométisme,
Y voyant le vin défendu ;
Et pense que le Judaïsme
Feroit beaucoup mieux entendu.

Le vin inspire le courage,
Comme il anime le desir ;
Il est d'un merveilleux usage
Pour la gloire, & pour le plaisir.

Beau couple, recevez nos cœurs en sacrifice,
Et mangez avec nous d'un appetit propice
   De ces lapins, de ce mouton,
   Avec deux tranches de jambon.

Nous en avons de VVestphalie,
De Bayonne : de Portugal ;
Nous avons des vins d'Italie,
Et d'un Champagne sans égal.

LE CHOEUR.

Sandvvich & Mazarin, que le ciel vous unisse !
Et que cette union de cent ans ne finisse.

BILLET.

BILLET CXVII.

A Madame la Duchesse Mazarin

IL est arrivé un exprés, qui dit que le Maréchal de Boufflers & Mylord Portland se sont parlez entre les deux camps par une espece d'entrevûë. Raisonnemens dans le Parc infinis. Pour moi qui me suis dévoüé aux évenemens, je laisse au LARDON les discours generaux, les conjectures aux penetrans, le droit des visions aux speculatifs.

AU ROY(1), CXVIII.

Sur la paix de RYSVVIK.

STANCES IRREGULIERES.

TANDIS que nous parlons à Londres de la paix,
   Qu'on dit par tout qu'elle est signée,
On ne fait que parler à Paris des hauts faits,
   De celui qui nous l'a donnée.
   Ce n'est point aux Ambassadeurs
   Que nous devons ce grand ouvrage,
   Il a fallu d'autres acteurs ;
La fermeté du Roi, sa vertu, son courage,
                       Sont

---

(1) Guillaume III. Roi de | la Grande Bretagne.

Sont les veritables auteurs
De cet important avantage.

Vous le dire, c'est vous fâcher ;
Ce que vous avez fait aux yeux de tout le monde,
Par une modestie à nulle autre seconde,
Vous ne songez qu'à le cacher.

Mais tous les peuples de la terre,
Mais ceux qui vous ont fait la guerre,
Veulent sans cesse en discourir :
En vain vous imposez silence,
Excusez une violence,
Que vous meritez de souffrir.

Si, vous loüer, c'est vous déplaire,
Ce chagrin aisément pouvoit être évité ;
Pour nous obliger à nous taire,
Vous n'aviez qu'à languir dans l'inutilité.

Non, ce moyen de ne rien faire,
Qu'en tout autre on auroit pû voir,
Nous a paru la seule affaire,
Qui fut hors de vôtre pouvoir.

O paix si long-tems attenduë !
Le ciel vous accorde à nos vœux,
Et vous êtes enfin venuë,
Pour rendre les peuples heureux !

Par vous, tout fleurit, tout abonde ;
Par vous, reviennent dans le monde
Les plaisirs qu'on avoit perdus ;
Et le Roi (bien, que je préfere
A tous ceux que vous pouvez faire ;)
Et le Roi ne s'expose plus.

Des

Des perils il passe aux affaires
A nôtre repos necessaires ;
Chaque jour ce sont nouveaux soins,
Qui sur le brillant de sa gloire,
Laissent emporter la victoire,
A l'interêt de nos besoins.

Que puisse Bellone enchaînée,
Murmurer inutilement,
Et de la paix qu'elle a donnée,
Etre esclave éternellement !

C'est assez fait par le courage,
Assez d'ennemis abbattus ;
GRAND ROI, vous avez cent vertus,
Dont nous vous demandons l'usage.

Il n'est pas toûjours à propos,
De passer un fleuve à la nage ;
En guerre, j'aime le héros,
Dans la paix, je suis pour le sage.

Etre des ennemis recherché dans la paix,
Après s'en être vû redouté dans la guerre,
C'est le plus grand des biens qu'un Prince sur
     Terre,
  Puisse goûter jamais.

LETTRE

LETTRE

DE MADEMOISELLE DE L'ENCLOS, A MONSIEUR DE S. EVREMOND.

J'Apprends avec plaisir que mon ame vous est plus chere que mon corps, & que vôtre bon sens vous conduit toûjours au meilleur. Le corps, à la verité, n'est plus digne d'attention, & l'ame a encore quelque lueur qui la soutient, & qui la rend sensible au souvenir d'un ami, dont l'absence n'a point effacé les traits. Je fais souvent de vieux contes, où Mr d'Elbene, Mr de Charleval, & le Chevalier de Riviere réjoüissent les modernes. Vous avez part aux beaux endroits : mais comme vous êtes moderne aussi, j'observe de ne vous pas loüer devant les académiciens qui se sont declarés pour les anciens. Il m'est revenu un prologue en musique, que je voudrois bien voir sur le théatre de Paris. La beauté qui en fait le sujet donneroit de l'envie à toutes celles qui l'entendroient. Toutes nos Hélenes n'ont pas le droit de trouver un Homere, & d'être toûjours les déesses de la beauté. Me voici bien haut : comment en descendre ? Mon trés-cher ami, ne falloit-il pas mettre le cœur à son langage ? Je vous assure que je vous aime toûjours plus tendrement, que ne le permet la philosophie. Madame la Duchesse de Boüillon est comme à dix-huit ans : la source des charmes est dans le sang Mazarin. A cette heure que nos Rois sont amis, ne devriez-vous pas venir faire un tour ici ? Ce seroit pour moi le plus grand succés de la paix.

cxx. LES POULES DE LESBOS,

FABLE ALLEGORIQUE.

Deux poules vivoient en paix,
L'une amante, l'autre aimée ;
Ce qu'on n'eût deviné jamais,
Autre poule survient, la guerre est allumée.
J'avois bien lû touchant deux coqs
Telle chose dans la Fontaine (1),
Mais de ces poules de Lesbos
Ici la recherche étoit vaine.
Quel moyen de les accorder ?
Dit la poule des deux également cherie ;
La nouvelle me plaît, & l'autre est mon amie
Qu'avec raison je dois garder :
Quiter pour un tems ma patrie
Est l'unique moyen de les raccommoder ;
Je vais partir, & vous ordonne
(Sur peine de desobéïr
En rebelles à ma personne)
De vous voir & vous réünir :
Poules, obéïssez à l'ordre que je donne.

_____

(1) Voyez la FABLE de La Fontaine, DEUX COQS VIVOIENT EN PAIX, &c.

LETTRE CXXI.

A MADEMOISELLE DE L'ENCLOS.

JE prens un plaisir sensible à voir de jeunes personnes, belles, fleuries, capables de plaire, propres à toucher sincerement un vieux cœur comme le mien. Comme il y a toûjours eu baucoup de rapport entre vôtre goût, entre vôtre humeur, entre vos sentimens & les miens, je croi que vous ne serez pas fâchée de voir un jeune cavalier, qui sait plaire à toutes nos Dames. C'est Monsieur le Duc de Saint Albans, que j'ai prié autant pour son interêt que pour le vôtre, de vous visiter. S'il y a quelqu'un de vos amis avec Monsieur de Tallard du merite de nôtre tems, à qui je puisse rendre quelque service, ordonnez. Faites-moi savoir comment se porte nôtre ancien ami Mr de Gourville. Je ne doute point qu'il ne soit bien dans ses affaires : s'il est mal dans sa santé je le plains.

Le Docteur Morelli (1), mon ami particulier,

---

(1) M Morelli, ou plûtôt Moralès, celebre medecin étoit né au Grand Caire d'un pere Juif. Il avoit beaucoup de capacité, & une grande connoissance des belles lettres. Sa con-

lier, accompagne Mad. la Comtesse de Sandwich, qui va en France pour sa santé. Feu Monsieur le Comte de Rochester, pere de Madame Sandvvich, avoit plus d'esprit qu'homme d'Angleterre ; Madame Sandvvich en a plus que n'avoit Monsieur son pere : aussi genereuse que spirituelle ; aussi aimable que spirituelle & genereuse. Voilà une partie de ses qualités : je m'étendrai plus sur le medecin que sur la malade.

Sept Villes, comme vous savez, se disputerent la naissance d'Homere : sept grandes nations se disputent celle du MORELLI; l'Inde, l'Egypte, l'Arabie, la Perse, la Turquie, l'Italie, l'Espagee. Les pays froids, les pays temperés même, la France, l'Angleterre, l'Allemagne, n'y ont aucune prétention. Il sait toutes les langues, il en parle la plûpart. Son stile haut, grand, figuré, me fait croire qu'il est né chez les Orientaux, & qu'il a pris ce qu'il y a de bon chez les Européens. Il aime la musique passionnément, il est fou de la poësie : curieux en peinture, pour le moins; connoisseur, je ne le sai pas : sur l'architecture, il a des amis qui

versation vive, enjoüée, le faisoit rechercher des personnes du premier rang. Il professoit exterieurement la religion catholique romaine, mais dans le fond, c'é- toit un déterminé, esprits de ce siecle ; & il n'en faisoit pas mystere avec ses amis. Il mourut à Kensington au mois de Mars de l'année 1715.

la savent : celebre serieusement dans sa profession : capable d'exercer celle des autres. Je vous prie de lui faciliter la connoissance de tous vos Illustres; s'il a bien la vôtre, je le tiens assez heureux ; vous ne lui saurlez faire connoître personne qui ait un merite si singulier que vous. Il me semble qu'Epicure faisoit une partie de son souverain bien, du souvenir des choses passées. Il n'y a plus de souverain bien pour un homme de cent ans comme moi : mais il est encore des consolations. Celle de me souvenir de vous, & de tout ce que je vous ai oüi dire, est une des plus grandes.

Je vous écris bien des choses dont vous ne vous souciez guéres ; je ne songe pas qu'elles vous ennuyeront. Il me suffit qu'elles me plaisent : il ne faut pas à mon âge croire qu'on puisse plaire aux autres. Mon merite est de me contenter ; trop heureux de le pouvoir faire en vous écrivant. Songez à me ménager du vin avec Monsieur de Gourvile. Je suis logé avec Monsieur de l'Hermitage, un de ses parens, fort honnête homme, refugié en Angleterre pour sa religion. Je suis fâché que la conscience des Catholiques François ne l'ait pû souffrir à Paris, ou que la délicatesse de la sienne l'en ait fait sortir. Il merite l'approbation de son cousin assurément.

✤

REP.

RÉPONSE.
DE MADEMOISELLE
DE L'ENCLOS
A MONSIEUR
DE St.-EVREMOND.

A Quoi songez-vous de croire que la vûë d'un jeune homme soit un plaisir pour moi ? vos sens vous trompent sur ceux des autres : j'ai tout oublié hors mes amis. Si le nom de Docteur ne m'avoit rassuré, je vous aurois fait réponse par l'Abbé de Hautefeüille, & vos Anglois n'auroient pas entendu parler de moi. On leur a dit à ma porte que je n'y étois pas, & on y reçut vôtre lettre qui m'a autant réjoüie qu'aucune que j'aye jamais reçûë de vous. Quelle envie d'avoir de bon vin ! & que je suis malheureuse de ne pouvoir vous répondre du succés. Mr de l'Hermitage vous diroit aussi bien que moi, que Mr de Gourville ne sort plus de sa chambre : assez indifferent pour toutes sortes de goûts ; bon ami toûjours, mais que ses amis ne songent pas d'employer, de peur de lui donner des soins.

Aprés

DE SAINT-EVREMOND.

Après cela si par quelque insinuation, que je ne prévois pas encore, je puis employer mon savoir-faire pour le vin, ne doutez pas que je ne le fasse. Monsieur de Tallard a esté de mes amis autrefois : mais les grandes affaires détournent les grands-hommes des inutilités. On m'a dit que Mr l'Abbé Dubois iroit avec lui : c'est un petit homme délié, qui vous plaira, je croi. Il y a vingt de vos lettres entre mes mains : on les lit ici avec admiration. Vous voyez que le bon goût n'est pas fini en France. J'ai été charmée de l'endroit où vous ne craignez pas d'ennuyer ; & que vous êtes sage, si vous ne vous souciez plus que de vous : non pas que le principe ne soit faux pour vous, de ne pouvoir plus plaire aux autres. J'ai écrit à Mr Morelli : si je trouve en lui toutes les sciences dont vous me parlez, je le regarderai comme un vrai docteur.

BILLET
A MADAME LA DUCHESSE
MAZARIN.

MYLORD Godolphin a fait passer un melon par mes mains, pour être mis dans les vôtres. J'y ajoute un peu de pois sans parchemin, comme on les appelle en mon pays. On m'a dit que vous étiez hier à Londres : je devois bien en être averti. Vos Regles sont generales, si quelqu'un en devoit être exemt, ce seroit le Chevalier de la triste figure.

> Vôtre absence a fait ses loix
> Egales & necessaires :
> Rien ne l'en a sû parer,
> Apprenez, amis vulgaires,
> A souffrir sans murmurer.

Hasta la Muerte.

A LA MESME. CXXIV.

VOus aurez la bonté, s'il vous plaît, de vous trouver à deux heures au parloir, où vous n'avez pas dédaigné de vous trouver du tems du Marquis de Crequi. Vous y verrez un petit espace couvert d'herbes de senteur. Il me semble que Mylord Ranelagh y devoit être. J'avois la réputation de me connoître bien en vin & en viande. Je confesse mon ignorance pour le fruit; & je suis trop vieux pour apprendre des sciences nouvelles : trop heureux si je n'ai pas oublié celles que j'avois apprises. Honorer vôtre grace est ce que fait & saura toûjours *hasta la Muerte ell Cavallero*, &c.

LETTRE
DE MADEMOISELLE
DE L'ENCLOS
A MONSIEUR
DE St.-EVREMOND.

J'AI envoyé une réponse à vôtre dernière lettre, Monsieur, au correspondant de Mr l'Abbé Dubois; & je crains, comme il étoit à Versailles, qu'elle ne lui ait pas été renduë. Je serois fort en peine de vôtre santé, sans la visite du bon petit bibliothecaire de Madame de Boüillon (1), qui me combla de joye, en me montrant une lettre d'une personne, qui songe à moi à cause de vous. Quelque sujet que j'aye eu dans ma maladie de me loüer du monde & de mes amis, je n'ai rien ressenti de plus vif que cette marque de bonté. Faites sur cela tout ce que vous êtes obligé de faire, puisque c'est vous qui me l'avez attirée. Je vous prie, que je sache par vous-même si vous avez ratrapé ce bonheur

dont

___

(1) Mr l'Abbé de Hautefeüille.

don joüit si peu en de certains tems. La source ne sauroit tarir tant que vous aurez l'amitié de l'aimable personne qui soûtient vôtre Vie. Que j'envie ceux qui passent en Angleterre ! & que j'aurois de plaisir de dîner encore une fois avec vous ! N'est ce point une grossiereté que le souhait d'un dîné ? L'esprit a de grands avantages sur le corps : cependant ce corps fournit souvent de petits goûts qui se réïterent, & qui soulagent l'ame de ses tristes réflexions. Vous vous êtes souvent moqué de celles que je faisois : je les ai toutes bannies. Il n'est plus tems quand on est arrivé au dernier période de la vie : il faut se contenter du jour où l'on vit. Les esperances prochaines, quoique vous en disiez, valent bien autant que celles qu'on étend plus loin : elles sont plus sûres. Voici une belle morale : portez-vous bien ; voilà à quoi tout doit aboutir.

SUR LE QUIETISME.

ON voit aujourd'hui deux systêmes de religion dans le monde, que Marthe & Madelaine semblent autoriser.

   Marthe convient proprement
   Aux gens de grand mouvement ;

A ces ames empressées
Saintement interessées,
Qui font leur fortune aux cieux,
Comme on l'a fait en ces lieux.

Ceux qui n'aiment pas la peine,
Prennent de la Madelaine
Le merite d'aimer bien :
Aimer, est leur récompense ;
Aimer, est leur joüissance ;
Pour eux le reste n'est rien.

Telle de qui la tendresse
Fut une humaine foiblesse,
En fait une passion
Qui de jour en jour s'épure,
Change à la fin de nature,
Et devient religion.

La GRACE du Jansenifte,
Les OEUVRES du Moliniste,
Qu'on vit regner tour à tour,
Des hommes sauvoient les ames :
Mais pour le salut des femmes,
Il a fallu de l'amour.

Ceux qui de Marthe agissante
Suivent l'humeur intrigante,
Serviront Dieu dans les cours :
Je le fais aimer aux Dames ;
Changer l'objet de leurs flammes,
C'est les faire aimer toûjours.

Sur le même sujet.

STANCES IRREGULIERES.

L'AMOUR divin à sa naissance
Ne se produit qu'avec timidité ;
  Mais à mesure qu'il avance
Il se défait de son humilité,
  Et bien-tôt avec confiance
Il croit s'unir à la divinité.

  Dans une si haute alliance,
L'ame au-dessus de nôtre humanité,
  Se fait comme une joüissance,
Un avant-goût de la felicité.

  Mais craignez un peu que la rate
  Dans vos divines unions,
  De quelque vapeur délicate
  Ne forme des illusions.

  Craignez dans un transport extrême
  Où la raison n'a pas de lieu ;
  Craignez d'être plus à vous-même,
  Plus vous penserez être à Dieu.

  De sa propre ardeur enflammée,
  Dans sa passion renfermée,
  Une ame aimera nuit & jour
Sans objet, sans amant, seule avec son amour.

DIA.

DIALOGUE
SUR LE QUIETISME.
LE DOCTEUR, LA MERE, LA FILLE (1).
LE DOCTEUR.

Tant qu'on vous voit jeunes & belles,
  Vous ne volez qu'en ces bas lieux ;
Quand le tems vous appelle aux choses éternelles,
  Vous empruntez les ailes
D'un amour tout nouveau, dont le vol glorieux
  Vous porte dans les cieux.
Là de l'amour humain, on fait un sacrifice ;
  Et s'il n'a tenu vos appas
  Assez long-tems à son service,
  L'amour divin ne viendra pas.
  On a beau voir femmes & filles
  Quitter biens, maisons & familles,
A moins que d'avoir eu les principes d'aimer,
C'est inutilement que l'on passe la mer.

LA FILLE.

Mais ne pourrions-nous point apprendre en Angleterre,
Les moyens précieux dont on vient de parler ?

---

(1) La veuve de Justel Bibliotécaire du Roy d'Angleterre, & sa fille, toutes deux huguenottes & refugiées en Angleterre pour la religion.

LE DOCTEUR.

Il faut les avoir sû dans votre propre terre ;
Autrement vers le ciel vous ne sauriez voler.

LA MERE.

Que faisiez-vous, Judith, quand vous étiez en France ?

LA FILLE.

J'acccommodois mon cœur avec ma conscience.

LA MERE.

Si je m'en souviens bien, vous n'aviez que douze ans.

LA FILLE.

Je n'avois que douze ans ; mais aux ames bien nées
L'amour n'attend jamais le nombre des années.
Un merite élevé ne dépend point du tems :
Si jeune que j'étois, je sentois en mon ame
Ce principe d'aimer, qui produit une flamme.

LA MERE.

Vous sentez aujourd'hui plus qu'un je ne sçai quoi.

LA FILLE.

Sans doute ; mais reglé ; mais soûmis à la foi.
Parlez sincerement à vôtre tour, ma mere ;
N'avez vous jamais vû ce qu'on nomme une affaire ?

LA MERE.

J'aimai fort mon mari.

LA FILLE.

Vous aimiez un Époux ?
Ne dites point cela devant d'autres que nous.
Je le répeterai sans crainte qu'on me gronde,
Ce n'est point un discours à tenir dans le monde :
Vous aimiez un Mari ! voyez le beau degré
Pour monter à l'amour de Monseur de Cambrai !
C'est là ; c'est justement l'amour interessé.

LA MERE.

Judith, connoissez mieux le fonds de ma pensée.
De Meaux l'interessé chez moi n'a point de lieu,
Et je suis plus que vous en état d'aimer Dieu.
On peut, on peut aimer ce que l'on trouve aimable :
Je ne vous défens point vôtre je ne sai quoi ;
Mais aux plus curieux soyez impénétrable,
Cachez-vous aussi bien que moi.

LA FILLE.

On se cache avec trop de peine ;
Pour moi, j'aime tout franchement,
Et je fais quelquefois la vaine
D'aimer.... j'entens honnêtement.
Je sai qu'une galante antique,
Faisant la bonne catholique,
Dira, » mes Dames de Sion,
» Dans le zele qui vous devore
» Vous vous feriez brûler pour la religion,
» Mais vous faites l'amour encore....

LA MERE.

Judith, un amant près de vous,
Pourroit trouver un sort plus doux,
Que ne fut celui d'Holopherne.

LA FILLE.

Il est vrai que je me gouverne,
Par un esprit moins inhumain :
La Judith, du tems où nous sommes,
De ses yeux, non pas de sa main,
Voudroit faire mourir les hommes.
Pourquoi reprochez-vous d'aimer ?
Ce n'est point ce qui nous divise ;
Autrefois on vous sût charmer,
Sans troubler la paix de l'Eglise.
Pourquoi vous animer contre une passion,
Où nous pouvons trouver nôtre réünion ?
Quand Monsieur de Condom dans sa FOI CATHO-
LIQUE (1)
Voulut se raprocher de nous,
Il étoit jeune, tendre, doux ;
Et maintenant Prélat antique,
Sous le nom de Monsieur de Meaux,
Il nous fait mille & mille maux :
Il nous déteste, il nous abhorre ;
Helas ! que n'est-il jeune encore !
Mais tel qu'il est, sa gravité
Se soûmettroit à la beauté.
Nous avons gâté nos affaires
En laissant raisonner nos meres,
Avec leurs appas surannés,
Avec des docteurs rafinés :
Il falloit prendre en nos familles
De belles & de jeunes filles,
De qui les charmes tout puissans
Eussent quité l'esprit, pour attaquer les sens.
Pour moi, j'aurois sû les conduire
A m'aimer, au lieu de m'instruire,
A nous accorder don pour don ;

---

(1) EXPOSITION de la | Doctrine Catholique, &c

J'en

J'en avois un pour Charenton,
Et si je l'avois fait, je pense,
Que nous serions encore en France.
Ah ! que n'employoit-on l'amour,
Au lieu de nos controversites ;
Il eût mis d'accord en un jour,
Cent Huguenots & cent Papistes.
Mais s'agit-il de nôtre foi ;
C'est une dispute éternelle,
Division perpetuelle,
Entre, vous croyez, & je croi.
Vouloir jurer sur la parole,
D'Arnauld, Jurieu, Claude, Nicolle,
C'est s'obliger par un serment,
A se haïr mortellement.
La chaleur de leur conference,
L'aigreur qu'on trouve en leurs écrits,
Communiquent à nos esprits,
Secretement leur violence.

LA MERE.

Eh ! qui vous en a tant appris ?
D'où vous vient tant d'intelligence ?

LA FILLE.

Ce n'est pas avec des maris,
Qu'on peut apprendre ma science.

LA MERE.

Vous n'avez encore que vingt ans,
Que de savoir ! d'experience !
Vous ne pouviez pas mieux employer vôtre tems.

LE DOCTEUR.

Judith, parlez en conscience,
Etes-vous en état de voler vers les cieux ?

LA

LA FILLE.

Je fais pour cela de mon mieux :
Je me prépare au sacrifice
De l'amour humain immolé ;
Mais je suis attachée encore à son service,
N'ayant pas terre à terre assez long-tems volé.

BILLET
A MADAME LA DUCHESSE
MAZARIN.

MYLORD Devonshive a dit à Brunet, qu'il voudroit bien avoir l'honneur de prendre congé de vous, avant que d'aller à sa maison de campagne ; qu'il sçavoit bien qu'on vous avoit voulu donner de méchantes impressions de lui, qu'il n'a point meritées. Ma maxime est de n'être pas content de beaucoup de choses, & de n'en témoigner rien. C'est se livrer à son ennemi, que de le menacer ; ou s'en faire de ceux qui ne le voudroient pas être, quand on leur fait voir du mécontentement. Dieu rejette les tiedes ; mais le monde les doit souffrir. Mylord Devonshive ne se seroit pas laissé manger le ventre par un renard, comme le jeune lacedemonien, sans parler. Il n'y a pas de constance ; mais il n'y auroit pas eu grand crime à parler : on lui auroit pardonné, & je crois que vous pardonnerez à Mylord Devonshire. Vôtre resolution est bonne de vouloir vivre sans dettes & commodément. L'argent & le merite ne sont pas choses incompatibles. Quand ils seroient mal ensemble, c'est une chose digne de vous que de les concilier. Vous avez le dernier dans sa perfection : je souhaite que la fortune vous donne l'autre. Personne n'en feroit un si bon usage.

Je vous envoye un livre nouveau des AMOURS DE HENRI LE GRAND, très-bien écrit, & très-agréable. Si l'auteur n'y avoit pas mis toute entiere la CONFESSION DE MONSIEUR DE SANCY, sous le titre de *Manifeste du Roy sur son Divorce*, je l'estimerois beaucoup.

A LA

A LA MESME. CXXX.

MYLORD Godolphin ayant une affaire dont il ne peut se dispenser, & ne pouvant se trouver à la pêche, la partie a été remise. Mylord Ranelagh s'est chargé de vous le faire savoir, & en tout cas pour plus grande sureté, je vous l'écris moi-même. Le premier de ces Mylords m'a envoyé six lapins pour vous faire tenir : on diroit que je parle d'une lettre. Comme le paquet est gros, j'ai retenu un lapin pour me payer du port, ou si vous l'aimez mieux, pour le droit d'avis. Je voudrois que tous les donneurs d'avis fussent aussi modestes sur leurs droits, que je le suis sur les miens : un pour six n'est pas trop. Mylord d'Arran, ou n'a pû, ou n'a pas voulu m'expliquer l'Anglois qui est dans vôtre lettre; il se dit malheureux en amour, peu avancé en Mariage, reculé en politique, & que le Roy Jacques n'est pas plus malheureux d'avoir perdu ses trois Royaumes, que lui de n'avoir plus aucun accès dans vôtre maison. Comme je ne suis pas heureux en chute à la fin de mes lettres, je dirai brusquement *basta*.

(XI)

A LA MESME.

C'EST trop que d'être deux jours sans savoir de vos nouvelles. J'en ai demandé deux fois le jour à Saint-James sans en apprendre : vous aurez la bonté d'en faire dire au petit senateur. Si vous vous portez bien, je ne saurois me porter mal. Vôtre santé a fait jusqu'ici la mienne : je souhaite que cette influence-là dure long-tems. Si vos champs plus fertiles & moins brûlés du soleil que celui de Montiel vous donnent de petites féves, vous contenteriez un appetit qui se peut nommer une fantaisie, tant il est déreglé. Le champ de Montiel vous est assez connu, sans que j'aye besoin de vous l'expliquer. J'y laisse Don Quichotte, & ne prens de lui que *hasta la Muerte*, fin ordinaire de mes lettres.

A MYLORD MONTAIGU.

ON admire avec raison
Vôtre superbe maison
A tous étrangers ouverte ;
On admire d'un miroir
Le plus grand qu'on puisse voir,
La nouvelle découverte ;
Aux meubles, aux jardins, on trouve mille appas ;
Mais je n'en vois pas un, lorsque je ne vois pas,
La bourse verte (1).
Que Baptiste avec ses fleurs
Retourne bien-tôt en France,
Que les divers professeurs
De bel art, belle science ;
Que tous nouveaux destructeurs
De l'ancienne opulence
Portent leur dégât ailleurs :
N'ayons pour toute alliance
Que celle des inspecteurs ;
Ils ne font point de dépense,
Si ce n'est en projets de maisons & jardins,
Qu'à chaque bel aspect, ils font sur les chemins.
Tantôt Mansards ils bâtissent,
Et puis après démolissent :
Tantôt Nôtres & Degots
Ils coupent bois à propos,
Pour faire une belle vûë,

Et

(1) Mylord Montaigu payoit une rente viagere de cent livres sterling à Mr de S. Evremond, pour une somme de cinq cens livres sterling qu'il lui avoit donnée à l'âge de 60 & quelques années.

Et donner au jardin une juste étenduë.
J'aime des Inspecteurs tous leurs grands bâtimens,
J'aime leurs escaliers, salons, appartemens ;
Ils les font en carrosse ; & ce qui m'en fait plaire,
On revient au logis sans qu'il en coûte guere.
  Il n'est ainsi du ruisseau
  Honoré du nom riviere,
  Dont ils ont fait des pieces d'eau
  D'une beauté fort singuliere.
  Quarrés, octogones, canaux,
  Ouvrages trop chers & trop beaux,
  Ennemis de la bourse verte ;
  Sans vous, je la verrois ouverte,
  Je la verrois comme autrefois
Grosse & pleine s'ouvrir de six mois en six mois.
  Comment seroit la bourse pleine !
  Après les jets d'eau de Boughton,
  On parle de meubler Ditton (1)
  De velours, de damas de Gêne,
  Au Cockpit (2) autres bâtimémens,
  Et logemens sur logemens,
  A la campagne comme à Londres ;
  C'est assez dequoi me confondre :
  Mais si Mylord par ce métier
  N'est pas confondu le premier,
  Je pense que la bourse verte
  Pourra se voir encore ouverte.
  Mais Mylord entre ; je l'entens.

MYLORD MONTAIGU.

L'avoir payé vingt & deux ans !

---

(1) Bougthon, & Ditton sont des maisons de campagne du Duc de Montaigu.

(2) Prés de VVite-hal, où Mr. le Duc de Montaigu a un appartement.

Que la reflexion est triste !
Combien de tableaux de Baptiste,
Que de miroirs j'eusse acheté
De la maudite annuité !
Auroit-on cru que la nature
Eût suspendu pour lui la rigueur de sa loi
    Aux climateriques si dure ?
Auroit-on crû le voir à l'âge où je le voi ?
    Non, non, c'est une chose sure,
Que tout autre y seroit attrapé comme moi.

SAINT-EVREMOND.

Le nombre des ans, je l'ignore ;
Que sert-il de le retenir ?
Payez, Mylord, payez encore,
Et du passé perdez le souvenir.
Ce vers heureux que vous avez sû faire,
Bâtissez moins, & ne me devez rien (1)
Soit du Mylord la leçon ordinaire
Pour son profit autant que pour le mien.
Que les eaux de Bougthon où les Mangars, les
    Philes, (2)
Ont trouvé des brochets faisant les crocodiles,
Que parterres, jardins, potagers à finir
Obtiennent peu de chose à les entretenir ;
Et que du bâtiment la face irreguliere
Au soin de l'heritier se laisse toute entiere.

---

(1) Parodie de ce vers de la BERENICE de Racine : voyez-moi plus souvent, & ne me donnez rien.

(2) Valets de deux gentilshommes françois, qui étant allés pêcher dans les étangs du Duc de Montaigu, y trouverent des brochets si gros, qu'ils les prirent pour des crocodiles, & penserent mourir de frayeur. Tel

Tel que sous l'oncle fut Ditton,
Qui manquoit un peu de lumiere,
Que telle reste la maison
Dans son obscurité premiere.
De bon fruit de loin apporté,
De poissons mis dans la riviere,
D'oiseaux de grande rareté
Dont on doit remplir la voliere,
De magnifique canardiere
Que le Mylord soit contenté.
Palais d'une grandeur immense,
Bornez enfin vôtre dépense ;
Fixez la curiosité
Qui n'a déja que trop coûté.

CXXIII. LETTRE DE MADEMOISELLE DE L'ENCLOS A MONSIEUR DE S. EVREMOND.

Monsieur l'Abbé Dubois m'a rendu vôtre lettre, Monsieur, & m'a dit autant de bien de vôtre estomac que de vôtre esprit. Il vient des tems où l'on fait bien plus de cas de l'estomac que de l'esprit ; & j'avoüe, à ma honte, que je vous trouve plus heureux
de

de joüir de l'un que de l'autre. J'ai toûjours crû que vôtre esprit dureroit autant que vous ; on n'est pas si sûr de la santé du corps, sans quoi il ne reste que de tristes réflexions. Insensiblement je m'embarquerois à en faire : voici un autre chapitre. Il regarde un joli garçon, qu'un desir de voir les honnêtes gens de toute sorte de pays a fait quitter une maison opulente sans congé. Peut-être blâmerez-vous sa curiosité ; mais l'affaire est faite. Il sait beaucoup de choses : il en ignore d'autres qu'il faut ignorer à son âge. Je l'ai crû digne de vous voir, pour lui faire commencer à sentir qu'il n'a pas perdu son tems d'aller en Angleterre Traitez-le bien pour l'amour de moi. Je l'ai fait prier par son frere aîné, qui est particulierement mon ami, d'aller savoir des nouvelles de Madame la Duchesse Mazarin & de Madame Harvey, puis qu'elles ont bien voulu se souvenir de moi.

la mortification des sens, me dit un jour, « Je vais vous faire une confidence que je ne serois pas à Madame de la Sabliere, à Mademoiselle de l'Enclos même, que je tiens d'un ordre superieur ; je vous dirai en confidence que *l'abstinence des plaisirs me paroist bien necessaire pour conserver la santé.* » Je fus surpris de la nouveauté du systême : il ne laissa pas de faire quelque impression sur moi. S'il eût continué son discours, peut-être m'auroit-il fait goûter sa doctrine. Continuez-moi vôtre amitié qui n'a jamais été alterée ; ce qui est rare dans un aussi long commerce que le nôtre.

RÉPONSE DE MONSIEUR DE St EVREMOND, A MADEMOISELLE DE L'ENCLOS.

JE n'ai jamais vû de lettre où il y eût tant de bon sens que dans la vôtre : vous faites l'éloge de l'eſtomac ſi avantageuſement, qu'il y aura de la honte à avoir bon eſprit, à moins que d'avoir bon eſtomac. Je ſuis obligé à Monſieur l'Abbé Dubois, de m'avoir fait valoir auprés de vous par ce bel endroit. A quatre-vingt-huit ans, je mange des huitres tous les matins ; je dîne bien ; je ne ſoupe pas mal ; on fait des héros pour un moindre merite que le mien.

> Qu'on ait plus de bien, de crédit,
> Plus de vertu, plus de conduite,
> Je n'en aurai point de dépit,
> Qu'un autre me paſſe en merite
> Sur le goût & ſur l'appétit,
> C'eſt l'avantage qui m'irrite.
> L'eſtomac eſt le plus grand bien,
> Sans lui les autres ne ſont rien.

Un

Un grand cœur veut tout entre[prendre]
Un grand eſprit veut tout com[prendre]
Les droits de l'eſtomac ſont de bien [...]
Et dans les ſentimens que me donne [...]
La beauté de l'eſprit, la grandeur d[...]
N'ont rien qu'à ſa vertu l'on puiſſe c[...]

Etant jeune je n'admirois [...] moins attaché aux interêts du c[orps] devois l'être : aujourd'hui je [...] qu'il m'eſt poſſible le tort que [...] l'uſage que j'en fais, ou par l'[amit]ié que j'ai pour lui. Vous en a[...] ment. Le corps vous a été que[lque chose dans] vôtre jeuneſſe ; preſentement [...] cupée que de ce qui regarde l'e[sprit] pas ſi vous avez raiſon de l'eſti[mer ...] lit preſque rien qui vaille la pe[ine ...] nu ; on ne dit preſque rien q[ui soit] écouté : quelque miſerables [...] ſens à l'âge où je ſuis, les impr[essions] ſur eux les objets qui plaiſen[t ...] bien plus ſenſible, & nous av[ons ...] de les vouloir mortifier. C'eſ[t ...] jalouſie de l'eſprit, qui trou[ve ...] meilleur que le ſien.

Monſieur Bernier, le plus [...] que j'aye connu ; (joli Philo[sophe ...] guetes ; mais ſa figure, ſa tail[le ...] ſa converſation, l'ont rendu [...] Epithete-là) Monſieur Berni[er]

LETTRE DE Mr. JULIEN (1).
A MONSIEUR SILVESTRE.

J'Ecris à Monsieur de Saint-Evremond: que j'ai sué à faire cette lettre! je l'ai méditée six jours, & enfin il se trouve que je n'y ai rien mis de ce que j'avois medité. Je n'envoye point l'Edit de Prato (2); un seul mot en est la cause; mais seulement le nouveau systême d'Amour (3) Je vous l'envoye par indivis avec Monsieur de Saint-Evremond. Corrigez, Messieurs, augmentez, diminuez; faites ce qu'il vous plaira; mais sur tout disculpez-moi envers les Dames, que j'aime beaucoup, mais d'un amour qui ne va pourtant pas jusqu'à l'excès, comme dit très-bien Monsieur Leti dans ses Loteries, parlant des theologiens. J'ai grand regret d'avoir quitté Londres;

---

(1) Mr. Julien Scopon, Gentilhommme de Languedoc.
(2) C'est un Conte de Bocace, que Mr. Julien avoit mis en vers.
(3) C'est une autre Piece en vers.

Londres ; je voudrois y être, quand ce ne seroit que pour joüer à l'hombre avec Monsieur de Saint-Evremond & vous. Mais comme on apprend toûjours, je voudrois perdre pour avoir le plaisir de manger à la fin une salade d'asperges, & boire une bouteille de vin de Bourgogne, ce qu'on ne fait pas quand on gagne. Je suis, &c.

LETTRE DE Mr. JULIEN, A MONSIEUR DE St.-EVREMOND.

CXXXVI.

VOus m'avez fait la grace de me demander l'Edit de Prato, & le nouveau Systême d'Amour : c'est seulement le dernier de ces ouvrages que je vous envoye ; il y a dans l'autre une expression qui me déplaît, je veux la corriger. Vous savez, Monsieur, que quelquefois ces corrections donnent plus de peine qu'à recommencer une piece. Au moins c'est uniquement par obéïssance que je me résous à ce que je fais : je sai qui est Monsieur de Saint-Evremond, & qui je suis. Cette

pensée

de joüir de l'un que de l'autre. J'ai toûjours crû que vôtre esprit dureroit autant que vous ; on n'est pas si sûr de la santé du corps, sans quoi il ne reste que de tristes réflexions. Insensiblement je m'embarquerois à en faire : voici un autre chapitre. Il regarde un joli garçon, qu'un desir de voir les honnêtes gens de toute sorte de pays a fait quitter une maison opulente sans congé. Peut-être blâmerez-vous sa curiosité ; mais l'affaire est faite. Il sait beaucoup de choses : il en ignore d'autres qu'il faut ignorer à son âge. Je l'ai crû digne de vous voir, pour lui faire commencer à sentir qu'il n'a pas perdu son tems d'aller en Angleterre. Traitez-le bien pour l'amour de moi. Je l'ai fait prier par son frere aîné, qui est particulierement mon ami, d'aller savoir des nouvelles de Madame la Duchesse Mazarin & de Madame Harvey, puis qu'elles ont bien voulu se souvenir de moi.

RÉPONSE
DE MONSIEUR
DE St EVREMOND,
A MADEMOISELLE
DE L'ENCLOS.

JE n'ai jamais vû de lettre où il y eût tant de bon sens que dans la vôtre : vous faites l'éloge de l'estomac si avantageusement, qu'il y aura de la honte à avoir bon esprit, à moins que d'avoir bon estomac. Je suis obligé à Monsieur l'Abbé Dubois, de m'avoir fait valoir auprés de vous par ce bel endroit. A quatre-vingt-huit ans, je mange des huitres tous les matins ; je dîne bien ; je ne soupe pas mal ; on fait des héros pour un moindre merite que le mien.

    Qu'on ait plus de bien, de crédit,
    Plus de vertu, plus de conduite,
    Je n'en aurai point de dépit ;
    Qu'un autre me passe en merite
    Sur le goût & sur l'appétit,
    C'est l'avantage qui m'irrite.
    L'estomac est le plus grand bien,
    Sans lui les autres ne sont rien.

Un grand cœur veut tout entreprendre,
Un grand esprit veut tout comprendre:
Les droits de l'estomac sont de bien digerer:
Et dans les sentimens que me donne mon age,
La beauté de l'esprit, la grandeur du courage,
N'ont rien qu'à sa vertu l'on puisse comparer.

Etant jeune je n'admirois que l'esprit, moins attaché aux interêts du corps que je ne devois l'être : aujourd'hui je repare autant qu'il m'est possible le tort que j'ai eu ; ou par l'usage que j'en fais, ou par l'estime & l'amitié que j'ai pour lui. Vous en avez usé autrement. Le corps vous a été quelque chose dans vôtre jeunesse ; presentement vous n'êtes occupée que de ce qui regarde l'esprit ; je ne sai pas si vous avez raison de l'estimer tant. On ne lit presque rien qui vaille la peine d'être retenu ; on ne dit presque rien qui merite d'être écouté : quelque miserables que soient les sens à l'âge où je suis, les impressions que font sur eux les objets qui plaisent, me trouvent bien plus sensible, & nous avons grand tort de les vouloir mortifier. C'est peut-être une jalousie de l'esprit, qui trouve leur partage meilleur que le sien.

Monsieur Bernier, le plus joli Philosophe que j'aye connu ; (*joli Philosophe* ne se dit guetes ; mais sa figure, sa taille, sa maniere, sa conversation, l'ont rendu digne de cette Epithete-là:) Monsieur Bernier en parlant de
la

la mortification des sens, me dit un jour, » Je
» vais vous faire une confidence que je ne fe-
» rois pas à Madame de la Sabliere, à Made-
» moiselle de l'Enclos même, que je tiens
» d'un ordre superieur ; je vous dirai en con-
» fidence que *l'abstinence des plaisirs me paroist*
» *bien necessaire pour conserver la santé.* » Je
fus surpris de la nouveauté du système : il ne
laissa pas de faire quelque impression sur moi.
S'il eût continué son discours, peut-être m'auroit-il fait goûter sa doctrine. Continuez-
moi vôtre amitié qui n'a jamais été alterée ; ce
qui est rare dans un aussi long commerce que
le nôtre.

LETTRE

Londres; je voudrois y être, quand ce ne seroit que pour joüer à l'hombre avec Monsieur de Saint-Evremond & vous. Mais comme on apprend toûjours, je voudrois perdre pour avoir le plaisir de manger à la fin une salade d'asperges, & boire une bouteille de vin de Bourgogne, ce qu'on ne fait pas quand on gagne. Je suis, &c.

CXXXVI.

LETTRE
DE Mr. JULIEN,
A MONSIEUR
DE St.-EVREMOND.

VOus m'avez fait la grace de me demander l'Edit de Prato, & le nouveau Systême d'Amour : c'est seulement le dernier de ces ouvrages que je vous envoye ; il y a dans l'autre une expression qui me déplaît, je veux la corriger. Vous savez, Monsieur, que quelquefois ces corrections donnent plus de peine qu'à recommencer une piece. Au moins c'est uniquement par obéïssance que je me résous à ce que je fais : je sai qui est Monsieur de Saint-Evremond, & qui je suis. Cette pensée

LETTRE
DE Mr. JULIEN (1).
A MONSIEUR SILVESTRE.

CXXXV.

J'Ecris à Monsieur de Saint-Evremond: que j'ai sué à faire cette lettre! je l'ai méditée six jours, & enfin il se trouve que je n'y ai rien mis de ce que j'avois medité. Je n'envoye point l'Edit de Prato (2); un seul mot en est la cause; mais seulement le nouveau système d'Amour (3) Je vous l'envoye par indivis avec Monsieur de Saint-Evremond. Corrigez, Messieurs, augmentez, diminuez; faites ce qu'il vous plaira; mais sur tout disculpez-moi envers les Dames, que j'aime beaucoup, mais d'un amour qui ne va pourtant pas jusqu'à l'excès, comme dit très-bien Monsieur Leti dans ses Loteries, parlant des theologiens. J'ai grand regret d'avoir quitté Londres;

---

(1) Mr. Julien Scopon, Gentilhommme de Languedoc.
(2) C'est un Conte de Bocace, que Mr. Julien avoit mis en vers.
(3) C'est une autre Piece en vers.

pensée n'a pas besoin d'explication, on la comprend assez. Mais, Monsieur, si quelque Dame voit ce systême, que dira-t-elle ? Quelle hérésie en amour, quel renversement des notions les plus generales ? Qu'on lise tous les romans, qui sont les livres qui établissent avec le plus de solidité la doctrine de l'amour, & l'on verra la témerité de ce nouveau Quietiste. A cela, je vous avouë que je n'ai rien à répondre.

Au reste, si j'ai l'honneur de vous écrire, ce n'est pas pour m'attirer une réponse de vôtre part : il seroit même avantageux pour moi que vous n'en prenïez pas la peine. Je suis toûjours en garde contre l'orgüeil ; pourrois-je m'en défendre si je recevois une de vos lettres? Déja en ce pays-ci je n'ai pû m'empêcher de dire, à propos ou non, à tout le monde, que j'avois eu l'honneur de vous voir quelquefois, & de jouër à l'hombre avec vous, & quand je m'examine, je voi bien que mon dessein secret a été de m'attirer l'admiration des gens.

De la Haye le 14 de Juillet 1698.

RÉPONSE
DE MONSIEUR
DE St EVREMOND
A Mr. JULIEN.

JE vous avois prié de m'envoyer l'Edit de Prato, & le nouveau systême d'Amour. Vous avez eu la bonté d'envoyer le systême à Monsieur Silvestre, qui nous l'a lû chez Madame Mazarin. Il n'y a rien qui ne soit trés-agreable. La maniere de conter égale celle de la Fontaine, & je croi que la nouveauté ne doit pas déplaire aux plus prudes : c'est leur établir comme un droit d'en faire autant que vous. Mais peut-être qu'elles n'ont besoin ni d'autorité, ni d'exemple, & qu'elles imitent moins qu'elles ne sont imitées.

Il me sembloit qu'il n'y avoit rien à corriger dans vôtre Edit de Prato, quand vous eûtes la bonté de me le lire. L'idée de la perfection gêne trop. J'aurois voulu le voir avec ses graces naturelles, sans attendre ce qu'auront mis ou retranché les soins de l'art. Vous êtes dans le pays du monde où l'on écrit le mieux. La Hollande ne se contente pas d'a-
voir

voir ôté à l'Italie la gloire de bien écrire en latin, elle ne laisse pas à la France celle de mieux écrire en françois. Vous êtes venu en ce pays-là augmenter le nombre de ceux qui écrivent si bien en nôtre langue. Pour moi, Monsieur, je ne merite aucune des loüanges que vous me donnez. Conserver un peu de santé, ou pour mieux dire, me rendre la vie supportable est tout mon soin. J'en aurai toûjours un fort grand pour vous persuader qu'on ne peut être avec plus d'estime que je suis, &c.

BILLET

BILLET
A MADAME LA DUCHESSE
MAZARIN.

L'AFFREUSE retraite dont vous me parlez, ne la sauroit être pour vous plus que pour moi. Quand vous êtes contente, je suis satisfait : quand vous avez à vous plaindre de vôtre condition, c'est un sujet de me plaindre de la mienne. J'attens de vôtre fermeté que vous souffrirez encore quelque tems le méchant état de vos affaires & de vôtre bon sens, que l'illusion des faux biens imaginez ne prendra aucun pouvoir sur vôtre esprit. Esperez Madame, vos embarras finiront. Quittez la biere; buvez vôtre vin, & faites venir à Mustapha ses inspirations ordinaires quand il a bû. Cela vaut mieux contre la mauvaise fortune, que la Consolation de Seneque à Marcia.

LETTRE
DE MADEMOISELLE
DE L'ENCLOS
A MONSIEUR
DE St-EVREMOND.

MR. de Clerembaut m'a fait un sensible plaisir, en me disant que vous songiez à moi : j'en suis digne par l'attachement que je conserve pour vous. Nous allons meriter des loüanges de la posterité par la durée de nôtre vie, & par celle de l'amitié. Je croi que je vivrai autant que vous. Je suis lasse quelque fois de faire toûjours la même chose, & je loüe le Suisse qui se jetta dans la riviere par cette raison. Mes amis me reprennent souvent sur cela, & m'assurent que la vie est bonne tant que l'on est tranquille, & que l'esprit est sain. La force du corps donne d'autres pensées. L'on prefereroit sa force à celle de l'esprit : mais tout est inutile quand on ne sauroit rien changer ; il vaut autant s'éloigner des réflexions, que d'en faire qui ne servent à rien. Madame Sandwich m'a donné mille plaisirs,

par

par le bonheur que j'ai eu de lui plaire. Je ne croyois pas sur mon declin, pouvoir être propre à une femme de son âge. Elle a plus d'esprit que toutes les femmes de France, & plus de veritable merite. Elle nous quitte : c'est un regret pour tout ce qui la connoît, & pour moi particulierement. Si vous aviez été ici, nous aurions fait des repas dignes du tems passé. Aimez-moi toûjours. Madame de Coulange a pris la commission de faire vos complimens à Monsieur le Comte de Grammont, par Madame la Comtesse de Grammont. Il est si jeune que je le croi aussi leger que du tems qu'il haïssoit les malades, & qu'il les aimoit dès qu'ils étoient revenus en santé. Tout ce qui revient d'Angleterre parle de la beauté de Madame la Duchesse Mazarin, comme on parle ici de celle de Mademoiselle de Bellefond qui commence. Vous m'avez attachée à Madame Mazarin, & je n'en entens point dire de bien sans plaisir. Adieu, Monsieur: pourquoi n'est-ce pas un bon-jour ? il ne faudroit pas mourir sans se voir.

A MADAME HERVART.

CXL.

Ce ne fut point par un hasard
Que Geneve fut conservée,
L'Etoile de Madame Hervart
De l'escalade l'a sauvée (1):
Ainsi la moderne Sion
Lui doit sa conservation;
Et depuis ce jour salutaire,
On sait que tous ses habitans
La regardent comme une mere,
Qui les voit comme ses enfans.
Quelqu'un pour rimer à Geneve
La traite d'une nouvelle Eve,
Mais si je l'ai bien entendu,
Madame Hervart n'a de sa vie
Fait connoître la moindre envie
De goûter du fruit défendu.
Elle auroit peu craint la cautelle
Du serpent, du fin séducteur!
Pour le genre humain, quel bonheur,
Si l'autre Eve eût été comme elle !
Puisse Madame Hervart dix ans

(1) Madame Hervart nâquit à Geneve le 12 de Decembre 1602, jour même de l'Escalade. Sa mere sentant les premieres douleurs de l'accouchement, envoya chercher la sage-femme par une servante, qui ayant trouvé des gens armés dans les ruës, donna l'alarme : c'est ce qui fait dire à Mr. de Saint-Evremond que Madame Hervart avoit sauvé Geneve.

Etre encore parmi les vivans !
De nôtre faculté françoise,
Genereuse en sa fonction,
Ayons la pure affection ;
Point de commerce avec l'angloise ;
Ses docteurs demandent pour eux
Des malades trop genereux.
Laissons aux Docteurs d'Angleterre
Tous les maux qu'auront les Anglois,
Et que jamais aucun François
Ne soit malade en cette terre,
S'il n'est pas sûr de l'amitié
De son Docteur refugié.
Le Medecin françois essuye
Vent de nord, neige, grêle, pluye :
Pour une petite vapeur,
Pour un commencement de rhûme,
On fait quitter au bon Docteur
Son mince matelas, & son gros lit de plume ;
Et quand il est venu d'un air tout gracieux,
La malade lui dit, » on se porte un peu mieux ;
» On se trouve assez soulagée,
» Et l'on vous est bien obligée ;
» Mais il n'en faut pas abuser,
» Docteur, allez vous reposer.
On le reconduit, on l'éclaire ;
A peu près voilà son salaire,
Que le magnanime Docteur
Semble recevoir de bon cœur.
L'Anglois croit que les nuits aux Docteurs sont données
Pour attendre en repos le retour du Soleil,
Laissant tranquillement jusques à leur réveil
Le malade inquiet au soin des destinées.
Une basse assiduité,
Une servile diligence

Feroient

Feroient tort à la suffisance
D'un Médecin par tout vanté.
Son nom fait pour lui son office,
Sa réputation lui tient lieu de service :
Encore s'il ne coûtoit rien,
On pourroit être son malade ;
Mais le Docteur se persuade
Qu'on ne sauroit jamais le payer assez bien.
Nous avons des Docteurs de nôtre connoissance ;
Gens d'esprit, de savoir, de grande experience,
D'un soin pour le malade exact & diligent,
Et d'un procedé noble à l'égard de l'argent.
C'est-là que nous devons porter nos maladies,
C'est-là qu'honnêtement elles seront guéries ;
Et si l'on nous en croit, Madame Hervart & moi,
Les Anglois dans nos maux auront fort peu d'emploi.
Pour éviter l'apoplexie,
Prévenir toute létargie,
Qu'elle ait toûjours auprès de soi
Les meilleures goutes du Roi :
Que le douziéme de Decembre
Elle descende de sa chambre,
Pour faire la solemnité
De sa vieille nativité ;
Pour pouvoir entendre à son aise
La Chanson de Monsieur de Beze, (1)
Et donner dans un long festin
Assez largement son bon vin.
Qu'elle soit toûjours regardée
Comme la mere des croyans,
Et qu'à Geneve tous les ans
Sa fête puisse être gardée.

(1) La Chanson qu'on chante tous les ans à Geneve le jour de l'escalade, a été faite par Theodore de Beze.

CXLI.

LETTRE
A MONSIEUR
SILVESTRE.

Madame Mazarin est assez indisposée pour ne vous écrire pas de sa main; elle emprunte la mienne, & m'ordonne de vous dire que vous lui avez fait un fort grand plaisir de lui donner de vos nouvelles, & de celles de toute vôtre petite caravanne. Elle a été sensible à la misere où vous vous êtes trouvés à Anvers, de n'avoir que du vin de Bourgogne à boire; point de bierre; point de vin de Moselle; de vin de Bourdeaux: elle a plaint vôtre malheur. Mylord Montaigu a eu les sentimens d'un vrai pere qui fait voyager son fils. Pour moi qu'on accuse d'indifference, & quelquefois de dureté, j'ai été bien aise que Mylord Monthermer s'accoûtumât de bonne heure à la fatigue. Madame Mazarin a de la peine à comprendre comment peut revenir une caravanne sans apporter ni singes, ni perroquets. Vous avez trouvé à Amsterdam une guenuche si petite & si délicate, qu'elle n'auroit jamais passé la mer. Vous avez vû à Breda un singe merveilleux dont on ne vouloit pas se défaire. Il n'y a point de ville qui n'ait eu sa rareté, & dont vous ne rendiez aussi bon compte que le Voyageur Allemand le plus exact pourroit faire. Pour envoyer des guenons & des jambons, qu'on s'adresse à des Marchands : vous voyagez en curieux, & je ne doute point que vôtre journal ne soit bien rempli.

Depuis ma lettre écrite, Madame Mazarin a sû que Monsieur Pujolas a eu un accident assez fâcheux : elle en a été fort touchée aussi bien que moi. Vous avez la mine de ne revenir pas si-tôt : d'inspecteur de jardins & de bâtimens, vous deviendrez pour quelque tems encore inspecteur de vie & mœurs.
Si vous revenez,

>	Apportez des guenons
>	Avec des perroquets:

Si vous allez à Rome,

>	Apportez des pardons
>	Avec des chapelets.

CXLII. SUR LA MORT DE MADAME LA DUCHESSE MAZARIN (1).

STANCES IRREGULIERES.

ENFIN le ciel l'a retirée,
Cette beauté tant adorée ;
Celle qui causa tant d'amour,
Helas ! vient de perdre le jour !

Que l'on apprenne de nos larmes,
Quel fut le pouvoir de ses charmes ;
Et que par nôtre desespoir,
Un merite si grand se fasse concevoir.

Chacun aujourd'hui se lamente :
Chacun lui porte ses douleurs ;
Et l'on ne voit personne exemte,
De ce dernier devoir que lui rendent les cœurs.
Ah ! Mazarin, morte ou vivante,
Que tu nous a coûté de pleurs !

Précieux souvenir de sa gloire passée,
De ses beaux yeux si chers encore à la pensée,
Eternel

---

(1) Madame Mazarin mourut à Chelsey près de Londres le 2 de Juillet 1699. âgée d'environ cinquante-trois ans.

DE SAINT-EVREMOND.

Eternel entretien que fournit l'amitié,
Plus triste sentiment qu'inspire la pitié :
Douleur, juste douleur, si tendre, si fidelle,
Montrez ce que nos cœurs ont conservé pour elle.

    Mais pourroient-ils ne le conserver pas ?
    Quel autre objet eût nôtre ame charmée !
    Il n'étoit plus pour nous d'autres appas,
    Point d'autre amour, après l'avoir aimée.

    De son esprit on étoit enchanté,
        Quand on l'avoit entretenuë :
        Qui la voyoit : qui l'avoit vûë,
    Ne pouvoit plus souffrir d'autre beauté.

Les charmes, les vertus se disputoient en elle
L'avantage du rang, l'honneur du premier lieu ;
Et l'on a vû durer leur jalouse querelle,
Jusqu'au moment fatal de l'éternel adieu.

    Faloit il être inexorable,
Lors qu'on vous conjuroit de prendre soin de vous :
    Faloit-il être impitoyable,
Lors que vous refusiez de vivre au moins pour nous;
    Puis que le dégoût de la vie,
Vous en ôtoit pour vous la naturelle envie ?

Chacun vous proposoit les moyens de guérir,
Et vous vous obstiniez contre tous à mourir.
    N'avez-vous été si charmante,
Que pour nous préparer le plus grand des malheurs ?
    Ah ! MAZARIN, morte ou vivante,
    Que vous avez causé de pleurs !
Vous verrez, vous verrez, quand vous m'aurez
        perduë :
Injuste, par ces mots repetés tant de fois,
Vous annonciez la mort que vous avez vouluë,

Sans aucun égard à nos droits.

Le ciel en vous formant fit ce parfait ouvrage,
Moins pour vôtre interêt que pour nôtre avantage ;
Ainsi vous nous deviez le compte de vos jours,
Ce n'étoit point à vous d'en arrêter le cours.

Vous vous deviez au monde, & ce fut une injure ;
Un outrage, un affront à toute la nature,
De préferer l'horreur de l'éternelle nuit
A l'aimable clarté du Soleil qui nous luit.

 Vous le fîtes pourtant, cruelle :
 Au lieu d'attendre le trépas,
 A l'heure juste & naturelle ;
Vous alliez au devant, ou vous hâtiez ses pas.

 Jamais la mort ne fut soufferte,
 Avec tant de tranquillité ;
 Jamais on ne sentit de perte,
Avec plus de douleur, & moins de fermeté.

 Mais que dis-je ; nôtre tendresse,
 Pouvoit-elle être une foiblesse ?
 Non, non ; l'on ne sçauroit blâmer,
 L'excès où nous l'avons portée ;
 Celle qu'on ne put trop aimer
 Ne peut être trop regretée.

 Beaux esprits, curieux, savans,
 Gens d'agréable compagnie ;
 Quand vous pourriez vivre cent ans,
Vous ne verriez jamais un semblable génie.

 Adorateurs de la beauté,
 Gardez-vous de prendre des chaînes ;
 Conservez vôtre liberté,

DE SAINT-EVREMOND.

Il n'est plus de sujet qui merite vos peines.

De ses perfections c'est trop long-tems parler :
Trouvons-lui des défauts pour nous en consoler.
    Helas ! autre source de larmes,
    Tous ses défauts avoient des charmes !

    Quand elle grondoit ses amis,
    Un peu plus qu'il n'étoit permis,
    Son humeur chagrine étoit chere ;
    Et l'on trouvoit dans sa colere,
    Un si naturel agrément,
Qu'on se trouvoit heureux du mauvais traitement.

    Pleurons d'une personne aimable,
    Jusqu'aux choses qui font haïr ;
    Pleurons une femme estimable,
De n'avoir jamais sû ni tromper, ni haïr.

Ministres étrangers, qui cherchant à lui plaire,
Vous donniez la douceur d'un commerce ordinaire ;
Ajoutez vos regrets à nos afflictions,
Et remplissez de deüil toutes les nations,

LETTRE

LETTRE

CXLIII

DE MADEMOISELLE DE L'ENCLOS, A MONSIEUR DE S. EVREMOND.

QUELLE perte pour vous, Monsieur! si on n'avoit pas à se perdre soi-même, on ne se consoleroit jamais. Je vous plains sensiblement : vous venez de perdre un commerce aimable, qui vous a soutenu dans un pays étranger. Que peut-on faire pour remplacer un tel malheur? Ceux qui vivent long-tems sont sujets à voir mourir leurs amis. Après cela vôtre esprit, vôtre philosophie vous servira à vous soûtenir. J'ai senti cette mort comme si j'avois eu l'honneur de connoître Madame Mazarin. Elle a songé à moi dans mes maux : j'ai été touchée de cette bonté ; & ce qu'elle étoit pour vous m'avoit attachée à elle. Il n'y a plus de remede, & il n'y en a nul à ce qui arrive à nos pauvres corps. Conservez le vôtre. Vos amis aiment à vous voir si
sain

sain & si sage : car je tiens pour sages ceux qui savent se rendre heureux. Je vous rends mille graces du thé que vous m'avez envoyé. La gayeté de vôtre lettre m'a autant plû que vôtre present. Vous allez r'avoir Madame Sandwich, que nous voyons partir avec beaucoup de regret. Je voudrois que la situation de sa vie vous pût servir de quelque consolation. J'ignore les manieres Angloises, cette Dame a été très-Françoise ici. Adieu mille fois, Monsieur. Si l'on pouvoit penser comme Madame de Chevreuse, qui croyoit en mourant qu'elle alloit causer avec tous ses amis en l'autre monde, il seroit doux de le penser.

CXLIV.

LETTRE
DE MONSIEUR
DE St.-EVREMOND
A Mr. LE MARQUIS
DE CANAPLES.

Vous ne pouviez pas, Monsieur, me donner de meilleures marques de vôtre amitié, qu'en une occasion où j'ai besoin de la tendresse de mes amis, & de la force de mon esprit pour me consoler. Quand je n'aurois que trente ans, il me seroit difficile de pouvoir rétablir l'agrément d'un pareil commerce : à l'âge où je suis, il m'est impossible de le remplacer. Le vôtre, Monsieur, & celui de quelques personnes qui prennent part encore à mes interêts, me seroient d'un grand secours à Paris : je ne balancerois pas à l'aller chercher, si les incommodités de la derniere vieillesse n'y apportoient un grand obstacle. D'ailleurs que ferois-je à Paris, que me cacher, ou me presenter avec differentes horreurs ; souvent malade, toûjours caduc, décrepit ? On pourroit dire de moi ce que disoit Madame de Cornuel d'une Dame :

Je

» Je voudrois bien savoir le Cimetiere où elle
» va renoüveller de Carcasse. (1) Voilà de
bonnes raisons pour ne pas quitter l'Angleterre. La plus forte, c'est que le peu de bien
que j'ai ne pourroit pas passer la mer avec moi;
il me seroit comme impossible de le tirer d'ici:
c'est presque rien; mais je vis de ce rien là.
Madame Mazarin m'a dû jusques à huit cens
livres sterling : elle me devoit encore quatre
cens Guinées quand elle est morte. Assurément
elle disposoit de ce que j'avois, plus que moi-
même : les extrémités où elle s'est trouvée, sont
inconcevables. Je voudrois avoir donné ce qui
me reste, & qu'elle vécût. Vous y perdez
une de vos meilleures amies : vous ne sauriez
croire combien elle a été regrettée du public
& des particuliers. Elle a eu tant d'indifference pour la vie, qu'on auroit crû qu'elle n'é-
toit pas fâchée de la perdre. Les Anglois qui
surpassent toutes les nations à mourir, la doivent regarder avec jalousie. Soyez assuré,
Monsieur, que je suis, &c.

LETTRE

(1) Cette Dame parois-
soit avec un visage, tan- | tôt vermeil, tantôt jau-
ne, tantôt pâle, &c.

LETTRE

DE MADEMOISELLE DE L'ENCLOS A MONSIEUR DE St.-EVREMOND.

VOTRE lettre m'a remplie de desirs inutiles, dont je ne me croyois plus capable. Les jours se passent, comme disoit le bon homme DES YVETAUX, dans l'ignorance & la paresse : & ces jours nous détruisent, & nous font perdre les choses à quoi nous sommes attachés. Vous l'éprouvez cruellement. Vous disiez autrefois que je ne m'ourrois que de réflexion : je tâche à n'en plus faire, & à oublier le lendemain le jour que je vis aujourd'hui. Tout le monde me dit que j'ai moins à me plaindre du tems, qu'une autre. De quelque sorte que cela soit, qui m'auroit proposé une telle vie, je me serois penduë. Cependant on tient à un vilain corps comme à un corps agréable : on aime à sentir l'aise & le repos. L'appetit est quelque chose dont je jouïs encore. Plût à Dieu de pouvoir éprouver

éprouver mon estomac avec le vôtre, & parler de tous les originaux que nous avons connus, dont le souvenir me réjouït plus que la presence de beaucoup de gens que je vois, quoiqu'il y ait du bon dans tout cela; mais à dire le vrai, nul rapport. Monsieur de Clerembaut me demande souvent, s'il ressemble par l'esprit à son pere. Non, lui dis-je, mais j'espere de sa présomption qu'il croit ce, non, avantageux : & peut-être qu'il y a des gens qui le trouveroient. Quelle comparaison du siecle present avec celui que nous avons vû! Vous allez voir Madame Sandwic; mais je crains qu'elle aille à la campagne. Elle sait tout ce que vous pensez d'elle. Madame Sandwich vous dira plus de nouvelles de ce pays-ci que moi. Elle a tout approfondi & pénetré, elle connoît parfaitement tout ce que je hante, & a trouvé le moyen de n'être point étrangere ici.

RÉPONSE
DE MONSIEUR
DE St-EVREMOND
A MADEMOISELLE
DE L'ENCLOS

LA derniere lettre que je reçois de Mademoiselle de l'Enclos me semble toûjours la meilleure; & ce n'est point que le sentiment du plaisir present l'emporte sur le souvenir du passé: la veritable raison est que vôtre esprit se fortifie tous les jours. S'il en est du corps comme de l'esprit, je soûtiendrois mal ce combat d'estomac dont vous me parlez. J'ai voulu faire un essai du mien contre celui de Madame Sandwich, à un grand repas chez Mylord Jersey: je ne fus pas vaincu. Tout le monde connoît l'esprit de Madame Sandwich: je voi son bon-goût par l'estime extraordinaire qu'elle a pour vous. Je ne fus pas vaincu sur les loüanges qu'elle vous donna, non plus que sur l'appetit. Vous êtes de tous les pays; aussi estimée à Londres qu'à Paris. Vous

êtes

êtes de tous les tems ; & quand je vous allegue pout faire honneur au mien, les jeunes gens vous nomment aussi-tôt pour donner l'avantage au leur. Vous voilà maîtresse du present & du passé ; puissiez-vous avoir des droits considerables sur l'avenir ! Je n'ai pas en vûë la réputation ; elle vous est assurée dans tous les tems. Je regarde une chose plus essentielle ; c'est la vie, dont huit jours valent mieux que huit siecles de gloire après la mort. Qui vous auroit proposé autrefois de vivre comme vous vivez, vous vous seriez penduë ; (l'expression me charme) cependant vous vous contentez de l'aise & du repos, après avoir senti ce qu'il y a de plus vif.

L'esprit vous satisfait ou du moins vous console ;
Mais on préferetoit de vivre jeune & folle,
Et laisser aux vieillards exemts de passions
La triste gravité de leurs réflexions.

Il n'y a personne qui fasse plus de cas de la jeunesse que moi : comme je n'y tiens que par le souvenir, je sui vôtre exemple, & m'accommode du present le mieux qu'il m'est possible. Plût à Dieu que Madame Mazarin eût été de nôtre sentiment ! elle vivroit encore : mais elle a voulu mourir la plus belle du monde. Madame Sandwich va à la campagne : elle part d'ici admirée à Londres, comme elle l'a été à Paris. Vivez ; la vie est bonne, quand

Tome V.   Ii   elle

elle est sans douleur. Je vous prie de faire tenir ce billet à Monsieur l'Abbé de Hautefeüille, chez Madame la Duchesse de Boüillon. Je voi quelquefois les amis de Monsieur l'Abbé du Bois, qui se plaignent d'être oubliés : assurez-le de mes très-humbles respects.

CXLVII. LETTRE DE MONSIEUR DE St-EVREMOND A Mr. LE MARQUIS DE CANAPLES.

JE ne sai, Monsieur, si vous avez reçû la lettre que je me suis donné l'honneur de vous écrire, pour vous rendre graces très-humbles des offres les plus obligeantes que l'on puisse faire. Je voudrois bien être en état de m'en pouvoir servir. La nature dont j'ai eu tant de sujet de me loüer, est sur le point de retirer ses faveurs & de me traiter comme elle a traité Madame Mazarin ; c'est une cruauté pour Madame Mazarin, qui étoit aussi belle que jamais, & la même que vous l'avez vûë : elle s'est fort peu souciée de l'injustice

justice qu'elle lui a faite ; car jamais personne n'est morte avec tant de resignation & de fermeté. Je m'afflige de sa perte tous le jour. Elle disoit souvent un vers de La Fontaine, dont je ne doute point qu'elle ne se fût servie à mon égard, & dont je ne saurois me servir au sien :

Sur les ailes du tems la tristesse s'envole.

Je voudrois pouvoir faire ce qu'elle eût fait, & ce que je ne saurois gagner sur moi. L'interêt de ce qu'elle me devoit n'a aucune part à mes regrets. Quand je songe que la niece & l'heritiere de Monsieur le Cardinal Mazarin a eu besoin de moi en certains tems pour subsister, je fais des reflexions chrétiennes qui serviront à mon salut, si elles sont inutiles pour mon payement.

LETTRE

DE MADEMOISELLE
DE L'ENCLOS
A MONSIEUR
DE St-EVREMOND.

cxlviij.

LE bel esprit est bien dangereux dans l'amitié ! vôtre Lettre en auroit gâté une autre que moi. Je connois vôtre imagination vive & étonnante, & j'ai même eu besoin de me souvenir que Lucien a écrit à la loüange de la mouche, pour m'accoûtumer à vôtre stile. Plût à Dieu que vous pûssiez penser de moi ce que vous en dîtes ! Je me passerois de toutes les nations. Aussi est-ce à vous que la gloire en demeure. C'est un chef-d'œuvre que vôtre derniere lettre : elle a fait le sujet de toutes les conversations que l'on a euës dans ma chambre depuis un mois. Vous retournez à la jeunesse : vous faites bien de l'aimer. La philosophie sied bien avec les agrémens de l'esprit. Ce n'est pas assez d'être sage, il faut plaire ; & je voi bien que vous plairez toûjours tant que vous penserez comme vous pensez.

fez. Peu de gens résistent aux années : je croi ne m'en être pas encore laissée accabler. Je souhaiterois comme vous, que Madame Mazarin eût regardé la vie en elle-même, sans songer à son visage, qui eût toûjours été aimable, quand le bon sens auroit tenu la place de quelque éclat de moins. Madame Sandwich conservera la force de l'esprit, en perdant la jeunesse : au moins le pensai-je ainsi. Adieu, Monsieur : quand vous verrez Madame la Comtesse de Sandwich, faites-la souvenir de moi ; je serois trés-fâchée d'en être oubliée.

LETTRE

LETTRE
A MYLORD
MONTAIGU.

ON ne peut pas être plus sensible que je le suis à l'honneur de vôtre souvenir. Il n'y a pas un mot de vôtre lettre qui ne m'ait donné du plaisir, excepté ceux qui m'assurent que vous mangez des truffes tous les jours. Je n'ai pû m'empêcher de pleurer quand j'ai pensé que j'en mangeois avec Madame Mazarin : je me la suis representée avec tous ses charmes ; j'ai crû être à Bougthon ; le Nil & les Crocodiles m'ont paru. Je ne puis continuer ce discours sans douleur : il le faut finir. Madame Sandwich est à Windsor depuis neuf ou dix jours. Je lui ai envoyé vôtre lettre : si elle revient à Londres, comme il y a apparence, je ne manquerai pas, Mylord, de lui parler de la musique & des truffes qui l'attendent. Je ne doute point que Monsieur Silvestre n'ait fait concerter les pieces de Corelli qu'il a apportées, & qui nous doivent faire méprisér la Chaconne de Galatée, & la Logistille de Roland. Nous attendions Monsieur Silvestre sur l'architecture & sur la peinture : il nous a dépaysés :

dépaysés: Corelli a pris la place de Michel-Ange, & de Raphaël. Je voudrois bien que ce Docteur voulût me traduire quelque chapitre de l'Auteur qui nous enseigne le moyen de ne point mourir (1) Je n'espere plus qu'en celui-ci. Tous les Medecins, les Apoticaires, les Chirurgiens sont enragez contre lui, de disposer de la mort à leur préjudice. Puissai-je, Mylord, profiter de ses instructions, & vivre les MILLE ANOS des Espagnols, pour vous conserver un très-humble & très-obéïssant Serviteur.

LETTRE

---

(1) Mr. Asgil publia un Livre Anglois en 1700. où il prétendoit faire voir qu'en consequence de l'alliance de la vie éternelle revelée dans l'Ecriture, l'homme peut être transferé de la Terre à la vie éternelle, sans passer par la mort. Ce sont ses termes. Voyez les nouvelles de la République des lettres du mois de Novembre 1700. Les autres Journaux en ont aussi parlé.

LETTRE

A MONSIEUR ***.

CL.

VOus ne sauriez croire, Monsieur, combien la mort a trouvé de partisans contre cet Auteur moderne, qui veut nous exemter de mourir (1). Les plus grands ennemis qu'il ait à combattre sont les medecins. Toutes les facultés se sont réünies, comprenant bien que s'il n'y a plus de mort, il n'y a plus de maladies : plus de maladies, plus de Docteurs.

LE GALENISTE.

Il est tems de finir nos mesintelligences,
    Il est tems de nous réünir :
La mort est attaquée, il faut la maintenir ;
    Redoublons nos ordonnances.
  Ecrire qu'on ne mourra plus !
  S'il est vrai, nous sommes perdus !
  Adieu nos Ecoles publiques ;
  Qui pis est, adieu nos pratiques.
Ah ! que cet immortel n'est-il entre nos mains !
Ventouse, vomitif, saignée, & medecine,
Le remettroient bien-tôt au rang des vieux humains.

___

(1) Voyez la Note de la page précedente, au sujet du livre de Monsieur Asgil.

LE SYMPATHIQUE.

Si je pouvois avoir un peu de son urine (1),
   Il auroit beau passer la mer,
   Pour éviter ma sympathie,
Fut-il en Dannemarc, je le ferois suer;
Je le rendrois plus sec que n'est une momie.

LE CHIMISTE.

   Et moi je tire à mon fourneau
   Une certaine quintessence,
Dont une goute ou deux le mettroit au tombeau;
Bien d'autres en ont fait déja l'experience.

L'APOTHICAIRE.

   Que deviendra nôtre métier,
   Disent l'un & l'autre Garnier (2),
   Si l'on croit ce nouveau Prophete ?
   De simples & de minéraux,
   De syrops & de cordiaux,
   Nôtre provision est faite;
   Mais qui des drogues fera cas,
   Du moment qu'on ne mourra pas ?
   On nous verra dans nos boutiques,
   Morfondus, tristes & chagrins,
   Vivre toûjours, mais vivre étiques;
   Aussi bien que les Medecins.

---

(1) Il y avoit alors, (1700.) à Londres un Docteur Allemand nommé Hervvig, qui prétendoit guérir les maladies en faisant suer par sympathie. Pourvû qu'une personne lui envoyât de son urine, il la feroit, disoit-il, suer au tems & à l'heure qu'il lui plairoit, même dans une distance éloignée.

(2) Le Pere & le Fils.

L'ANATOMISTE.

J'entens le renommé Buissiere,
Qui les membres n'épargne guere
Pour sauver le reste du corps ;
J'entens Buissiere qui s'écrie,
Où pourrai-je trouver des morts
Pour mes leçons d'anatomie !

LE LITHOTOMISTE.

Helas ! mon bon tems est fini,
Dit le Docteur Cipriani ;
Je ne taillerai plus personne :
Assez de loüange on me donne ;
On m'admire dans mon emploi ;
Où seront les pierres pour moi ?
Des gens de nature immortelle
N'auront pas même la gravelle.
Mais quoi ces immortalités,
A la foi du Chrétien sont des dons affectés,
Non pas des graces generales :
Quittons l'Europe pour jamais
Et taillons, taillons desormais,
Dans les Indes Orientales (1).
Nous y taillerons des Omrahs,
De tems en tems quelques Rajas ;
Et n'étoit sa vieillesse extrême,
Peut-être Aureng-zebe lui-même. (2)

---

(1) Mr. Cipriani, fameux Chirurgien, Operateur pour la taille, & l'extraction de la pierre, avoit dessein de s'en aller dans les Indes avec le Sieur de Pastils devoient emmener avec eux Dieupart fameux joüeur de clavessin, & quelques autres musiciens.

(2) Aureng-zebe, Empereur des Mogols.

Si les gens à tailler nous manquent quelquefois,
   Nous pourrons joüer plus d'un rolle :
Nous aurons avec nous des flutes, des hautbois,
   Pour guerir de la Tarantole (1).

AU DOCTEUR SILVESTRE.

  Moquez-vous de leurs embarras,
  Docteur, au teint frais, gros & gras,
  Quand vous n'aurez plus de malades,
  Vous aurez toûjours vos fonnades,
  Vos musiques de Corelli
  Pour faire un concert accompli.
Je ne vous plains donc point: il est indubitable.
Que vous perdrez vos biens quand nous perdrons
      nos maux ;
Mais vous vous fauverez par les arts liberaux,
Et ferez un métier beaucoup plus agréable.
  Je vous dirai pour parler tout de bon,
  Que l'agrément de vôtre compagnie,
  A fu gagner nôtre inclination :
  Nous aimons mieux vôtre ancien génie,
  Nous aimons mieux vôtre érudition,
  Que vos talens apportés d'Italie.

ELOGE

(1) Maladie qui vient de la piquûre d'une espece d'araignée, de laquelle ceux qui font attaquez meurent en dansant. Cette maladie attaque le cerveau, & renverse la raison. On calme les accez par la musique. Voyez le voyage de Muisson. *Tom. III.* page 58.

CLI. ELOGE DU ROI (1).

DON Antonio de Cordoue disoit qu'il est difficile de trouver un grand Heros: un grand Heros, & un bon Roi ensemble, presque impossible: un grand héros, un bon Roi, & un honnête homme; c'est ce qu'on n'avoit jamais vû, & ce qu'on ne verroit jamais.

<pre>
Vous n'aviez pas le don de prophete,
   Quand vous fîtes ce jugement;
Antonio, si vous étiez en vie,
   Vous changeriez de sentiment.
</pre>

Des bons & justes Rois que le monde renomme,
Aucun n'a jamais fait tant de peuples heureux;
Nommez tous les heros, il est plus heros qu'eux:
   Dans le merite d'honnête homme,
   Où les sujets sont les premiers,
   Il a pris sur eux l'avantage,
   Et comme enlevé le partage
Que les Rois ont laissé pour les particuliers.
Faut-il quitter les plaisirs pour la gloire ?
Ses moindres faits embellissent l'histoire !
Est-on en paix, en ce tems de repos,
   Où l'on suspend les vertus des heros ?
   Est-on rentré dans la vie ordinaire,
   C'est lui qui plaît à ceux qui doivent plaire.

<pre>
Antonio, ces talens dispersés
Sont dans le Roi malgré vous ramassés;
On reconnoît, sans besoin qu'on le nomme,
Le grand héros; le bon Roi; l'honnête-homme.
</pre>

(1) Guillaume III. Roi | d'Angleterre.

Sur le même sujet.

Veut-on loüer un Roi ? les loüanges qu'on donne
Se doivent aux vertus de quelqu'autre personne ;
Un auteur qui le loüe avec peu de raison,
Fait valoir son sujet par la comparaison.
Des vertus de heros il fait un Alexandre ;
Pour un doux naturel s'il faut de la bonté,
Il ne manquera pas chez Titus de la prendre ;
Il prendra chez Caton justice & fermeté :
Mais ce qu'on dit du Roi, vertu, valeur extrême,
Et justice, & bonté, tout se trouve en lui-même :
Les auteurs n'auront point la peine d'ajoûter,
Comme ils font en loüant un merite ordinaire ;
Qu'ils disent simplement ce que le Roi sait faire,
La grace qu'on veut d'eux, c'est de ne rien ôter.
De son premier état qu'ils nous donnent l'image ;
Comment de ce qu'il fut il s'est fait ce qu'il est,
De sa gloire, c'est-là le plus noble interêt ;
C'est-là de sa vertu le plus digne avantage.
D'autres sont parvenus aux suprêmes grandeurs
Par de puissans appuis & de longues faveurs ;
    Mais un destin opiniâtre,
    Dont il éproua les rigueurs,
    Lui donna toûjours à combattre
    Des ennemis & des malheurs.

Qui pourroit surmonter toute sorte d'obstacles,
Vaincre des ennemis : être maître de soi :
Celui-là passeroit les faiseurs de miracles ;
    Il feroit ce qu'a fait le Roi.

BILLET

BILLET
A MADAME LA MARQUISE
DE LA PERRINE.

LA beauté du jour ; l'ennui de vôtre chambre ; le bruit des petits garçons ; & le pavé sec, me font croire que vous ne serez pas au logis. Si ma lettre vous y trouve, mandez-moi ce que vous ferez. Il seroit bon d'aller chez Madame Bond. Vous y êtes sûre d'un petit gain, & d'entendre joüer du clavessin au-delà de tout ce qu'on peut entendre en Angleterre. J'attens vôtre réponse, & suis vôtre mari d'hyver aussi commode l'été, & peut-être l'hyver, qu'un mari de l'ordre des pacifiques des NOELS puisse être.

A LA MESME.

CLIV.

Quittez, quittez, ma bonne prude,
   Vôtre pudique inquietude
De ce qu'on dira de vous,
Quand vous viendrez souper chez nous.
Vous trouverez de la musique,
Vous pourrez y trouver du jeu,
Et sans faire le magnifique,
Phaisan, perdrix, bon vin, bon feu,
Toute sorte de bonne chere,
Hors une que je ne puis faire.
Ayez soin de vôtre raison,
Il n'est pas sûr qu'elle revienne,
Vous pourriez la laisser avec un vin si bon :
Mais pour vôtre vertu n'en soyez point en peine,
Elle retournera pure en vôtre maison,
   Si pure elle entre dans la mienne.

CLV. LETTRE
A MADEMOISELLE
DE L'ENCLOS.

ON m'a rendu dans le mois de Decembre la lettre que vous m'avez écrite le 14 d'Octobre. Elle est un peu vieille ; mais les bonnes choses sont agréablement reçûës, quelque tard qu'elles arrivent. Vous êtes sérieuse, & vous plaisez ; vous donnez de l'agrément à Sénéque, qui n'a pas accoûtumé d'en avoir ; vous vous dites vieille, avec toutes les graces de l'humeur & de l'esprit des jeunes gens. J'ai une curiosité que vous pourrez satisfaire : quand il vous souvient de vôtre jeunesse, le souvenir du passé ne vous donne-t-il point de certaines idées aussi éloignées de la langueur de l'indolence, que du trouble de la passion ? Ne sentez-vous point dans vôtre cœur une opposition secrete à la tranquillité que vous pensez avoir donnée à vôtre esprit ?

 Mais aimer, & vous voir aimée
Est une douce liaison,
Qui dans vôtre cœur s'est formée
De concert avec la raison.

D'une

D'une amoureuse sympathie
Il faut pour arrêter le cours
Arrêter celui de nos jours ;
Sa fin est celle de la vie.
Puissent les destins complaisans
Vous donner encore trente ans
D'amour & de philosophie !

C'est ce que je vous souhaite le premier jour de l'année : jour, où ceux qui n'ont rien à donner, donnent pour étrennes des souhaits.

BILLET

A MONSIEUR

DES MAIZEAUX.

JE vous renvoye, Monsieur, le livre qu'on vient d'imprimer à Paris sous mon nom (1). Il n'y a rien de moi dans tout ce volume, que le commencement du Parallele de Mr. le Prince & de Mr. de Turenne ; encore est-il tout changé. La lettre sur la mort de Madame Mazarin est la chose du monde que

(1) RECUEIL d'ouvrages de Mr. de Saint-Evremond qui n'ont pas encore été publiez, imprimez chez Anisson en 1701.

que j'aurois la moins faite : je n'ai jamais pensé à telle chose.

Vous pouvez sûrement répondre à vos amis de Hollande, que les MEMOIRES DE LA VIE DU COMTE D***, & le SAINT-EVREMONIANA ne m'appartiennent point (1) : il n'y a pas une ligne dans ce dernier qui me convienne. A l'égard des autres livres qu'on m'attribuë, j'ai marqué dans vôtre exemplaire les pieces qui ne sont pas de moi ; & vous savez qu'on a rempli d'un si grand nombre de fautes celles qui en sont, que je ne m'y reconnois presque plus. Vous m'avez engagé à les corriger ; & il y a trois mois que j'y travaille, sans avoir pû les ôter. Je continuërai pourtant de les revoir, puisque cela vous fait plaisir.

(1) Voyez la vie de Mr. de Saint-Evremond, sur l'année 1698.

LET-

LETTRE
A MYLORD
COMTE DE GALLOWAY.

CLVII

JE ne me suis point donné l'honneur de vous écrire, Mylord, sur le régiment que le Roi vous a donné (1): vous auriez eu l'honnêteté de me faire réponse: j'ai voulu vous en ôter la peine, & me suis contenté de prier Mr. de Montandre & Mr. Boyer de vous assurer que personne au monde ne prendra plus de part que moi à tout ce qui vous regarde.

Venons à Mr. de Puyzieulx. Je trouve qu'il agit fort prudemment de suivre le méchant goût des vins de Champagne d'aujourd'hui pour vendre les siens. Je n'aurois jamais cru que les vins de Reims fussent devenus des vins d'Anjou par la couleur & par la verdeur. Il faut du vert aux vins de Reims; mais un vert avec de la couleur qui se tourne en seve quand il est mûr. La seve est amoureuse; & on le boit jusqu'à la fin de Juillet. Vous avez été amant autrefois, & peut-être croyez-vous que

(1) Le régiment des gardes Hollandoises à cheval.

que le terme d'amoureux est profane. Cependant c'est le terme des grands connoisseurs, des d'Olonnes, des Bois-Dauphin, & de vôtre serviteur ; côteaux (1) autrefois fort renommés. Jamais on n'aura d'excellent vin de Mortagne qu'on ne leur donne un peu de corps, quoiqu'en disent les Vignerons modernes. Il faut laisser la Toscane aux vins d'Ay : les vins de Sillery & de Roncierds se gardoient deux ans, & ils étoient admirables : mais au bout de quatre mois ce n'est encore que du verjus.

On a laissé prendre un tel ascendant aux vins de Bourgogne, malgré ce que j'ai dit, & ce que j'ai écrit des vins de Champagne (2) que je n'ose plus les nommer. Vous ne sauriez croire la confusion où j'en suis. Que Mr. de Puyzieulx en fasse une petite cuvée de la façon qu'on les faisoit il y a quarante ans, avant la dépravation de goût, & qu'il vous en envoye.

Il étoit bien jeune quand je sortis de France : je ne laissois pas d'avoir l'honneur de le connoître, quoique mon grand commerce fût avec Mr. son pere, en qui j'ai perdu un bon ami, & douze bouteilles de son meilleur vin qu'il

---

(1) Voyez la vie de M. de Saint-Evremond sur l'année 1654.

(2) Voyez la lettre à Mr. le Comte d'Olonne. Tom. III. p. 70. 71.

qu'il me faisoit donner l'hyver par Gautier son marchand en Angleterre.

Vous m'obligerez, Mylord, de faire de grands complimens pour moi à Mr. de Puyzieulx, si vous lui écrivez. Je l'honore, & par le merite de Mr. son pere, & par le sien.

Je suis si touché du vôtre, que je n'ai pas besoin de rapeller celui de Mr. de Ruvigny pour vous assurer que je disputerai à tout le monde les sentimens d'estime & d'amitié que l'on doit avoir pour vous. Je respecte la vertu, les bonnes qualités, la philosophie, la capacité en toutes choses; & c'est la profession qu'en fait sur vôtre sujet, Mylord. Vôtre très-humble & très-obéïssant serviteur, & petit philosophe subalterne.

BILLET.

CLVIII

BILLET
A MADAME DE LA PERRINE.

J'ENVOYE savoir de Betty comment vous vous pottez; & si le redoutable Monsieur de Magni ne vous a point donné de vapeurs. Quand j'aurai l'honneur de vous voir, vous me direz pour laquelle vous êtes de ces trois Dames.

LA PRECIEUSE.

Laissez la source des familles
A qui voudra peupler des villes :
Tendres amans éloignez-vous
De l'appartement des époux.

LA GALANTE.

Je ne puis souffrir la tendresse
D'amans qui soûpirent toûjours ;
Et mon foible est, je le confesse,
Pour les galans bien faits qui brillent dans les cours.

LA SOLIDE.

Galans de cour, amans de ville,
Soûpirans, époux en famille ;
Il faut tirer parti de tout :
Jamais, Catherine qui file ;
Toûjours, Catherine qui coût.

BILLET
A Mr. SILVESTRE.

CLIX.

CONTENTEZ-vous, Monsieur, de vôtre merite d'Inspecteur, & n'entreprenez point sur le mien. Je vous laisse les bâtimens & la peinture, ne m'inquiétez pas sur la geographie gourmande. Cependant il faut avoüer que vos coqs de Bruyere, vos saumons, vos huitres, vos fruits, & le reste d'une abondance délicieuse dont vous me parlez, vous donnent quelque droit de m'insulter, & ne me laissent de ressource qu'en attribuant tous vos avantages à la direction & à la magnificence de Mylord. Faites qu'une chose plaise à Mylord Montaigu ; & ne vous mettez en peine de rien : quelque dépense qu'il faille faire ; quelque soin, quelque industrie qu'il faille employer pour l'avoir, elle ne vous manquera pas. Ce sont les propres paroles de feuë Madame Mazarin, qui valent des oracles pour le moins, & qui n'ont jamais été plus justes qu'en cette occasion. Je n'ai jamais eu une si forte envie que celle d'aller à Bougthon voir Mylord, la bonne compagnie, l'érudition en son lustre & pleine quand Monsieur le Vassor y sera : je ne me compte pour rien, car je ne sai pas le grec.

CLX. AU MESME.

SI des incommodités nouvelles ; ou pour mieux dire, de vieilles beaucoup augmentées, ne m'avoient empêché d'aller à Bougthon, je serois aussi heureux qu'un homme de près de cent ans le peut être. Je pers mille plaisirs, tous de mon goût. Celui de voir la belle maison, les belles eaux, les beaux canards m'auroit fort touché, quoiqu'inspecteur mediocre. Vous n'aurez pas de peine à deviner le plus grand de tous, c'est d'être avec Mylord Montaigu ; de joüir de son entretien deux fois le jour, avant & après la meilleure chere du monde. Jamais personne n'a mieux merité d'être reçuë magnifiquement, & galamment regalée, que Madame Sandwich ; jamais homme ne fût plus propre pour la bien recevoir, & la bien regaler que Mylord Montaigu. J'espere que la cascade, l'octogone, les gerbes, les jets d'eau, auront fait oublier la France à Madame Sandwich ; & comme Mylord est assez heureux pour inspirer son goût & ses desseins sur les bâtimens & les jardins, je ne doute point qu'elle n'entreprenne bien-tôt quelque nouvel ouvrage à Hinchinbrooke, (1) qui n'en devra

(1) Maison de campagne de M. le Comte de Sandvvich dans la Province de Kensington.

DE SAINT-EVREMOND.

devra rien à ceux de Boughton. On ne sauroit être plus sensible que je le suis à l'honneur de son souvenir. Il ne manquoit rien, pour combler mon déplaisir, de n'avoir pas vû Boughton & le maître du lieu, que de ne point voir Hincinbrooke & sa maîtresse, qui est le plus grand ornement de tous les lieux où elle se trouve.

Si la pauvre Madame Mazarin vivoit encore, elle auroit des pêches, dont elle n'auroit pas manqué de me faire part : elle auroit des truffes, que j'aurois mangées avec elle ; sans compter les carpes de Newhall. (1) Il faut récompenser tant d'avantages perdus, par les Dimanches & les Mercredis de Montaigu House (2).

___

(1) Maison de campagne dans la Province d'Essex, où réside presentement (1723.) Madame la Duchesse doüairiere de Montaigu. C'étoit autrefois une maison Royale où Henry VIII. & la Reine Elisabeth se plaisoient beaucoup.

(2) C'est-à-dire, l'hôtel de Montaigu.

CLXI. HUITAIN.

ENFIN j'ai reconnu la flateuse imposture
Des vains, des faux plaisirs que l'on goûte en
 ces lieux;
Ce n'est qu'illusion, chimere toute pure,
Heureux qui de bonne heure a pû songer aux cieux!
J'y trouve cependant une chose assez dure,
C'est qu'on n'arrive point au séjour glorieux
  Sans passer par la sépulture;
  Une autre route seroit mieux.

A MADAME DE LA PERRINE.
STANCES IRREGULIERES.

IL ne faut point faire la belle,
Vous l'avez trop long-tems été ;
Une laideur fraîche & nouvelle
Vaut mieux qu'une vieille beauté.

Oubliez pour jamais les charmes,
Oubliez le tems des amours ;
S'il vous en souvient, que de larmes
Il vous coûtera tous les jours !

Cloris, il faut ceder à l'âge ;
La nature est venuë à bout
De ruiner son propre ouvrage ;
Mais vous avez le bien, vous avez le bon goût,
Mettez l'un & l'autre en usage,
Et vous pourrez, Cloris, vous consoler de tout.

Une petite & propre chere,
Bon vin toûjours, l'hyver bon feu,
Un peu de musique & de jeu,
Jusqu'à cent ans vous feront plaire.

Laissez aux petites Philis
Les couleurs de rose & de lis ;
Laissez à la sotte jeunesse
Un faux merite de tendresse ;
Laissez pour les cœurs les desirs,
Et donnez au goût ses plaisirs.

PORTRAIT
DE MADAME DE ***.
SONNET IRREGULIER.

*On fait parler Madame de ***.*

GALANTE sans amour ; facile & vertueuse ;
Dévote sans scrupule ; & fort belle joüeuse,
Subsistant sans argent, & donnant tout le jour,
Thé, caffé, chocolat à sa petite cour ;

De genereux sans bien avoir sa maison pleine,
D'amis riches tirer une honnêteté vaine,
Et se voir obligé à des remercîmens
Pour l'inutilité de leurs beaux complimens ;

C'est la condition où le ciel m'a réduite,
Et que j'ai soûtenuë avec quelque merite :
Ce n'est pas là, pourtant nôtre plus grand malheur !
Eh ! voulez-vous savoir la plus pénible épreuve,
Où se trouve sujette une femme d'honneur ?
C'est d'être, comme moi, trop long-tems sage, & veuve.

REPONSE.

Que d'autres comptent leurs ennuis ;
Vous n'êtes pas la seule à mal passer les nuits ;
Avec son époux on s'ennuye ;
La plus raisonnable y languit :
Mais la solitude du lit
Est pire que sa compagnie.

BILLET

BILLET
A Mr. SILVESTRE.

Deux de vos amis me vinrent voir hier, & me proposerent un dîner pour Vendredi ou Samedi, où il doit y avoir du vin étonnant. Ils veulent que vous soyez de la partie ; sans cela point de repas. J'avois dessein d'aller ce matin à Montaigu-House, pour apprendre des nouvelles de la santé de Mylord, que je souhaite la meilleure du monde. Je suis fort ennuyé de l'état où je me trouve : celui où vous êtes me fait craindre pour vous : car vous savez, Docteur, que la santé d'Athlete est, selon Hippocrate, à craindre quelquefois.

Monsieur de Barillon, qui mangeoit autant que personne, avoit un secret admirable contre la plénitude. Avoit-il mangé à crever ? il entretenoit Madame Mazarin des Religieux de la Trape, & quand il avoit parlé demi-heure de leurs abstinence & de leurs austerités, il croyoit n'avoir mangé que des herbes non plus qu'eux. Son discours faisoit l'effet d'une diette. Ce secret-là ne vous servira jamais de rien : vous ne faites abstinence, ni n'en parlez.

CLXV.

LETTRE

A MONSIEUR LE PRINCE
MAURICE-D'AUVERGNE (1).

J'AVOIS toûjours oüi dire que l'amitié ne remontoit point : sentiment fondé sur quelques observations, que les peres aiment mieux leurs enfans qu'ils n'en sont aimés. Pour les peres je n'en disconviens pas ; mais je trouve le proverbe faux à l'égard des grands-peres, par ma propre experience. L'amitié de mon petit-fils ne s'arrête pas au premier degré ; elle remonte de toute sa force pour venir au grand papa (2). Que ne fait-on point pour lui plaire ? On donne d'excellent vin à Londres ; on envoye du meilleur thé de Hollande ; on écrit le premier. Je pousserois ces On là bien loin ; mais je veux quitter cette espece de tierce personne, introduite à la cour par Monsieur de Turenne, & entretenuë après sa mort par ceux de sa maison ; je la veux quitter, pour vous faire directement des reproches, qui montrent

---

(1) Fils aîné de Monsieur le Comte d'Auvergne. Il mourut à la Haye peu de jours après que Mr. de St. Evremond lui eût écrit cette lettre.

(2) Le Prince Maurice appelloit ordinairement Mr. de St. Evremond son GRAND PAPA.

montrent la tendresse du grand-papa. Comment avez-vous pû quitter l'Angleterre, pour aller prendre une fiévre en Hollande ? Si vous étiez demeuré à Londres, nôtre Docteur eût empêché surement la maladie, par le regime ordinaire qu'il prescrit, & qu'il observe lui-même. Il vous eût fait faire dans vôtre chambre un potage de santé, avec un bon chapon, un jarret de veau, du seleri, & de la chicorée. Il eût fait rôtir deux perdrix, ou trois, si j'y avois été, bien piquées & de bon fumet. Il y auroit ajoûté un hétudeau, & un pigeon de voliere pour chacun. Le vin de Villiers pris modérement, eût fait partie d'une simplicité honnête, & necessaire pour se bien porter. Mais le cher Docteur entre dans ma chambre : ne pouvant empêcher presentement la maladie, il va vous dire les remedes qu'il faut employer pour la guérison, &c.

POR-

CLXVI. PORTRAIT

DU ROY (1).

ÊTRE puissant & juste, ambitieux & sage ;
De toutes les vertus faire à propos l'usage ;
Patient, moderé, maître de ses desirs,
Exact dans les devoirs, sans gêner les plaisirs ;
Ne separer jamais ses interêts des nôtres ;
Etre occupé toûjours pour le loisir des autres ;
Faire servir sa gloire au bien de ses sujets ;
Grand heros dans la guerre, & bon Roi dans la paix ;
C'est avoir un merite à gouverner les hommes,
Dont on ne voyoit point des exemples laissés ;
Mais on a pû trouver dans le temps où nous sommes
Ce qu'on cherchoit en vain dans les siecles passés.
Celui qui par deux fois soûmit toute la terre
A ses décisions pour la paix, pour la guerre,
Dans la guerre, intrépide aux périls les plus grands,
Arbitre dans la paix de tous les differends ;
Celui qui mit d'accord l'Europe avec l'Asie,
Et qui fit au Sultan recevoir le traité,
Qu'à Londres, par son ordre, on avoit arrêté ;
Ce Prince, helas ! ce Prince a sa trame finie.
 Si rien, pourtant, nous pouvoit consoler,
 C'est qu'au dehors il parôit tout regler,
 Chez les états où chacun le déplore,
 Il a toûjours la même autorité ;
 Mort ou vivant la nation l'adore,
 Et tout à Londres est si bien concerté,
 Qu'Elisabeth semble y regner encore.
 Mais tu n'es plus un exemple à donner.

(1) *Guillaume III.* mort à Kensington le 19 de Mars 1702.

Elisabeth

Elisabeth, ta gloire est effacée :
Depuis le jour qu'Anne au trône est placée,
D'elle on apprend comme il faut gouverner.

LETTRE
A MONSIEUR
DES MAIZEAUX.

JE suis fâché, Monsieur, de ne vous avoir pas renvoyé plûtôt le livre de Mr Bayle (1) : je vous aurois épargné la peine de l'envoyer querir. Je l'ai lû avec beaucoup de plaisir. Tout ce que vous me faites la grace de m'envoyer est si bien choisi, qu'on ne trouve pas moins de satisfaction à le lire, que d'instruction ; particulierement quand ce sont des ouvrages de Mr. Bayle. Il donne un tour si agréable à sa profonde érudition, que l'on n'en est jamais dégoûté. Il est vrai que ses discussions chronologiques me fatiguent un peu : mais elles sont necessaires aux historiens ; & je trouve bien-tôt de quoi me dédommager amplement dans les matieres qui suivent. Quel charme seroit la lecture, si tous les savans avoient

(1) Le Dictionaire historique & critique de la seconde édition.

voier t autant de délicateſſe & de juſteſſe d'eſprit que lui ! Mais au lieu de ces rares qualités, on ne trouve dans la plûpart des Auteurs
qu'une ſcience confuſe, un faux goût, & un
entêtement ridicule.

> Que de fous pour la connoiſſance,
> Que l'on a de l'antiquité !
> Mais bien plus fou celui qui penſe
> Que la juſte poſterité
> Saura venger ſa ſuffiſance
> Du peu qu'on lui rend d'équité.
>
> L'un ſe plaint aux choſes paſſées,
> Que les livres ſavent fournir ;
> Et l'autre veut que l'avenir
> Occupe toutes ſes penſées,
> L'un ſe plaît à ce qui n'eſt plus,
> L'autre à ce qui n'eſt pas encore ;
> Dans mon diſcernement confus,
> Lequel eſt plus fou ? je l'ignore.
>
> Qu'on admire le grand ſavoir,
> L'érudition infinie,
> Où l'on ne voit ſens, ni génie ;
> Je ne ſaurois le concevoir :
> Mais je trouve Bayle admirable,
> Qui profond autant qu'agréable,
> Me met en état de choiſir
> L'inſtruction, ou le plaiſir.

Les gens du monde ont certains défauts, qui
approchent aſſez du faux goût, & de la vanité ridicule des ſavans.

J'eſtime

J'estime beaucoup la naissance :
S'il arrive pourtant qu'on en soit entêté,
On a pour le merite autant de negligence,
   Que de soin pour la qualité.

   Rien n'est égal ; rien ne ressemble,
   Quand les deux se trouvent ensemble :
   Il est vrai qu'un injuste sort
   Les souffre peu souvent d'accord.

Tel est sans choix prodigue en sa dépense :
Le trop de luxe a son esprit gâté ;
Tel fait entrer dans sa magnificence,
Le goût exquis avec la propreté :
Qu'on évite de l'un la moindre ressemblance ;
Que l'autre, s'il se peut, en tout soit imité !

Mais par-là du vrai bien a-t-on la jouissance ?
Par-là peut-on venir à la felicité ?
C'est de quoi nous n'avons aucune experience ;
Ce vrai bien à mortel n'est jamais arrivé :
On a beau le chercher sur la terre & sur l'onde,
   On auroit fait le tour du monde,
   Sans l'avoir nulle part trouvé.

   En effet, il n'y a qu'une parfaite resignation aux ordres de la providence, qui puisse nous rendre veritablement heureux.

Vivons tranquillement, vivons dans l'assurance,
A qui nôtre Malherbe a consacré ces mots :
Vouloir ce que Dieu veut, est la seule science
   Qui nous met en repos (1).

                                       Mais

(1) Malherbe dans la CONSOLATION à Mr. du Perier sur la mort de sa fille.

Mais ce n'est pas aller contre l'ordre de cette providence, que de se persecuter de la maniere du monde la plus barbare, parce qu'on n'a pas les mêmes sentimens sur la religion ; comme si la persuasion pouvoit s'étendre au-delà des lumieres, & qu'il dépendit de nous, de croire ce que nous voulons. Cependant tous ces maux ne finiront point, que l'on ne redonne à la religion les anciens droits qu'elle avoit sur nôtre cœur.

Au lieu de disputer toûjours sur la créance
Par trop d'attachement à son opinion ;
Regardons comme on vit, sans chercher comme on
   pense,
Et dans le bien qu'on fait trouvons nôtre union.

Si vous m'envoyez le premier tome de Mr. Bayle dans dix ou douze jours, vous m'obligerez beaucoup.

Dans la derniere conversation que j'eus avec vous, vous me dites certaines particularités du ROMAN DE LA ROSE, que je voudrois bien voir plus au long.

LETTRE
DE MONSIEUR
DESMAIZEAUX
A MONSIEUR
DE St-EVREMOND
Sur le ROMAN DE LA ROSE.

VOICI, Monsieur, les particularités que vous m'avez demandées sur le ROMAN DE LA ROSE. Elles ne m'ont pas coûté beaucoup. Trois ou quatre de nos auteurs me les ont presque toutes fournies: je n'ai eu que la peine de les ramasser.

LE ROMAN DE LA ROSE est proprement un cours de philosophie amoureuse: c'est un systême d'amours, ou, pour parler avec nos anciens auteurs, les commandemens d'amour pour parvenir à la joüissance. Cet ouvrage fut commencé par Guillaume de Lorris (1), & achevé par Jean Clopinel, surnommé

---

(1) Il étoit natif de la Ville de Loris en Gâtinois, & il y a apparence que c'est de-là qu'il a pris son nom.

nommé de Meun, parce qu'il étoit né à Meun sur Loire (1). On prétend que le nom de Clopinel lui fut donné, à cause qu'il étoit boiteux. Guillaume de Lorris (2) avoit entrepris cet ouvrage, pour plaire à une Dame qu'il aimoit : mais il mourut environ l'an 1260. sans avoir pû l'empêcher. Jean de Meun le continua quarante ans après la mort de Lorris. Il nous a appris lui-même cette particularité, dans la plainte prophetique qu'il fait faire à l'amour. Le passage est un peu long : mais peut-être ne serez-vous pas fâché de le lire.

Voyez Guillaume de Lorris (3)
A qui jalousie contraire
Faist tant d'angoisse & de maltraire
Qu'il est en peril de mourir
S'on ne pense le secourir.
Il me conseillast voulentiers
Car il est de mes familiers
Et droit fust, car par lui mesment
En ceste paine vrayement
Fusmes pour noz gens assembler
Affin de bel acueil embler,
Mais il dit qu'il n'est assez sage.

(1) Voyez Fauchet, RECUEIL DES ANCIENS POËTES FRANÇOIS, & la Croix du Maine, BIBLIOTHEQUE des auteurs françois.

(2) Fauchet & la Croix du Maine disent qu'il étoit Jurisconsulte.

(3) LE ROMAN DE LA ROSE fol. cc. & suiv. de l'édition de Paris, chez Galliot du Pré 1519.

Si seroit ce moult grant dommage
Si tel loyal sergent perdoye
Qu'en secourir le peulx & doye
Puis quil ma si tres bien seruy
Quil est bien vers moi desseruy.
Il fault que praingne mon atour
Pour rompre les murs de la tour
Et pour le fort chasteau asseoir
Avecques tout le mien pouuoir.
Plus encore me doit seruir
Car pour ma grace desseruir
Il doit commencer ung Rommantz
Ou seront mis tous mes commantz
Et jusques la le finira
Que luy & bel acueil dira
Qui languict or en la prison
A douleur & sans mesprison
Tous mes sens or sont esmayez
Quentroblie vous ne m'ayez,
Ien ay grant dueil & desconfort.
Iamais rien nest qui me confort
Si je pers vostre bien vueillance
Car je nay plus ailleurs fiance,
Toutesfois iay perdu espoir
Dont quasi suis en desespoir
Cy se reposera Guillaume
Dont le tombeau soit plain de baulme
Dencens de myrrhe daloez
Tant ma seruy tant ma loez.
Et puis viendra Iehan Clopinel
Au cueur gentil au cueur ysnel
Qui naistra dessus Loire à Meun
Lequel & a saoul & a Ieun
Me seruira toute sa uie
Sans avarice & sans ennie
Et sera si tressaigns hom

Qui naura cure de raison
Qui mes oignemens hait & blasme
Combien quilz flairent plus que basme
Et sil aduient comment quil aille
Quen aucun cas icelluy saille
Car il n'est aucun qui ne peche
Tousiours a chascun quelque teche
Le cueur vers moy tant aura fin
Que tousiours au moins a la fin
Quant en coulpe se sentira
Du forfait se repentira
Et ne vouldra par lors tricher
Il aura le Romant si cher
Que tout le vouldra par fournir
Si tems & lieu luy peut venir
Car quant Guillaume cessera
Iean si le continuera
Aprés sa mort que je ne mente
Des ans passez plus de quarante
Et dira lors pour la meschance
Et pour paour de desesperance
Quil nait de bel acueil perdue
La beniuolence auant eue.
Et si ay je perdu espoir
A peu que ne m'en desespoir
Et toutes les autres parolles
Tant soient elles sages ou folles
Jusqu'a tant qu'il aura cueillie
Sur la branche verte fueillie
La tres belle rose vermeille
Ains quil soit jour & quil sesueille.

Jean de Meun avoit beaucoup de savoir & d'érudition. Il étoit de l'ordre des Freres Prêcheurs, Docteur en Théologie, & avec cela grand orateur, Philosophe, & Mathématicien.

maticien. Il a composé plusieurs livres, & fait diverses traductions (1) ; entr'autres celle du Traité de Boëce DE LA CONSOLATION, qu'il dédia à Philippe le Bel. Voici le debut de sa dédicace, où il parle des ouvrages qu'il avoit déja composés (2) : *A ta Royale Majesté, tres-noble Prince, par la grace de Dieu Roy des François, Philippes le quart, ie Jehan de Meung, qui iadis au romans de la Rose, puis que jalousie ot mis en prison Belaccueil, enseigne la maniere du Chastel prendre, & de la rose cueillir, & translaté de latin en françois, le livre de Vegece de Chevalerie : & le livre des merveilles de Hirlande : & le livre des épistres de Pierre Abeillard & Helois sa femme : & le livre de Aelred, de spirituelle amitié : envoye ores Boëce de Consolation, que j'ai translaté en François : iaçoit ce que entendes bien Latin*, &c.

Ces deux auteurs sont generalement estimés de tous nos écrivains. Pasquier les préfere à tous les Poëtes d'Italie. » Sous le Regne de S. Louis, dit-il (3), Nous eûmes Guillaume de Lorry, & sous Philippe le Bel, Jean de Mehun, lesquels, quelques-uns

---

(1) On en peut voir le Titre dans la Croix du Maine.

(2) Fauchet, *ubi supra*.

(3) RECHERCHES de la France, *Liv. VII. Chap.* 3.

» uns des nostres (1) ont voulu comparer à
» Dante poëte italien. Et moi je les oppo-
» serois volontiers à tous les poëtes d'Italie,
» soit que nous considerions, ou leurs moüel-
» leuses sentences, ou leurs belles loquutions,
» encore que l'œconomie generale ne se rap-
» porte à ce que nous pratiquons aujour-
» d'hui : Recherchez-vous la Philosophie
» naturelle ou morale ? elle ne leur défaut
» au besoin : Voulez-vous quelques sages
» traits, les voulez-vous de folie ? vous y en
» trouverez à suffisance, traits de follie tou-
» tefois dont pourrez vous faire sages. Il n'est
» pas que quand il faut repasser sur la Théo-
» logie, ils se monstrent n'y estre apprentis.
» Et tel depuis eux a esté en grande vogue,
» lequel s'est enrichi de leurs plumes, sans
» en faire semblant. Aussi ont-ils conservé,
» & leur œuvre, & leur memoire jusques à
» huy ; au milieu d'une infinité d'autres, qui
» ont esté ensevelis avec les ans dedans le
» cercueil des tenebres. Clement Marot les
» voulut faire parler le langage de nostre
» temps, affin d'inviter les esprits flouets à
» la lecture de ce Roman, qui n'est autre
» chose qu'un songe, dont le principal sub-
» ject est l'amour : En quoi on ne sauroit
» assez loüer cette invention. Car pour bien
dire,

(1) Voyez Fauchet.

dire, les effets de l'amour ne sont entre "
nous que de vrais songes. C'est pourquoi "
Guillaume de Lorry présuppose que ce fut "
en la primeure, saison expressément dé- "
diée à cet exercice. Cestui n'eut le loisir "
d'aduancer grandement son livre : mais en "
ce peu qu'il nous a baillez (1) il est, si "
ainsi je l'ose dire, inimitable en descrip- "
tions. Lisez celles du printemps, puis du "
temps, je deffie tous les anciens, & ceux "
qui viendront après nous d'en faire plus à "
propos. Jean de Mehun est plus savant que "
Lorry, aussi eust'il plus de loisir & de sub- "
ject que son deuancier. "

  Le Pere Bouhours n'en parle pas avec
moins d'éloge que Pasquier : Les Auteurs,
dit-il, (2) qui vinrent sous saint Louis, & sous
Philippe le Bel, commencerent à orner un
peu la langue ; vous jugez bien que ces premiers
ornemens furent fort simples, dans un
siecle où regnoit la simplicité. Mais enfin
tout simples qu'ils estoient, ils ne laissoiens
pas d'être des ornemens. Le plus celebre d'entre
ces Auteurs, & celui à qui nôtre langue
doit ses premieres beautez, fut Jean de Meun,
surnommé le Pere, & l'inventeur de l'éloquence

---

(1) Il n'en a fait qu'environ la cinquiéme Partie.

(2) ENTRETIENS d'Ariste & d'Eugene, II. Entretien.

quence Françoise. Le roman de la Rose, qu'il continua après la mort de Guillaume de Lorris, est le premier livre françois qui a eu quelque réputation. Il fut estimé non-seulement pour l'élegance du stile, mais aussi pour le fond de la doctrine; car on y a cherché des mysteres qui passent la galanterie; & à quoi probablement l'auteur ne pensa jamais : mais il est toûjours des chercheurs d'allegories, comme des chercheurs de pierre philosophale.

Il est pourtant vrai que les chimistes ont prétendu trouver le grand œuvre dans ce roman; & il n'en faut pas être surpris, puis qu'ils le voyent clairement dans le CANTIQUE DES CANTIQUES. D'autres se sont divertis à y découvrir une espece de theologie morale (1) : mais le fameux Gerson, Chancelier de l'Université de Paris, bien éloigné de cette pensée, l'a regardé comme un livre très-dangereux, & a fait un ouvrage exprés pour le décrier (2). Enfin il s'est trouvé des gens qui l'ont pris pour une satyre contre le beau sexe, & l'ont refuté de toute leur force; comme Martin Franc, qui a fait un livre après la mort de Meun, intitulé LE CHAMPION DES DAMES

---

(1) Voyez le Discours qui est à la tête de l'E- | dition de Galliot du Pré.
(2) La Croix du Maine.

MES (1). Il ne se trompoit pas beaucoup. Jean de Meun avoit si peu ménagé les femmes dans cet ouvrage, qu'elles resolurent de s'en venger : mais il se tira d'affaire par un trait de plaisanterie. Le Président Fauchet, qui nous a conservé cette historiette, la narre d'une maniere si simple & si naïve, que je me servirai de ses propres termes.

Jean de Meung, dit-il, cuida estre payé « de la même monnoye qu'Ovide son Maif- « tre : pource qu'une partie des dames de « Court mal renommées, moines, hypocri- « tes, & autres gens vicieux qu'il avoit taxez « en ses livres, luy susciterent beaucoup d'en- « nemis. Mesmes les Dames faschées de ces « vers trop piquans :

» Toutes estes, serez ou fustes,
» De faict, ou de volonté, putes,

déliberent un jour de l'en châtier. Duquel « danger il se sauva gentiment en ceste ma- « niere. Maistre Jean de Meung estant venu « à la Court pour quelque occasion, fut par « les dames arresté en une des chambres du « logis du Roy, estant environné de plu- « sieurs «

---

(1) Martin Franc natif de la Comté d'Aumale en Normandie, étoit Pre- vôt & Chanoine de Lauzanne. Voyez Faucher & la Croix du Maine.

» sieurs seigneurs : lesquels pour avoir
» leur bonne grace, avoient promis le
» representer, & n'empescher la punition
» qu'elles en voudroient faire. Mais Jean
» de Meung les voyant tenir des verges, &
» presser les Gentilshommes de le faire des-
» poüiller, il les requit luy vouloir oc-
» troyer un don : iurant qu'il ne demanderoit
» pas remission de la punition qu'elles atten-
» doient prendre de lui (qui ne l'avoit me-
» ritée) ains au contraire l'aduancement. Ce
» qui luy fut accordé à grand'peine, & à
» l'instante priere des seigneurs. Alors Maîs-
» tre Jehan commença à dire : Mes dames,
» puisqu'il faut que je reçoive chastiment,
» ce doit estre de celles que j'ay offensées.
» Or n'ay je parlé que des meschantes, &
» non pas de vous qui estes ici toutes belles,
» sages & vertueuses : partant celle d'entre
» vous qui se sentira la plus offensée, com-
» mence à fraper, comme la plus forte pu-
» tain de toutes celles que j'ay blasmées. Il
» ne se trouva pas une d'elles qui voulust
» avoir cest honneur de commencer, crai-
» gnant d'emporter ce tiltre infame. Et Maîs-
» tre Iohan eschappa, laissant aux Dames
» une vergongne : & donnant aux Seigneurs
» là-present assez grande occasion de rire :
» car il s'en trouva aucuns d'eux, à qui il
» sembloit que telle ou telle deuoit com-
  » mencer,

mencer, mais les mieux appris rompirent «
ce jugement, pour eviter au debat qui en «
fust suivi. «

Vous voyez par là, Monsieur, que Jean de Meun joignoit à une satyre fine & delicate, une grande presence d'esprit. Ces deux talens ne vont pas toûjours ensemble. Le tour qu'il joüa à ses confreres, vous le fera encore mieux connoître. Il avoit ordonné par son testament (1) qu'on l'enterrât dans leur Eglise, & il leur avoit legué un coffre avec tout ce qui étoit dedans, à condition neanmoins qu'il ne leur seroit remis entre les mains, qu'aprés qu'on l'auroit inhumé. A peine la cérémonie fut-elle achevée, que les Jacobins allerent chercher ce coffre, & ils n'y trouverent que des fueilles d'ardoise, dont il se servoit apparemment pour tracer des figures de mathématique. Cela les mit dans une si furieuse colere, qu'ils déterrerent son corps : mais la Cour de Parlement en ayant été avertie, ordonna qu'il fût honorablement enterré dans le cloître du convent, malgré toutes les oppositions de ces bons moines.

LE ROMAN DE LA ROSE a été reduit en Prose par Jean Moulinet (2), qui l'a enrichi
de

---

(1) Voyez Fauchet.
(2) Chanoine de Valenciennes. Il fleurissoit environ l'an 1480. Voyez la Croix du Maine.

de plusieurs allegories de son invention. Il a mis ces quatre vers à la tête de son ouvrage.

C'est le roman de la Rose
Moralisé clair & net.
Translaté de vers en prose
Par vostre humble Moulinet.

J'oubliois de vous dire, Monsieur, que le langage de tous les exemplaires imprimés du ROMAN DE LA ROSE, est different de ce qu'il étoit d'abord. On l'a changé en un françois plus moderne (1) : & de-là vient que les imprimés different beaucoup les uns des autres; chaque Libraire y ayant fait faire de nouveaux changemens. Nous avons vû que Pasquier dans ses RECHERCHES, blâme Marot d'en avoir fait une révision. Il s'explique encore plus fortement dans ses LETTRES (2). Il n'y a homme docte entre nous, dit-il, qui ne lise les doctes escrits de maistre Alain Chartier.... & qui n'embrasse le roman de la Rose; lequel à la mienne volonté que par une bigarrure de langage vieux & nouveau, Clement Marot n'eust voulu habiller à la moderne françoise. Cependant il est sûr que d'autres y avoient travaillé avant lui. J'ai même

___

(1) La Croix du Maine, *ubi supra*.

(2) Liv. II. dans la Lettre à M. Cujas.

même remarqué qu'on a alteré les manuscrits, aussi bien que les copies imprimées; & il est très-difficile d'en trouver, qui ayent échapé à la diligence indiscrete de ces reviseurs. Ils ont crû rendre l'ouvrage meilleur, & ils n'ont fait que le gâter. On ne reconnoît plus dans ces exemplaires retouchés l'état où étoit nôtre langue dans le treiziéme siecle: on lui a ôté cette naïveté & cette grace qu'elle avoit alors, malgré toute son imperfection. C'est à peu près la même chose que si l'on s'avisoit aujourd'hui de revoir nos auteurs du quinziéme ou seiziéme siecle, pour les rapprocher de nôtre maniere d'écrire. Mais afin que vous puissiez mieux juger, Monsieur, de l'énorme difference qu'il y a entre les exemplaires imprimés & les plus anciens manuscrits, j'ajoûterai ici le commencement du ROMAN DE LA ROSE, tel qu'il se trouve dans un manuscrit de la Bibliotheque d'Oxford, qui est trés-bien écrit sur du velin, avec de fort jolies figures en miniature. C'est une marque de son antiquité. Je mettrai à côté l'édition imprimée, dont vous venez de voir un lambeau. Vous pourrez juger par-là du génie & du stile de Guillaume de Lorris.

Manuscrit d'Oxford.	Edition de Galliot du Pré.
Ci commence le romanz de la Rose Ou lart damour est toute enclose.	Cy est le rommant de la rose Ou tout lart damours est enclose
Maintes gens dient que en songes	Maintes gens vont disant que songes
Ne se fables non & mensonges	Ne sont que fables & mensonges
Mais len puet tels songes songier	Mais on peult tel songe songer
Qui ne sont mie mensongier	Qui pourtant n'est pas mensonger
Ains sont apres bien aparant	Ains est apres bien apparent
Si en puis bien traire a garant	Si en puis trouver pour garant
J. aucteur qui ot non macrobes	Macrobe vng acteur tres-affable
Qui ne tint pas songes a lobes	Qui ne tient pas songes à fable
Ainsois escrit la vision	Aincoys escrit la vision
Quil auins au roy Cipion.	Laquelle advint à Scipion.
Quecunques cuide ne qui die	Quiconques cuide ne qui die
Q'soit voleur ou musardie	Que ce soit une musardie
De croire que songes aviegnent	De croire quaucun songe advienne
Qui ce voudra pour sol me tiegnet	Qui voudra pour sol si m'en tienne

Car

Car en droit moi ni ie fiance
Q'songes soit segne fiance
Des biens aus gent ou des ennuis
Que si plusieurs songent denuis
Maintes choses couvertement
Q'len voit puis apertement.
Le vintiesme an de mon aage
U point qu'amours prent le paage
Les iones gens couchie mesloie
Vne nuit si com ie soloie
Et mie dormoye mout forment
Si vi 1. songe en mon dormant
Qui mout fut bel & mout me plut

Mais en ce songe onqs riens nut
Q'auvenu treslout ne scit
Si cem li aucteur racontoit

Car quant à moy i'ay confiance
Que songe soit signifiance
Des biens aux gens & des ennuytz
La raison, ou songe par nuytz
Moult de choses couvertement
Qu'on voit apres appertement
Sur le vingtiesme an de mon eage
Au point qu'amours prent le peage
Des ieunes gens, coucher m'alloye
Vne nuyt comme ie souloye
Et de fait dormir me conuint
En dormant ung songe m'aduint
Qui fort beau fut a aduiser
Comme vous orrez deuiser
Car en advisant moult me pleut
Et oncques riens au songe neut
Qui du tout aduenu ne soit
Comme le songe recensoit

Nn 2 Or

Or vueil ce fonge ri-
mioier
Pour nos cuers plus in-
lefcoier
Quamours le mi prie &
romande,
Et ce nuls hons qui me
demande
Comment ie vueille que cit
romans
Soit apele que ie com-
mans
Ce eſt li romans de la
rofe
Ou lart damours eſt toute
enclofe.
La matiere en eſt bonne
& nueue
Or doint Diex que en
gre la refoive
Celle pour cui ie lai em-
pris
Ceſt celle qui tant a de
pris
Et tant eſt digne deſtre
amee
Quelle doit eſtre rofe clamee

Lequel vueille en rime
deduire
Pour plus a plaiſir vous
induire
Amours men prie & le
commande,
Et ſi dadventure on de-
mande
Comment je vueil que
ce rommant
Soit appelle ſache la-
mant
Que ceſt le rommant de
la rofe
Ou lart damour eſt tou-
te enclofe.
La matiere eſt belle &
louable
Dieu doint quelle ſoit
aggreable
A celle pour qui jai em-
pris
Ceſt une dame de hault
pris
Qui tant eſt digne deſtre
aymée
Quelle doit rofe eſtre
clamee

BILLET

BILLET
A MADAME
DE LA PERRINE.

J'Envoye savoir si la fatigue que vous eûtes hier ne fut pas aussi grande que le plaisir de voir la cérémonie (1). Si vous avez eu la compagnie des Chanoines, comme je n'en doute point, je ne vous plains pas. Ils ont des remedes contre l'ennui & la langueur qu'on trouve en ces sortes d'occasions. Le Doyen de Guernezey disoit : qui dit CHANOINE dit HOSPITALIER ; c'est leur institution, & celui qui ne feroit pas bonne chere à son hôte, donne matiere à un dévolu, & merite de perdre son Canonicat : danger que Monsieur Sartre n'a jamais couru. Je souhaiterois que vous eussiez souvent son commerce : je croi que celui de Monsieur Breval ne peut être que tres-bon, & que vous vous serez assez bien trouvée des graces que le Seigneur fait à son Eglise.

(1) Le couronnement de la Reine le 2 de Mai 1702. dans l'Eglise Collegiale de VVestminster.

A LA MESME.

J'AI d'excellent pain ; je n'ai point de beurre aujourd'hui ; & je ne saurois fournir ma part du déjeuner : Mr. de Montandre (1) employeroit de bon cœur une partie de son gain en pêches. Je ne sai si c'étoit aujourd'hui que cette petite troupe déjeunante devoit s'assembler. Quelque travers qu'il y ait dans l'esprit des femmes, il n'y en a pas assez pour leur rendre un vieillard agréable, & je croi qu'on peut se passer de moi par tout, horsmis au jeu, où le perdant ne déplaît jamais à l'heure qu'il perd : on retrouve ses desagrémens quand il a perdu, & payé.

_____

(1) Monsieur le Marquis de Montandre.

LETTRE
A MONSIEUR
SILVESTRE.

Vous ne sauriez croire la joye que j'ai euë de voir arriver le pâté. Outre qu'un pâté de perdrix est considerable par lui-même, il m'a rappellé l'idée de Mylord Montaigu, la vôtre, celle de toute la bonne compagnie qui est à Bougthon ; & m'a fait imaginer vivement toutes les beautés que je n'y ai pas vûës. J'en suis informé par tous ceux qui y ont été. Mylord Gallway, bon connoisseur en toutes choses, m'a dit, que la cascade de Bougthon est la plus parfaite & la plus achevée qu'il ait vûë ; qu'il y a de plus grandes pieces d'eau à Versailles & à Chantilly ; mais que s'il avoit à donner un modele de ces sortes d'ouvrages-là, il donneroit la cascade de Bougthon au préjudice de toutes les autres. Mr. le Cocq en a fait la descriptiption dans une fort grande lettre : Mr. de Montandre en parle à peu près comme eux.

Si Mylord m'a envoyé le pâté de son propre mouvement, il me rend un des plus présomptueux hommes du monde. Quand vos inspirations l'auroient déterminé, je lui aurois toûjours une fort grande obligation, & ne serois pas fâché de lui en avoir souvent de la sorte. Je crains qu'il n'y ait une espece d'ingratitude à faire des distinctions si délicates. Quelque vanité qu'il puisse y avoir, je veux croire que Mylord a songé premierement à moi, & que vous l'avez fait souvenir de tems en tems du dessein qu'il avoit eu.

Depuis ma lettre écrite Mr. de la Pierre est arrivé, qui m'a donné onze pêches, qui valent onze Cités, pour parler comme les Espagnols, quand ils veulent faire valoir les presens qu'ils reçoivent. Les douleurs que je ressens presentement me rappellent à mon mal. Je voudrois bien que vous m'eussiez guéri avec le régime de Bougthon, les perdreaux, les truffes, &c. Si vous étiez ici il ne seroit besoin que de vos regards. Il n'y a point de maladie qui puisse tenir contre les corpuscula, effluvia, emanationes, simulacra sanitatis, qui partent de vos yeux. Je souhaite avec beaucoup d'impatience d'en recevoir les effets.

BILLET

BILLET
A MADAME DE LA PERRINE.

QUAND je joüe chez vous, je pers sûrement; mais j'ai la consolation que vous gagnez quelque chose de ce que je pers: quand je joüe ailleurs, j'ai le déplaisir que ce n'est pas vous qui gagnez mon argent, & la peur que vous ne perdiez chez vous le vôtre. Mandez-moi s'il me sera permis d'y faire ma fonction ordinaire; j'entens de perdre au jeu: car pour de soudainetés, mot consacré par Madame Mazarin, j'en crois être exemt.

LXXII. JE croyois vous faire aller jusqu'aux idées innées(1), mais je vois qu'à peine allez-vous aux axiomes. Laissons la science : Salomon le plus sage des hommes, a dit que la science étoit affliction de chair. Ne pouvant réjouir celle des Dames, il est de l'honnêteté & de la bienséance de ne la pas affliger. Si le changement d'une guinée, ou la guinée entiere pouvoit mériter aujourd'hui quelque entrée en vôtre maison, je tâcherois de me donner ce merite-là; non par l'argent, mais par la maniere honnête & galante que j'aurois à le perdre.

(1) Mr. de S. Evremond lisoit alors le Traité de l'entendement de Mr. Loexe.

BILLET

BILLET.
A MONSIEUR SILVESTRE.

IL y a environ dix ans que Mylord Montaigu nous apprit, à Madame Mazarin & à moi, ce que c'étoit que *Depontani*. Je pensois avoir lû tous les bons auteurs qui parlent des Coutumes des Romains ; il s'en falloit Festus, qui m'apprend ce que Mylord nous avoit dit, mais qui ne l'explique pas si bien. Depontani étoient des vieillards bons à rien, inutiles au public & aux particuliers, que l'on jettoit du haut du Pont dans la riviere. Ce discours m'alarma : jugez si je ne dois pas avoir aujourd'hui les dernieres apprehensions :

Urget præsentia Turni.

Je supplie Mylord Montaigu de ne me pas mettre au nombre des *Depontani*, mais de contribuer à me faire demeurer au monde autant de tems que la nature le permettra. Pour vous, Monsieur le docteur, qui devez avoir soin de ma vieille masse, & la ranimer par vos regards salutaires ; d'où vient que vous avez été si long-tems sans me voir ? Si vous n'êtes pas plus assidu, je reprendrai ces petits corps, ces atômes de santé que je vous ai donnés.

BILLET
A MADAME
DE LA PERRINE.

JE fais tout ce que je puis pour redevenir jeune, & n'en puis venir à bout. Je songe au college, je retourne à l'étude de la grammaire, & tout cela inutilement. Si Betty, toute jeune qu'elle est, vouloit se défaire de trois ou quatre ans, elle n'a qu'à lire les Décisions de l'Académie (1), fort propres à rappeller, du moins, l'idée de la jeunesse. A parler sérieusement, vous y verrez cent vetilles de langue, assez necessaires à qui veut parler françois exactement, & le prononcer comme il faut. Mr. de Miremont a mon autre livre de Brantome depuis huit jours. Si vous aviez quelque partie d'hombre digne de nous, vous n'avez qu'à faire dire à mon porteur, Oui, pour ne pas vous donner la peine d'écrire. Un billet seroit pourtant beaucoup mieux. A

(1) Remarques et Décisions de l'Académie Françoise, recueillies par M. L. T.

A LA MESME.

MOnsieur Rouviere a gagné vos bonnes graces pour deux jonquilles; à l'âge où je suis il faut faire un present plus considerable ; je vous en envoye cinq. Je ne serois pas en peine des faveurs, si j'en savois faire un bon usage. Mandez-moi ce que vous ferez après dîner. Je signois toutes mes lettres à Madame Mazarin, quand j'étois fort bien avec elle, comme Don Quichotte les siennes à Dulcinée : LE CHEVALIER DE LA TRISTE FIGURE : elle signoit les siennes comme Dulcinée à Don Quichotte.

A MONSIEUR SILVESTRE.
STANCES IRREGULIERES.

Docteur aux regards salutaires,
Qui par vos rayons de santé,
Menacez les apoticaires
D'une prompte inutilité.

Anti-basilic dont la vûë
Sait guérir comme l'autre tuë ;
Qui vous a fait tant retarder ?
Docteur, venez me regarder.

Depuis le premier de Novembre,
J'ai gardé tous les jours la chambre,
Dans un état fort ennuyeux ;
J'attens pour en sortir le secours de vos yeux.

Cette vertu surnaturelle
Attachée à vôtre prunelle,
Vient d'agir selon mes souhaits ;
A peine je la voi que j'en sens les effets.

Rendons graces au ciel de nous trouver en vie,
Dans le tems qu'on travaille à détruire la mort ;
Et que Silvestre, au moins, détruit la maladie ;
Pouvions-nous esperer jamais un si beau sort ?

Mais quelqu'un me dira ; cette même nature
Qui nous fait voir le jour, mene à la sepulture ;

Et malgré tous ces beaux discours,
On meurt & l'on mourra toûjours.

Quoi ! veux-tu, par le vrai, te rendre miserable ?
Veux-tu donc voir par lui sans cesse tes malheurs ?
    Souvent le faux donne un bien veritable,
    Chacun au faux peut trouver ses douceurs ;
    Si vous ôtez du monde les erreurs,
    Vous en ôtez ce qu'il a d'agréable.

    Silvestre moins ingénieux
    Quitteroit le talent de plaire,
    Et prenant un air serieux
    A son naturel tout contraire,
    Ne guériroit plus par ses yeux,
    Comme il avoit toûjours sçû faire.

    Celui qui voulut à nos corps
    Rendre leur nature immortelle, (1)
    Sut donner de si beaux dehors
    A son opinion nouvelle,
    Que le vrai tout confus alors
    N'osoit paroître devant elle.

    O toi, qui causes nos ennuis,
    Indiscrete & desagréable
Verité, cache-toi dans le fond de ton puits,
Et nous laisse goûter les douceurs de la fable.

                           BILLET

---

(1) Mr. Asgil, Docteur Anglois. Voyez ce qui en est dit ci-devant dans ce même Tome V. page 483.

BILLET.

[A MADAME ***.

JE vous souhaite une bonne année. Souhaiter est la seule chose que je puis faire : si vous vouliez pourtant, je ferois quelque chose de plus, ce seroit de vous donner un repas avec Monsieur Silvestre. Si j'eusse cru vous trouver chez vous, je vous aurois porté le souhait que je vous envoye. On ne vous trouve jamais. J'ajouterai six vers à ma prose.

> Puissent les bonnes destinées
> Vous donner dix ou douze années !
> Puissiez-vous avoir en effet
> Esprit content, santé parfaite,
> Et tout le bien que vous souhaite
> La Marquise de Gouvernet !

A LA MESME.

JE suis bien fâché de ne m'être pas trouvé au logis, quand vous me fîtes l'honneur d'y envoyer. Mandez-moi s'il y a quelque service à vous rendre; j'y cours. Si vous gardez la maison, je ne manquerai pas de m'y rendre. Disposez d'un homme qui passe les nuits aussi mal que vous; mais par des causes bien differentes de nos insomnies. Puissiez-vous perdre les vôtres agréablement! je suis au desespoir de n'être plus capable de vous les ôter;

  Je vous tirerois de l'épreuve
  D'être long-tems sage & veuve!
Ne pouvant devenir l'objet de vos amours,
  Puissiez-vous le faire toûjours.

Sur la tyrannie de la raison.

LXXIX

LA raison est d'un triste usage,
Qu'il est ennuyeux d'être sage !
De vivre toûjours gravement,
Sous les ordres du jugement ;
De refléchir toute sa vie,
De peur de faire une folie ?

L'amour n'eut jamais de liens,
Raison, si fâcheux que les tiens :
En amour, on aime ses peines ;
Raison, tu combats nos desirs,
Contraints ou choques nos plaisirs ;
C'est de toi proprement que nous portons les chaînes.

C'est toi qui causes les rigueurs,
Que nous trouvons avec les Dames :
Tu mets le scrupule en leurs ames,
Tu fais le tourment de leurs cœurs :
Sans toi, sans toi l'amour n'auroit que des douceurs.

BILLET
A MADAME
DE LA PERRINE.

CLXXX.

Mandez-moi si vous êtes dans la même resolution où vous étiez hier pour la visite de Madame Bond.

Femme est un animal aimable,
Mais de sa nature muable;

dit un ancien poëte. Vous avez la qualité d'aimable : comme vous n'avez rien des défauts du sexe, le dernier ne vous touche pas.

A LA MESME.

MADAME Bond sera chez elle: si vous voulez vous y trouver à quatre heures ou quatre heures & demie, je ne manquerai pas de m'y trouver aussi, & de vous y faire le compliment que Madame Mazarin me faisoit faire au Roi; *trés humble & trés-obéïssant Serviteur* (1).

(1) Madame Mazarin railloit souvent Monsieur de Saint-Evremond sur ce qu'un jour le Roi lui ayant demandé s'il étoit toûjours amoureux, il fit une profonde reverence, & dit, qu'il étoit son trés-humble & trés-obéïssant Serviteur.

LETTRE clxxxii

A Mr. LE COMTE MAGALOTTI,

Du Conseil d'Etat de S. A. R. Monseigneur le Grand-Duc de TOSCANE.

QUE vous êtes heureux, Monsieur! Il y a plus de trente ans que j'ai l'honneur de vous connoître : vos années vous ont fait acquerir un grand savoir ; vous ont fait avoir beaucoup d'experience, beaucoup de consideration, sans vous avoir rien ôté de la vigueur du corps & de l'esprit : les miennes plus nombreuses à la verité, m'ont été moins favorables. Elles ne m'ont rien laissé de la vivacité que j'ai euë, & du meilleur temperament du monde que j'avois. Au reste, Monsieur, je vous suis fort obligé de m'avoir écrit en Italien : si vous aviez pris la peine de m'écrire en françois, vous m'eussiez laissé la honte de voir un étranger entendre beaucoup mieux que moi la beauté & la délicatesse de ma langue. Il est vrai que presque toutes les nations de l'Europe auroient partagé cette honte-là, car il n'y en a point dont vous ne parliez la langue plus élegamment

gamment que leurs plus beaux esprits ne sauroient faire.

Je vous aurai fait beaucoup de tort dans l'opinion qu'avoit Mr. le Marquis Rinuccini (1) de vôtre discernement, la réputation que vous m'avez voulu donner auprès de lui aura gâté la vôtre. On est fort satisfait de lui en cette Cour, de sa personne, de son procedé, & de sa conversation. J'y ai trouvé tout l'agrément qu'on pourroit desirer. Mr. le Cavalier Giraldi, qui est bien ici avec tout le monde, lui donne toutes ses connoissances, dont il n'aura que faire quand il voudra se montrer : sa presence le met hors d'état d'avoir besoin de bons offices. Avant que de finir, je vous supplierai, Monsieur, de faire valoir auprès de S. A. R. la profonde reconnoissance que je conserverai jusqu'au dernier moment, de toutes les bontés qu'elle a eües pour moi. Je dois aux liberalités de son bon vin de Florence, mes dernieres années, que j'ai passées avec assez de repos. Aprés que vous m'aurez acquitté de ce premier devoir, qui m'est le plus précieux du monde, vous aurez la bonté d'assurer Monsieur le Commandeur Del Bene, de l'estime que j'aurai toute ma vie pour son merite. Je ne vous donnerai point de nouvelles assurances

des

---

(1) *Envoyé extraordinaire du Grand-Duc, pour complimenter la Reine sur son avenement à la Couronne.*

des sentimens que vous me fûtes inspirer, dès le moment que j'eus l'honneur de vous connoître. Je finirai par l'état où je me trouve depuis long-tems : ces six vers que j'ai fait autrefois vous l'expliqueront.

Je vis digne de la France (1)
Sans besoin & sans abondance,
Content d'un vulgaire destin :
J'aime la vertu sans rudesse,
J'aime le plaisir sans mollesse ;
J'aime la vie & n'en crains point la fin.

Aussi malade que je le suis aujourd'hui, je devrois la souhaiter au lieu de la craindre, mais si je passe une heure à souffrir, je me tiens heureux. Vous savez que la cessation de la douleur est la felicité de ceux qui souffrent. Je trouve que la mienne est suspenduë, quand je suis assez heureux pour vous entretenir.

BILLET

____

(1) Ces vers sont tirés d'un Sonnet que Mr. de St. Evremond envoye à Mademoiselle de Lenclos, qui lui avoit demandé en quelle situation il étoit. Voyez le Tome IV. page 317. & la Vie de Mr. de St. Evremond au devant du Tome I. page

BILLET
A MADAME
DE LA PERRINE.

Aucun vin ne me fait envie ;
D'aucun mets je ne suis tenté ;
Que puis-je faire dans la vie,
Qui peut m'y tenir arrêté ?

Je prens peu de plaisir à lire ;
J'oblige le public en m'abstenant d'écrire :
La seule douceur que j'attens,
C'est d'entendre Mylady Band.

Je n'aime plus que l'harmonie :
Ta voix au clavessin puisse-t-elle être unie ;
Pour entendre les doux accords
Qu'on promet aux ames sans corps.

Je suis fort mal ; & j'ai raison de me préparer des plaisirs en l'autre monde : puisque le goût & l'appetit m'ont quitté, je n'en dois pas esperer beaucoup en celui-ci.

Fin du cinquième Tome.

TABLE
ALPHABETIQUE
DES MATIERES

Contenuës dans ce cinquiéme Tome.

A.

ABeillard : ses Epîtres à Heloïse sa femme ont été traduites par Jean de Meun. *Page* 517

Abstinence des plaisirs : est nécessaire pour conserver la santé. 452

Achille : nom appliqué à M. de Miremont par M. de S. Evremond dans une stance. 312

Adolphe a passé le Rhin sur la glace tremblante. 127

Age apporte de grands changemens dans notre humeur, &c. 8

Albans (Duc de Saint) va faire sa course. 269

Alexandre a donné un combat héroïque sur les bords du Granique. 117

Alphabet des Chinois est composé de soixante mille lettres. 61

Amerique est peuplée des courtisannes de Paris. 46

Amour propre : comment on la quitte, & comment on la reprend ? 2

Anacreon, ainsi nommé M. de Saint-Evremond dans la Lettre de la Fontaine à M. de Bonrepaux. 22

Antoine abandonne ses dieux pour la fameuse Cleopatre.

TABLE

Apollon : Il y faut renoncer pour le ciel. 22

Apollon : nom donné à M. de Miremont par M. de S. Evremond ; & pourquoi ? 112

Aristote ne connoissoit pas des beautez que Corneille trouve dans les lumieres du tems. 248

— Il a ignoré ce que Corneille a découvert. 255

Artemise, Reine de Carie, morte de regret de la mort de Mausole son mari. 267

Asgil (*Monsieur*) Auteur d'un Livre qui transfere l'homme de la terre à la vie éternelle sans passer par la mort. 483

Avantages de l'Angleterre. 333

Aubigni (*M. d'*) avoit souvent conversation pour la Religion avec M. de Turenne. 83

Augustin (*Saint*) est novateur sur la grace, au sentiment du Pere Simon. 409

Aureng-zebe, Empereur des Mogols. 486

B.

Bacchus : il y faut renoncer pour le ciel. 22

Bagues : les Dames vendent les leurs pour acheter des tabatieres. 386

Baillet, Auteur du jugement des Sçavans. 59

Barillon (*M. de*) Ambassadeur en Angleterre. 63

— Il donne toutes ses craintes à sa mort. 272

Bath, petite ville fameuse par le mouton, les lapins, &c. 334

Bauval (*M. de*) Auteur d'un journal de critique qui porte son nom. 210. 211

Bayle, Auteur du Dictionnaire historique & critique. n. 509.

Beaufort (*M. de*) est joint par M. le Prince pour aller surprendre M. d'Hoquincourt, & pour quel sujet ? 75

Benserade, Poëte agreable : fait souffrir les pointes & les allusions, &c. 247

Berengani, Noble Venitien en Angleterre. n. 315

Bernier

DES MATIERES.

Bernier (M.) justifie Epicure à cause que les Peres l'ont décrié. 3
— Ses doutes sur les choses les plus assurées. 8
— Joli Philosophe par sa figure, sa taille, sa maniere, &c. 451
Bevervveert (Mademoiselle de) s'attendrit, de quoi ? 551.
Billets à Madame de la Perrine. 450. 491
— A la même. 458
— A la même. 529
— A la même, sur le jeu. 530
Billet en vers à Madame la Duchesse Mazarin. 288
— A la même. 301
— A la même. 304
— A la même. 317
— A la même. 325
— A la même. 332
— A la même. 387
— A la même. 388. 389
— A la même. 396. 397. 399. 404. 406
— A la même. 415. 416. 419
— A la même. 430. 431. 442. 443. 444. 458
Billet à M. des Maizeaux. 493
Billet à M. Silvestre. 430
— Au même. 499. 500. 505
Bled : il n'y en a point dans le Royaume de Pekin. 60
Blessure (Au Roi sur sa) Stances irregulieres. 125
Bon, Bon : expression dans les Sermons qui détournoit ce qu'on ne vouloit entendre. 312. 313
Bouhours (le Pere) estimé par M. de S. Evremond. 401.
— Il parle avec éloge de l'éloquence de Jean de Meun, &c. 539
Bouillon (Madame de) porte la joye par tout. 23

Pp ij C.

C.

Caliste: Vers qui lui sont adressez. 115

Camus (le Cardinal le) Evêque de Grenoble, fut consulté par M. Mazarin, sur quel sujet ? 369

Capriani Chirurgien, Operateur pour la taille & l'extraction de la pierre, &c. 486

Caractere de M. de S. Evremond. 542

Caractere de M. de Turenne se connoît par ses actions particulieres & peu connuës. 75

Caton possedoit la fermeté & la justice. 489

Catulle: ses écrits sont pleins de saletez, &c. 409

Caze: Château appartenant au Marquis de Malauze, 111.

Cesar pour de beaux yeux arrête sa victoire, &c. 12

Champion des Dames: titre d'un livre fait par Martin Franc, Prevôt & Chanoine de Lauzanne. 520

Chanson sur l'Escalade, faite par Theodore de Beze, 463

Changement de Religion de M. de Turenne, sensible à tous les Protestans, &c 83

Chanson à Madame Mazarin. 402

Chapon pour composer un potage de santé. 507

Chardin (le Chevalier) Auteur du voyage en Perse & aux Indes Orientales. 333

Charlotte (Mylady) proposée par la mort dans le Dialogue pour Madame Mazarin. 165 266

Chasteté: Epicure ne la prenoit pas toujours pour vertu. 9

Château de l'ame, se voit dans les Méditations de sainte Therese. 114

Chevaliers de la Table ronde, ont commencé en Angleterre. 43

Chevreuse (Madame de) croyoit en mourant qu'elle alloit causer avec ses amis en l'autre monde. 471

Chine (Empire de la) n'a point de vin, &c. 60 61

Choisi

DES MATIERES.

Choisi (*l'Abbé de*) Auteur du Journal des vents & des routes, &c. 58

Chrétiens (*les*) ont consideré & fait passer Epicure pour le plus dangereux de tous les impies. 3

Ciceron n'a pas été favorable à la doctrine d'Epicure, pour quelle raison ? 3

— Il avoit une grande connoissance des Philosophes de la Grece & de leur Philosophie. 7

Claude, Ministre, a été combattu par M. Arnaud, 410.

Clergé Catholique n'a pas à se repentir du zele de M. de Turenne. 84

Cloris : il y faut renoncer pour le ciel.

Cochinchine : Royaume qui a besoin d'être embelli par des imaginations & des nouvelles étrangeres. 59

Coloredo, General des Espagnols, est battu & défait par M. de Turenne. 74

Concert de Chelsei sur le bruit de la mort de M. le Duc Mazarin, 392. 395

Conduite de M. de Turenne, changée à l'égard des Officiers, 80

Confucius : son Livre de morale est ennuyeux, &c. 59

Conspiration contre la personne du Roy découverte, 331.

Contes de la Fontaine auroient été gâtez par les anciens, 248. 256.

Cordoüe (*Don Antonio de*) dit qu'on ne peut trouver un grand Heros, un bon Roi & un honnête-homme, 488

Corelli a pris la place de Michel-Ange & de Raphaël. 483

Corneille, Poëte, n'a point d'égal dans la Tragedie, 247.

— A surpassé les grands Maîtres du tems passé. 255

Coupler (*Pere*) Jesuite, sincere & judicieux. 60

Couronnement de la Reine dans l'Eglise de Westminster, 529

Courtisans

Courtisans observoient M. de Turenne du tems des guerres civiles ; & dans quelles occasions. 75
Courtisans employez à la guerre, oublient la cour ; & pour quel sujet ? 81
Crequy (*M. de*) est choisi à Dunkerque par M. de Turenne, & pourquoi ? 81

. D.

Demosthene lançoit ses foudres contre Philippe, & à quelle occasion ? 379
Denis (*Saint*) M. de Turenne y est enterré avec les Rois. 84
Descartes n'est pas l'inventeur du système qu'on appelle la Machine des animaux. 27
— Il est partisan de la dispute pour la préférence en toute haute connoissance. 256
Despreaux, Poëte, fait honneur à notre siecle plus qu'autre : ses ouvrages sont son éloge. 248
— Il est le partisan outré de tous les Anciens. 255
Dialogue de S. Evremond, Madame Mazarin & Mademoiselle de Beverwert. 128
Dialogue entre le Galeniste, le Sympathique, le Chimiste, l'Apoticaire, &c. 484 487
Dialogue sur la maladie de Madame la Duchesse Mazarin entre le vieillard & la mort. 264
Dialogue sur le Quietisme entre le Docteur, la mere & la fille, 436
Didon : si elle revenoit, elle trouveroit cent Enées, 274.
Diogene-Laerce a écrit la vie d'Epicure, & de quelle maniere ? 3
Dispute touchant les anciens & les modernes. 249
Doyen de Guernezey : ce qu'il dit des Chanoines. 529
Dubois (*l'Abbé*) étoit en relation avec Mademoiselle de l'Enclos. 448
Dutton (*Henry*) Commissaire des taxes imposées par le

DES MATIERES.

le Parlement. 318

E.

Eclipse de Madame Mazarin se fait sentir aux Mylords Montaigu, Godolphin, Arran, &c. 317
Edit de Prato : Conte de Bocace mis en vers. 453
Eland : (*Madame*) la Fontaine la veut convertir, &c. 30.
Eloge de Guillaume III. Roy d'Angleterre. 488
Eloge de M. de Turenne. 72
Ennemis de M. de Turenne l'accusent d'avoir liaison avec M. le Prince. 76 78
Envieux de M. de Turenne lui rendoient de mauvais offices : il les pardonnoit, &c. 79
Epicure décrié par ses Disciples comme un sensuel & un paresseux ; & pour quel sujet ? 23
Epicuriens disent que l'amour de la volupté & la fuite de la douleur font le bonheur de l'homme. 2
Episcopaux, Heretiques d'Angleterre, joüoient chez Madame Mazarin. 358
Epitaphe de Madame Middleton. 290
Epitaphe de M. le Comte de Grammont. 341
Epitre de M. l'Abbé de Chaulieu à Madame la Duchesse Mazarin. 306
Etrennes pour le premier jour de l'an. 97
Escadrons de M. le Prince défaits par M. de Turenne, 77.
Essex (*le Comte d'*) proposé par la mort de donner sa vie pour Madame Mazarin, 272
Evremond (*Saint*) nommé Anacreon dans la lettre de la Fontaine à M. de Bonrepaux. 22
—— Est le vieillard dans le Dialogue contre la mort, &c. 264

F.

Fables de la Fontaine. 38
—— Embellies des Anciens. 248. 256
Fables

Fables de deux coqs dans la Fontaine. n. 424
Faucbet (*le President*) a conservé l'histoire des Dames de la Cour, & Jean de Meun, 528
Févre [*le*] Medecin. Auteur d'un Traité de la Chine, 57
Fitzharding [*Madame de*) proposée par la mort dans le Dialogue, pour Madame Mazarin. 266
Fontaine [*la*] veut convertir Madame Hervart, &c. 30.
Fragment d'une lettre à M. le Comte de Grammont, 346.
Fragment sur la conspiration contre la personne du Roy, 338
Fromage, étoit la bonne chere d'Epicure quand il en demandoit, 6
Fuensaldagne, commandant vingt mille hommes avoit avancé jusqu'à Chauni. 78

G.

Garcilasso de la Vega, Auteur de l'Histoire des Yncas du Perou. 113
Gassendi justifie Epicure, à cause que les Peres l'ont décrié, 3
Gassendi, Partisan sur la preference en toute haute connoissance, 256
Gaumin [*M.*] Maître des Requêtes, a écrit sur Limborch, &c. 59. 60.
Gergeau : la Cour y étant, M. de Turenne l'empêcha de tomber entre les mains de M. le Prince. 75
Gerson, Chancelier de l'Université de Paris, a décrié le Roman de la Rose. 520
Gien : la Cour y étant, y fut soutenuë par M. de Turenne contre M. le Prince ; & comment ? 75
Gigeon, Ruisseau qui passe autour du Château de la Caze appartenant au Marquis de Malauze, n. 111
Givri aimoit Mademoiselle de Guise, & n'en étant pas aimé

aimé, il s'en alla à l'armée se faire tuer. 273
Godolphin (*Milord*) proposé par la mort dans le Dialogue pour Madame Mazarin. 267
Gongora (*Don Loüis de*) Prince des Poëtes Lyriques Espagnols, Chapelain du Roy, & Prébendaire de l'Eglise de Cordouë : sa naissance. 252
Gouvernet (*Madame de*) la Fontaine la veut convertir, &c. 30
Grece (*la*) son vieux attirail, c'est le Parnasse, l'Helicon, & Permesse. 253
Guerre de Flandre : quelle conduite on y doit tenir, &c. 74
Guiche (*le Comte de*) aimable garçon, étoit au service de la jeune & vive Ninon. 300
Guillaume III. Roy d'Angleterre contraire aux intérêts de la France : pour quel sujet ? 104. 105 & 106.
— S'étant avancé au bord de la Boyne, y fut blessé d'un boulet de Canon, &c. 115
Gymnosophiste va voir Apollonius & Thyaneus, où il apprit à résusciter une jeune fille. 29

H.

Hampden : vers lui sont adressez en stile de Marot. 133. 134
Helene avoit dans ses yeux plus d'appas que dans sa bouche, &c. 12
Hermacus philosphoit avec Epicure, & avoit de la veneration & de l'amitié pour sa personne. 3
Hesse-Darmstat (*le Prince de*) étoit ami de Madame Mazarin. 270
Hobbes, Partisan, pour disputer en toute haute connoissance. 256
Homere : nom donné par M. de S. Evremond à M. de Miremont. 112
Hocquincourt (*Monsieur d'*) Commandant des troupes du Roy, fut soutenu par M. de Turenne contre

Tome V. Qq M.

M. le Prince. 75

Horace avoit pris Epicure pour son Maître dans les sciences des plaisirs, &c. 5

Huet (*Madame*) composoit une Eau cordiale fort estimée en Angleterre. 310

Huile d'Olive, ne se produit point dans l'Empire de la Chine. 60

Huitain sur la flateuse imposture des vains plaisirs. 502.

I.

Jeux & ris, sont des galanteries rabattuës, &c. 42

Immortalité de l'Ame: Epicure a voulu ruiner l'opinion qu'on en a. 4

Imposture des méchans n'est pas aisée à démêler aux grands Rois, &c. 100

Indolence: souverain bien d'Epicure, infirme & languissant. 40

Indolence: bonheur des malades & des paresseux, est bien exprimée dans les Ecrits d'Epicure. 7

Jugement sur les trois Relations de Siam. 57

Jugement sur quelques Auteurs François, à Madame la Duchesse Mazarin. 247

Jugement de M. de Saint-Evremond sur la Critique de ses Ouvrages, & sur leur Apologie. 412

Jules-Cesar faisoit à la fois quatre dépêches sur quatre matieres differentes, & dictoit à quatre Secretaires. 28

Jurieu Ministre, avoit fait des Propheties. 111

— A été combattu par M. de Meaux. 410

Justinien: sa Novelle contre les femmes qui mangent avec des hommes sans la permission de leurs maris. 375.

L.

LA-Tour (*M. de*) Envoyé extraordinaire du Duc de Savoye, proposé par la mort, &c. 272

Leck:

DES MATIERES.

Inch: son passage laisse une grande idée, &c. 117
Leontium, Dame d'Athenes, fameuse par des galanteries, & son application à la Philosophie. 6
Leontium philosophoit avec Epicure. 9
Lesbia femme de Catulle, ne pouvoit être comparée à la divine Hortensia. 262
Lettre à Madame la Duchesse Mazarin. 63
— A la même. 90
— A la même, au sujet d'une blessure à la cuisse. 606. 607. & suivantes.
— A la même. 115
— A la même. 257
— A la même. 291
— A la même. 322
— A la même. 313
— A la même. 326
— A la même. 327
— A la même. 329
— A la même. 333
Lettre à Madame la Duchesse de Bouillon sous le nom de Madame Mazarin. 302
Lettre à Madame la Duchesse de Nevers, &c. 144
Lettre à Mademoiselle de l'Enclos. 334
— A la même. 400
— A la même. 425
— A la même. 492
— A Monsieur.... pour Madame la Duchesse Mazarin. 141. 143
— A Monsieur..... au nom de Madame la Duchesse Mazarin. 245
— A Monsieur Barbin Libraire de Paris. 339
— A M. de Saint-Evremond, sur le Roman de la Rose. 513
— A M. le Comte de Grammont. 385
— A Monsieur de la Bastide. 68
— A Monsieur des Mézeaux. 509
— A M. le Marquis de Miremont. 512

Qq ij

— A M. le Marquis de Saiſſac, au nom de Madame la Ducheſſe Mazarin. 350
— A Monſieur Silveſtre. 464
— Au même. 531
— A Monſieur Juſtel. 56
— A Mylord Comte de Gallovvay. 495
— A Mylord Montaigu. 485
Lettre de la Fontaine à Madame la Ducheſſe de Boüillon. 25
— de la Fontaine à M. de Bonrepaux. 16
— de Mademoiſelle de l'Enclos à M. de Saint-Evremond. 132
— de la même à M. de Saint-Evremond. 263
— de la même à M. de Saint-Evremond. 296
— de la même à M. de Saint-Evremond. 42
— de la même à M. de Saint-Evremond. 432
— de la même à M. de Saint-Evremond. 448
— de la même à M. de Saint-Evremond. 459.
472. 474. 480. 470
Lettre de M. de Saint-Evremond, à M. le Marquis de Canuple, ſur la mort de Madame Mazarin. 472. 478.
Lettre de M. Julien Scopon Gentilhomme de Languedoc, à M. Silveſtre. 453
Lettre de M. Julien à M. de Saint-Evremond. 454
Lettre de M. ſous le nom de Madame Mazarin. 99
Lettre de M. Patin. 59
Liberté (la) ne coûte jamais trop cher à qui ſe délivre de la tyrannie. 100
Libertin (le) prend un faux air d'eſprit. 45
Limborch: Auteur du Livre de veritate Chriſtianæ Religionis amica, &c. 59
Loris (Guillaume de) premier Auteur du Roman de la Roſe. 513
Loubere (la) Auteur d'une Relation du Royaume de Siam. 194
Lucien a écrit à la loüange de la mouche. 480
Lucrece étoit ſectateur d'Epicure, & ſon adorateur.

DES MATIERES. 561

Luxure: vice d'Epicure, & pour quel sujet ? 9

M.

Magaillans, Jesuite, Auteur d'une Relation des merveilles étrangeres. 60
Magistrats ont consideré la doctrine d'Epicure comme pernicieuse au public, & pourquoi ? 5
Maison de M. de Turenne illustre & considerable dans toute l'Europe. 72
Malades: leur bonheur est bien exprimé dans les écrits d'Epicure. 7
Malherbe: excellent Poëte, plus par le tour que par les pensées. 247
Malheur de l'Homme: le premier est d'être privé du sens, dont il a besoin dans la societé. 370
Mariandal: combat perdu par M. de Turenne, & par quelle avanture ? 79
Mars: nom appliqué à M. de Miremont par M. de Saint-Evremond. 112
Martial: ses écrits sont pleins d'ordures, &c. 409
Mustapha, petit Turc de Madame Mazarin. 128
Maxime de M. de Turenne pour la guerre, est celle qu'on attribuë à Cesar. 74
Mazarin (*Madame*) attaquoit les ennemis dès à sang froid, &c. 48
Mayence, assiegé & pris par M. de Turenne. 74
Menecée philosophoit avec Epicure, & avoit de la veneration & de l'amitié pour sa personne. 3
Metrodore qui philosophoit avec Epicure, avoit de la veneration & de l'amitié pour lui. 3
Meun (*Jean de*) est surnommé le pere & l'inventeur de l'éloquence. 519
Midleton (*Madame*) proposée par la mort dans le dialogue pour Madame Mazarin. 265
Milord Godolphin étoit Commissaire de la Tresorerie. 268.

Qq iij *Milord*

Milords sont en Angleterre, ce que sont les Bachas & les Mandarins en Turquie. 381

Mincepise, espèce de Pâté. 335

Ministres (les) étoient vains & fiers par les avantages qu'ils tiroient de ce qu'avoit fait M. de Turenne. 79.

Ministres Huguenots, n'ont pas à se plaindre de leur ruine. 84

Miremont (le Marquis de) Heros sur mer & sur terre. 54

— veut aller en Piémont pour entrer en France avec les Vaudois. *n.* 110

— proposé par la mort dans le dialogue pour Madame Mazarin. 271

Moineau de Madame Mazarin perdu : Vers sur sa perte. 260

Moliere, Poëte, a imité les anciens Poëtes, qui ne le pourroient imiter s'ils vivoient. 248

— a surpassé les grands Maîtres du temps passé. 255

Montagne dit qu'il faut penser toûjours à la mort pour s'y préparer. 8

Montaigu (Milord) ancien adorateur de Madame Mazarin, &c. 272

Morale des Chinois, est bonne. 61

Mort d'Artemise Reine de Carie. 267

— de Guillaume de Lorris. 514

— de Madame Mazarin. *n.* 466

— de Marie II. Reine d'Angleterre, épouse du Roy Guillaume. 305

— de Mademoiselle de Beverweert. *n.* 266

— de Milord Godolphin grand Tresorier d'Angleterre. *n.* 268.

— de M. de Charleval. 263

— de M. de Gevry. 273

— de M. de la Bastide. 68

— de M. le Maréchal de Crequi. 47

— de Monsieur de Turenne. 84

Mort

DES MATIERES.

Mort de Don Luis de Gongara Poëte. *n.* 252
— de Morelli Medecin, *n.* 426
— du Cardinal Mazarin. 364
— du Comte de Grammont. 401
— du Prince d'Auvergne, fils du Comte. 500
— du Roy d'Angleterre, Guillaume III. *n.* 508
— de Vvaller. 37
Moulines (*Jean*) Chanoine de Valenciennes, a réduit le Roman de la Rose en prose. 523
Muses (*les*) nommées, *filles de memoire*, &c. 253
Musique sans partie, se trouve dans l'Empire de la Chine. 61

N.

Navailles (M. de) veut jetter les Troupes dans un bois. M. de Turenne ne le veut pas. 77
Nestors préferez par Madame la Duchesse Mazarin à des Adonis impertinens. 415
Ninon de l'Enclos: Moderne Leontium. x
Nôces d'Isabelle: scene en musique. 46. 50. 51. 52. 53
Novelle de Justinien, contre les femmes qui mangent avec des hommes sans la permission de leurs maris. *Voyez Justinien.*

O.

Objets ont tous des faces differentes, & par quelle raison? 8
Odes Pindariques, font valoir les grands mots, &c. 250
Opinions de Descartes se trouvent répandües dans les ouvrages des anciens. 27
Orleans (*M. le Duc d'*) avoit envoyé M. le Comte de Grammont en Angleterre, & pour quel sujet? 61
Ovide heureux à Rome avec Julie, dont les faveurs furent cause de sa misere. 309

Ovide,

TABLE

Ovide, maître de Jean de Meun, avoit fait des vers contre les Dames, & en fut payé. 521.

P.

Pairs du Royaume d'Angleterre, ce sont les Milords. 381

Palais de bois sans Architecture, se trouve dans l'Empire de la Chine. 61

Palinodie : Montagne dit qu'il la chante approchant de la vieillesse. 8

Palme du ridicule, se donne à celui qui affecte de prendre le faux air d'esprit. 45

Parallèle en vers de Marianne & d'Hortence, &c. 43.

Parallèle de M. le Prince, & de M. de Turenne, par M. de Saint-Evremond. 493

Paris a trouvé plus d'appas dans les yeux d'Helene que dans sa bouche, &c. 12

Parlemens sont déclarez contre la Cour, ayant le Duc d'Orleans à leur tête. 78

Parlement d'Angleterre impose une taxe sur les hommes non mariez, veufs & veuves, &c. 318

Partisans contre l'Auteur du Livre qui transfere l'homme de la terre à la vie éternelle sans passer par la mort. 484

Passage de la Boyne : Stances irrégulieres. 127

Pegase, cheval emplumé representé dans les Opera, &c. 253

Peinture sans ombre, se trouve dans l'Empire de la Chine. 61

Pekin : païs où il n'y a point de bled; & pourquoi ? 60.

Pension donnée à Madame Mazarin par ordre du Roy, & ôtée de même, &c. 100

Perdrix : bonne pour composer un potage de santé. 507.

Pereira,

DES MATIERES.

Pereira, Philosophe Espagnol, a prévenu Descartes sur le systême de la machine des animaux. 27

Perles : poisson excellent, se trouve dans les eaux de Tunbridge. 135

Perrault, Auteur du Livre qui a pour titre : Parallele des Anciens & des modernes. *n*. 248.

Pescator, Auteur de l'Almanach de Milan : sa prédiction contre les Vieillards. 259

Petrone avoit pris Epicure pour son maître dans la science des plaisirs, &c. 5

Petrone : ses écrits sont pleins de saletez, &c. 409

Philosophes : leurs opinions touchant le souverain bien ; laquelle est la plus raisonnable ? 2

Pibrac : ses Quadrins au-dessus de la morale de Confucius. 59

Pigeon : est bon pour composer un potage de santé. 507.

Plumporedge : c'est une espece de soupe. 335

Plutarque n'a pas été favorable à la doctrine d'Epicure ; pour quel sujet ? 3

Poisson exquis & peu connu du nom, se trouve dans les lacs du Duché de Lancastre. 134

Politique dans l'Empire de la Chine, y est excellente. 61.

Portrait de Madame Mazarin ; il est impossible de le bien faire. 41

—— du Roy d'Angleterre, Guillaume III. 508

Portrait, par un sonnet irrégulier. 504

Portrait de M. de Saint-Evremond. 342

Potage de santé : maniere de le composer. 507

Poules (les) de Lesbos : Fable allegorique. 424

Pouvoir (le) des charmes de Madame la Duchesse Mazarin. 66

Préface de la réponse au plaidoyé de M. Erard Avocat de M. le Duc Mazarin, contre Madame la Duchesse son épouse. 355

Presbyteriens : heretiques d'Angleterre, joüoient chez
Madame

Madame Mazarin. 358.
Priams préférez par Madame la Duchesse Mazarin à des Adonis. 415.
Prison: Madame Mazarin en étoit menacée en Angleterre de la part de ses creanciers. 142.
Prologue en Musique. 280. *jusqu'à la page* 287.
Puisigur vend son Regiment ; & pour quel sujet ? 8
Pyrrhonisme, établi par Bayle dans son Dictionnaire Critique. 408.

Q.

Qualitez de M. Mazarin, &c. 99.

R.

Rabelais (*François*): la Fontaine se dit son disciple. 40.
Racine, Poëte, n'a point de superieur dans la Tragedie. 247.
— a surpassé les Grands Maîtres du temps passé. 255.
Reflexions sur la doctrine d'Epicure. 1
Réglement de M. le Duc Mazarin, pour les Apoticaires, Pastres, Bergers & Bergeres. 384.
Relation du Royaume de Siam faite par Monsieur de la Loubere. 194.
Religieux, ne mangent que des herbes pour acquerir une éternelle felicité. 5
Renaudot, Ministre François, refugié à Londres. *n.* 131.
Renelagh (*Milord*) proposé par la mort dans le Dialogue pour Madame Mazarin. 267.
Réponse de M. de Saint-Evremond à la lettre de M. de la Fontaine à Madame la Duchesse de Boüillon. 32.

Réponse

DES MATIERES.

Réponse de la Fontaine à M. de Saint-Evremond. 30. De M. de Saint-Evremond à M. l'Abbé de Chaulieu, 307. Au plaidoyé de M. Erard pour M. le Duc Mazarin, contre Madame la Duchesse son épouse, 355. 361. De M. de Saint-Evremond à Mademoiselle de l'Enclos, 476. De Mademoiselle de l'Enclos à M. de Saint-Evremond, 428. De M. de Saint-Evremond, à Mademoiselle de l'Enclos, 450. De M. de Saint-Evremond à M. Julien, 496. Au jugement de M. l'Abbé Renaudot sur le Dictionnaire de M. Bayle, 497.

Retel, combat perdu par M. de Turenne, & par quelle avanture ? 79. 80

Retraite du Roy Jacques qui alloit voir l'Abbé de la Trappe. 294

Rocroy : (*bataille de*) rendit les François maîtres de la campagne. 74

Romulus : de son temps les maris baisoient leurs femmes & filles, pour sentir si elles avoient bû du vin, afin de les en punir. 375. 376

Rosen, Commandant les Allemans, importun à demander des quartiers. 79. 80

Roye (*le Comte de*) fait des vœux pour le passage de Madame de Bouillon. 55

Ruvigny (*le Marquis de*) Comte de Galvvay, nommé pour General-Major. 270

S.

Sabliere (*Madame de la*) avoit commerce & entretien avec la Fontaine. 33

Sage (*le*) des Stoiciens, est un voluptueux insensible. 4

Sage (*le*) des Epicuriens est un voluptueux immobile. 4

Saint Albans (*le Duc de*) grand Fauconnier d'Angleterre. *n*. 270

Saint

Saint-Victor (M. de) étoit des parties d'Anet avec M. de Vendôme & le Grand-Prieur. 271

Salamanque : Ecole où Don Luis de Gengora fut envoyé pour faire ses études. 252

Salomon avoit huit cens femmes, &c. 396
— Avoit le tems de rire & le tems de pleurer. 6
— S'est démenti également dans ses sentimens & dans sa conduite. 7

Saluste dit dans l'éloge de Catilina : Assez d'éloquence, peu de sens. 377

Sarrazin, Poëte, a le second rang dans la poësie en toutes manieres. 247

Savoye (la) Eglise que Charles II. donna aux Protestans dans Londres, &c. 67
— Appartient aux François refugiez. 111

Savelli, General des Troupes Espagnoles, défait par M. de Turenne, après la prise de Philisbourg. 74

Scaliger disoit que les peres sont bonnes gens, &c. 409.

Scene de Bassette. 120 jusqu'à 114

Sectes de tous les Philosophes se sont opposées à celle d'Epicure, & pourquoi. 3

Seneque, ennemi de la secte d'Epicure, a parlé de lui avec éloge. 3

Seri est bon pour composer un potage de santé. 507

Shart, poisson semblable à la truite, se trouve dans les lacs du Duché de Lancastre. 134

Simon (le Pere) dit que S. Augustin étoit un novateur sur la Grace. 405

Sophie Burley, Dame du lit de la Reine. 403

Spire, assiégé & pris par M. de Turenne. 74

Stances irregulieres à M. le Marquis de Miremont. 110.

Stances à M. de Miremont. 112
Stances irregulieres sur l'amour de la vie. 347
— Touchant les anciens & les modernes. 249.-257
— Sur le mois de Mars. 277

Sur